KB271939

# 하얗지 않은데 왜 백인인가

하얗지 않은데 왜 백인인가
인종차별, 헛소리에 지지 않고 말대답하기
딜로

# 아시아인은
# 사회의 샌드백이다?

방송에서 어떤 연예인이 하는 말을 들었다. 평소 본인은 악성 댓글을 전혀 신경 쓰지 않는다고 생각했단다. 그런데 어렴풋이 기억에 남아 있던 악성 댓글들이 말과 행동을 조심하게 만든다는 걸 인지한 후 생각이 바뀌었다고 한다. 악성 댓글이 은연중에 자신에게 영향을 미친다는 걸 깨달은 순간이었을 것이다.

우리는 어떤 말을 들으면 그 말을 무의식적으로 받아들인다. 그것이 진실인지 아닌지는 중요하지 않다. 설령 나와 전혀 상관없는 말일지라도, 그것은 나의 행동과 말을 교묘히 조심하게 만든다. 즉, 신경 쓰지 않는다고 생각하는 것이 오히려 신경 쓰고 있다는 의미가 될 수 있다. 이것이 자유를 억압하는 근본적인 메커니즘이다. 사람은 그렇게 억눌린다.

토니 모리슨의 저서 『타인의 기원The Origin of Others』에는 '어린 나이에 내가 다르다는 이유로 부족하게 여겨지는 기분이 어떤 것인지 깨달았다.'는 식의 대목이 나온다.

작가는 아프리카계 미국인으로 자라면서 어린 시절에 겪었던 트라우마를 회상했다. 피부색이 다르다는 이유만으로 수많은 모진 말을 들어야 했던 어린아이의 상처를 누가 보상해 줄 수 있을까?

많은 이들이 특정 집단에 속한 소속감을 느끼며, 그로 인해 생긴 신념과 관념을 의심 없이 받아들인다. 그 신념을 강화하기 위해 타 집단을 비하하고 비난하는 태도는 세상에 넘친다. 독립적이거나 다각적으로 사고하는 능력이 부족하기 때문이다. 이러한 무지는 수많은 피해자를 양산한다. 남에게 깊은 상처를 주면서도 자신이 그러는지조차 인지하지 못하는 무지다.

흔히 서구권에서 동양인은 무시와 조롱의 대상이 되기 쉽다. 실제로 영어 표현 중에는 '아시아인은 사회의 샌드백'이라는 말도 있다. 동양인은 마음대로 대해도 아무 말도 못 할 것이라는 집단적 무의식이 기본적으로 깔린 것이다. 이 때문에 수많은 사람이 본인과 관련 없는 편견과 고정관념에 노출되고 또 은연중에 받아들인다.

꼭 외국에 사는 경우만 그런 것이 아니다. 예를 들어 손흥민 선수가 영국에서 받는 차별을 뉴스로 접하는 것도 한국인에게는 불쾌한 경험이다. 여행 유튜버가 겪는 차별을 영상으로 목격하는 것 역시 우리가 집단적으로 상처받는 과정이다. 인종차별은 결코 사라지지 않았다. 오히려 더 교묘한 방식으로 진화하고 있다.

언젠가부터 이런 생각을 하게 됐다.

**"만약 이 세상의 모든 동양인이 나와 같다면 좀 달라지지 않을까?"**

사실 차별과 무시의 근본 메커니즘을 잘 이해하면 쉽게 차별의 대상이 되지 않는다. 그렇게 시선이 바뀌면 은연중에 기가 눌리기보다는 그 반대의 상황을 만들어 낼 수 있다. 즉, 무의식적 두려움을 의식적으로 인식하기만 해도 상당 부분 문제가 해결된다는 뜻이다. 다만, 집단적 무의식을 변화시키기 위해서는 한 개인이 아닌 다수가 그 심리적 기저를 인지해야 한다. 이에 대한 노하우를 공유하고자 이 책을 집필하게 되었다.

나는 15년 이상의 세월을 해외에서 보냈다. 국립 한국해양대학교에서 선박 공학을 전공한 후 3년 6개월 동안 초대형 선박을 타고 전 세계를 항해했다. 그렇게 병역특례를 마친 뒤 싱가포르에 있는 영국계 선박 회사에서 오피스 생활을 시작했다. 그곳에서 보낸 2년은 마치 좁은 새장 속에 있는 듯했다.

2014년 세계적인 선박 엔지니어링 기업인 바르질라Wartsila의 호주 법인으로부터 고용 제의를 받았다. 조건이 매우 좋았기에 망설임 없이 수락했고, 곧 시드니로 이주했다. 그곳에서 주로 크루즈 선박과 호주 군함 관련 프로젝트 관리 업무를 수행했다. 몇 년의 시간 동안 묵묵히 맡은 일에 최선을 다했고, 운이 따라 인사팀장으로 승진할 수도 있었다. 이때 다국적 직원들을 관리하며 인간 본성에 대해 깊이 고찰하기 시작했다. 인간을 이해하기 위해 심리상담사 자격증을 취득한 것도 이 무렵이다.

약 4년 전, 새로운 도전을 위해 퇴사한 후 스타트업을 창업했다. 그러자 더 다양한 다국적의 사람들과 교류할 수 있는 장이 열렸고, 이러한 경험에 기반해 여러 권의 책도 집필했다. 나는 새로운 세계를 탐험하길 좋아하는 사람이다. 또 내가 알지 못하는 세상에 대한 호기심이 많으므로 한곳에 오래 머무르는 편도 아니다. 그러한 가치관을 원동력 삼아 누구보다 글로벌하게 다채로운 삶을 살아왔고, 이는 나에게 인간 세상에 대한 깊은 통찰을 주었다. 특히 인종차별이나 문화차이와 같은 주제에 대해서는 누구보다도 경험에 근거한 이야기들을 잘 들려줄 수 있다고 자부한다.

인종차별이란 무엇이며 왜 발생하는가? 나는 사람들이 이에 대해 반드시 제대로 이해하면 좋겠다. 그래야만 대처 능력이 향상되고 궁극적으로 인종차별이 완전히 사라진 세상을 만들 수 있기 때문이다. 특히 동양인을 향한 편견과 차별은 우리와 직접적으로 연관된 문제다. 냉정히 말하면 우리가 '피해자'라고 말하며 감정에 호소해서 바뀔 세상이 아니라는 거다. 동양인은 만만하다든지, 순하고 착하다는 등의 집단적 정념을 뒤집어야 한다. 그래야 한국인, 더 나아가 아시아인들이 무시당하지 않고 당당히 설 수 있는 세상을 마주할 수 있을 것이다.

경험과 사례에 기반한 이 책은 총 여덟 개의 장으로 구성되어 있다.

1장에서는 고정관념이 어떻게 사람들의 사고에 영향을 미치며, 특히 '인종적 고정관념'이 타인을 '어떤 방식으로' 왜곡해 바라보도록 하는지 설명한다.

2장에서는 인종차별이 개인 간의 차별을 넘어 사회 제도와 시스템 내에서 어떻게 깊이 뿌리내리고 있는지 설명한다. 가령 미디어와 같은 사회적 요소들이 어떤 식으로 차별을 강화하고 있는지를 다루며 이를 해결하기 위해서는 전반적인 인식 개선이 필요하다고 강조한다.

3장에서는 인종적 편견이 어떻게 과거 유럽 제국주의와 식민주의 시대의 사고방식에서 비롯되었는지를 설명한다. 과학적 접근을 통해 차별적 사고방식이 강화되었던 역사적 배경 등을 다룬다.

4장에서는 인종차별이 더 이상 명백하게 드러나는 형태가 아니라, 미묘하고 일상적인 상호작용 속에서 드러난다고 통찰한다. 의도치 않은 차별이 어떻게 사람들에게 심리적 상처를 주고, 자아에 영향을 미칠 수 있는지를 다룬다.

5장에서는 식민주의가 과거의 역사적 사건에 그치지 않고, 현대 사회의 문화적, 심리적 구조에 여전히 영향을 미친다는 점을 강조한다. 특히 일본과 한국 사회에서 서구 문화를 모방하고 받아들이려는 강한 압박감 등을 다룬다.

6장에서는 남성성이 신체적 힘과 권력으로 정의되는 방식이 어떻게 인종적 증오와 결합될 수 있는지를 설명한다. 왜곡된 남성성이 폭력적이고 권력 지향적인 기준으로 정의되는 문제를 다루고, 이를 해결하기 위한 방법을 제시한다.

7장에서는 역인종차별의 개념과 그 사회적 맥락을 다룬다. 과거에 차별을 경험한 사람들이 그 반동으로 새로운 형태의 차별을 표출하는 방식과, 인종 내에서 발생할 수 있는 차별 등을 설명한다.

마지막 8장에서는 인종차별이 개인에게 미치는 장기적인 영향을 다룬다. 특히 어린 시절에 겪은 구조적 차별이 어떻게 평생에 걸쳐 개인의 자아와 삶에 영향을 미칠 수 있는지 등을 설명한다.

이렇게 총 여덟 개의 장을 통해 고정관념과 차별, 그리고 이를 극복하기 위한 방법들을 제시했다. 또한, 사회적 문제를 인식하고 해결해 나가는 과정이 왜 중요한지에 관해서도 설명하고자 한다.

개인적으로 이 책의 원고를 준비하며 많은 인종차별 관련 서적을 읽었다. 그중에는 괜찮은 책과 이론도 많았지만, 대중들에게는 널리 퍼지지 않은 것이 대부분이라 다소 아쉬웠다. 일부 책들은 유용한 통찰을 제공했지만, 대체로 학문적인 시각에 집중해 있어 많은 사람이 쉽게 공감하고 이해할 수 있도록 전달하는 데는 한계가 있었다. 많은 부분이 지나치게 현학적이거나 학술적이어서 일상적인 삶과는 동떨어진 느낌을 주었다. 실생활에서 적용하거나 활용할 수 있는 방법을 제시한 책은 거의 없었고 그런 면에서 좀 더 실용적이고 접근하기 쉬운 책의 필요성을 절실히 느꼈다.

그래서 나는 최대한 일상생활 속에서 흔히 접할 수 있는 예시를 많이 들었고, 문체도 누구나 쉽게 이해할 수 있도록 간결하고 친근하게 쓰려고 노력했다. 어려운 개념을 설명하면서도 독자가 부담 없이 다가갈 수 있도록 쉽고 자연스러운 언어로 풀어냈다. 이렇게 해야 독자들이 인종차별 문제에 대해 더 깊이 이해하고, 각자의 삶에서 변화의 기회를 찾아낼 수 있을 것이라고 생각했다. 내가 생각하는 이 책의 가장 큰 장점은 바로 그 점이다. 다소 무거운 주제를 다루고 있기는 하지만, 그것에 대한 선입견을 내려놓고 읽는다면 누구나 쉽게 빠져들 수 있을 것이라 확신한다.

# 차례

# 2장 구조적 인종차별



# 3장 편견의 근원

# 4장 미묘한 차별

# 5장 식민주의의 유산



# 6장 유해한 남성성과 인종적 증오

# 8장 인종적 트라우마

# 1장
# 고정관념과 표현

Stereotypes and Representation

○
사람은 세상이나 타인을 바라볼 때 고정관념이라는 도구를 활용한다. 그러나 고정관념은 대상의 복잡함을 '단순화'해 이해하려는 우리 마음의 자동화된 방식일 뿐이어서 종종 오해와 편견을 불러일으키기도 한다. 고정관념은 편리한 인지 도구처럼 보일 수 있다. 그러나 많은 경우 깊이 있는 이해를 방해해 특정 집단이나 개인을 제한된 이미지에 가두게 한다. 이 과정에서 우리는 중요한 차이점을 간과하거나 왜곡된 정보에 의존하게 된다. 특히 인종적 고정관념은 '우리'와 '그들'의 구분을 강조하며, 타집단에 속한 사람들의 특성을 일반화한다. 이는 타인의 행동을 단순화해 해석하려는 경향과 연결된다.

인종적 고정관념은 역사적, 문화적, 심리적 요인에 의해 형성된다. 과거 식민주의와 제국주의 시절, 유럽 국가들은 동양을 비롯한 비서구 사회를 미개한 존재로 묘사하며 자신들의 문화를 우월하게 여겼다. 이러한 인식은 비서구 세계의 문화와 사람들을 왜곡된 방식으로 묘사하게 만들었고, 그 결과 인종적 고정관념이 여러 세대에 걸쳐 퍼지게 되었다. 문제는 이러한 언어가 단순히 생각을 표현하는 데 그치지 않고, 듣는 사람의 자아와 정체성에도 영향을 미친다는 점이다. 반복적으로 사용되는 표현은 특정 이미지나 역할을 강화하여 개인의 정체성에 영향을 줄 수 있다. 따라서 우리는 언어를 점검하고, 특정 집단이나 개인을 제한된 틀에 가두지 않으려는 의식을 가져야 한다. 특히 누군가를 묘사할 때 단순히 하나의 특성만을 강조하기보다 다양한 배경과 성격을 고려하는 것이 중요하다. 고정된 틀을 깨고 새롭게 세상을 이해하려는 노력은 더 깊이 있는 소통을 가능하게 하고, 서로를 진정으로 존중할 수 있는 기반을 마련해 준다.

# ○ 피부색 위계와 고정관념



2021년, 영국 해리 왕자의 부인 메건 마클이 오프라 윈프리와의 인터뷰에서 속내를 털어놓았다. 유럽계 아버지와 아프리카계 어머니 사이에서 태어난 그녀는 왕실에서 인종차별을 받았다고 주장했다. 그러한 차별적 시선은 왕실에서 생활하던 당시 그녀에게 자살하고 싶을 정도의 심한 스트레스로 다가왔다. 2019년, 아들 '아치'가 태어났을 무렵 영국 왕실 내부에는 큰 우려의 목소리가 있었다고 한다. 심지어 아이의 피부색이 얼마나 어두울지, 컬러가 얼마나 나올지, 왕족으로 받아들일 수 있을지 등에 대한 걱정과 대화도 공공연히 오갔다. 이를 전해 들은 그녀는 마음이 아팠다고 했다. 해리 왕자도 부부가 함께 왕실을 떠난 주된 이유가 인종차별 때문이었다고 고백했다.

그러나 가만히 보면 말이 안 되는 부분이 있다. 몇 달 전, 한국 배우 한소희가 영국을 방문해 찍은 사진이 화제가 되었다. 영국 배우 십여 명과 찍은 사진을 보면 그중 한소희의 피부가 가장 하얗다. 얼굴은 화장으로 설명할 수 있으나, 모두 어깨가 드러나는 드레스를 입고 있어 목, 쇄골, 팔 부분의 피부 톤도 확연히 드러난다. 그렇게 봐도 한소희의 피부가 가장 희다. 소녀시대 멤버였던 윤아가 프랑스 칸 영화제를 방문했을 때 찍은 사진을 봐도 마찬가지다. 주변 유럽인들보다 목, 쇄골, 팔 부분이 유난히 더 하얀 것을 확인할 수 있다. 오히려 유럽인들의 피부는 붉거나 분홍빛을 띠는 것이 눈에 띈다. 태연이 유럽에서 버스킹하는 방송을 봐도 그녀보다 더 하얀 피부 톤을 가진 유럽인은 주변에 없다. 2024년 미 대선 후보였던 도널드 트럼프와 카멀라 해리스의 사진을 비교해 봐도 의아하다. 한쪽은 백인, 다른 한쪽은 흑인 또는 '유색 인종'이라 부르는 것이 전혀 말이 안 된다. 실제로 트럼프의 별명 중 하나가 '오렌지 치킨'이기도 하다. 이러한 인지 부조화를 어떻게 설명할 수 있을까?

십수 년을 외국에서 살아온 나는 그 누구보다 서양인들의 얼굴을 많이 보았다. 진심으로 말하건대, '진짜 하얗다.'고 할 정도의 피부 톤은 흔치 않다. 오히려 살짝 어둡거나 분홍빛을 띠는 경우가 정말 많다. 특히 중년 이상이 되면 점점 붉은빛이 강하게 도는 경향이 있으며, 간혹 얼굴이 매우 빨간 사람도 있다. 실제로 구글에서 '왜 나이가 들수록 얼굴이 더 빨개지는

가?'에 대해 고민을 토로하는 글들을 쉽게 찾아볼 수 있다. 뭐, 조금 양보해서 피부가 상대적으로 밝은 사람도 있고, 붉은 기가 도는 사람도 있으니 '굳이' 평균을 따지자면 '핑크 피플Pink people', 즉 분홍인이라는 표현이 더 적절하지 않을까? 물론 따져보면 그렇지만 그렇게 부르자고 주장할 생각은 없다.

인종주의적 편견은 개별적 차이를 제대로 인식하지 못하게 만들며, 결국 인간관계와 사회적 구조를 왜곡시킨다. 무지했던 세상은 단일한 인종적 범주를 설정하고 사람들을 피부색으로 구분하려 했으나 사실 그 범주는 매우 임의적이다. 따라서 우리는 이런 인지적 왜곡을 자각하고, 더 나아가 이 왜곡의 사회적, 역사적 뿌리를 인식해야 한다. 인종에 관한 논의를 할 때 단순한 색깔이나 외모의 차원에 머물지 말고, 그 이면에 존재하는 복잡한 역사적·사회적 맥락을 이해하는 것이야말로 편견을 극복하고 인간의 개별성을 존중하는 첫걸음이다.

## 너 백인이야?, 너 백인이야?

2024년 8월, 영국 전역에서 이민자들을 향한 분노가 폭발했고, 이는 폭력 시위로 이어졌다. 많은 세계 언론이 그 폭력성을 조명했다. 너무 많은 난민과 이민자를 받아들이면서 발생한 여러 사회적 갈등이다. 그런데 관련 영상들을 보다가 짚고 넘어가야 할 한 가지 장면이 눈에 들어왔다. 대부분 건장한 남성들로 이루어진 무리가 이민자들을 쫓아내라고 외치고 있었다. 난민들이 임시로 거주하는 호텔을 무자비하게 테러하며, 길거리를 장악하고 지나가는 차를 일일이 멈춰 세웠다. 그리고 차 안에 있는 사람들을 일일이 확인하며 고함을 질렀다.

"Are you white? Are you white?"
"너 백인이야? 너 백인이야?"


그들이 말하는 '백인'임이 확인되면 차를 보내주고 그렇지 않으면 수십 명이 달려들어 차를 박살 냈다. 이 책의 원고를 쓰던 무렵 그 영상을 봤으므로 직업병처럼 나는 그 폭도들의 피부색을 유심히 확인하지 않을 수 없었다. 영상을 멈춰서 살펴보면 대개 거무스름한 피부 톤이다. 심지어 이 시위를 규탄하는 키어 스타머 영국 총리의 기자회견 영상에서도 그가 입은 하얀 와이셔츠와 진한 핑크빛 얼굴이 확연히 대비된다. 당연한 것을 그저 당연한 것으로 여기는 프레임, 즉 세뇌에서 벗어나면 이런 것들이 눈에 띄기 시작한다.

"대체 누가 하얗다는 거지? 분홍색은 유색이 아닌가?"


물론 유럽인의 피부 톤이 비교적 밝은 것은 맞다. 평균적으로는 확실히 그렇다. 그러나 평균의 함정에서 개별성이 말살되는 것을 지적하고 싶다. 앞의 글에서도 언급했듯이, 가수 태연이나 배우 한소희 정도의 피부 톤과 비교하면 웬만한 유럽인들

은 다 까무잡잡하거나 붉게 보일 수 있다. 굳이 평균치를 논한
다고 한들, 유럽 내에서도 피부 톤의 격차는 존재한다. 예를 들
어 스웨덴, 노르웨이 등의 북유럽 국가와 이탈리아, 그리스 등
의 남유럽 국가를 비교하면 어떨까? 당연히 남유럽 사람들의
피부 톤이 상대적으로 더 어둡다. 그렇다면 처음부터 그 모든
것을 '백인'이라고 하나로 묶었던 기준은 또 무엇이었을까?

　그 목적이 무엇이든 간에 편의적으로 선을 그은 것, 이것이
바로 인종주의적 편견이다. 인지의 왜곡이 심하다는 것은 낮은
의식 수준의 대표적인 특성 중 하나다. 예를 들어 내가 모르는
타 집단을 인식하는 관점이 적개심이나 공포와 같은 감정에 의
해 왜곡된다는 점을 꼽을 수 있겠다. 이는 본인 내면에 있는 적
개심과 공포를 타인에게 투사하는 것이지만, 이러한 '내면 조
작'을 스스로는 알아차리지 못한다. 이 단계에서는 자신과 자신
이 속한 집단에 대한 관념이 너무나 명확하므로 이분법적 세계
관이 강해진다. 예를 들어 나 대 너, 또는 우리 대 그들과 같은
구도가 너무나 뚜렷해져 끊임없이 나와 상대방의 차이점을 찾
고 경계선을 긋는다. 비난, 시기, 질투, 다툼의 근간이 되는 유
아적 사고방식이다.

　저명한 심리학자 켄 윌버의 저서 『무 경계No Boundary』를 보
면 이러한 통찰이 잘 드러난다. 그는 인간의 본질이 다층적이므
로 모든 경계는 가변적이라고 말한다. 더 높은 시선을 갖고 궁
극적인 실체에는 아무런 경계가 없음을 깨닫는 것이야말로 진
정한 성장이라고 강조한다. 결국 이 세상 모든 것은 단지 어떤
렌즈를 끼고 어떤 각도로 보느냐의 차이일 뿐이다. 우리의 인식

과 판단은 개인의 경험과 배경에 따라 달라질 수 있으며, 이는 우리가 세상을 바라보는 방식에 큰 영향을 미친다. 따라서 서로 다른 관점을 존중하고 이해하는 것이 필수적이다. 서로의 차이를 인정하고, 그 속에서 공통점을 찾아가는 과정이야말로 인류가 진정으로 통합되고 발전할 수 있는 길임을 잊지 말아야 한다.

## 화이트워싱? 서양인의 피부를 동경하는 게 아니야

화이트워싱Whitewashing은 미국 영화 산업 용어 중 하나다. 과거 할리우드 영화에서 아프리카계 배우의 얼굴을 인위적으로 하얗게 분장하던 관행에서 시작되었고, 현재는 그 범위가 더 넓게 쓰이고 있다. 가령 이런 경우가 있다. 한국 대중문화 콘텐츠의 해외 시장 노출도가 높아지자, 자연스레 한국 연예인들의 외모를 접하는 외국인도 많아졌다. 그런데 그들의 희고 투명한 피부를 보고 '어, 왜 노랗지 않지?'라며 인지 부조화를 느낀 글로벌 대중들이 생기게 된다.

이내 '한국인은 백인을 따라 하려고 혈안이다.'라는 식의 조롱이 퍼지기 시작했다. 실제로 이러한 논리가 온라인상에 상당히 퍼져 있으며, 이를 가리켜 화이트워싱이라고 하기도 부른다. 심지어 일부 동남아시아인들이 이 논리를 적극적으로 이용하기도 한다. 가령, 한국인의 외모가 자신들보다 더 나을 것이 없으며 그저 성형수술과 하얀 분칠을 한 결과라는 식이다. 필리핀의 한 인플루언서는 이러한 논리를 퍼뜨리기 위해 여전히 큰 노력을 기울인다. 그의 주장에 동조하는 이들은 한국인의 원래 피부색이 필리핀인과 같다고 주장한다.

별것도 아닌 문제에 그렇게 열등감을 느끼는 이유는 뭘까? 어쨌든 사실 확인을 해보자. 인류학자 조지 채플린과 니나 자브론스키의 연구 자료● 중 국가별 피부색 척도가 드러난 부분이 있다. 애초 연구의 목적은 그것이 아니었지만, 참고 정도로 활용하기에는 충분한 자료다. 피부 톤만 놓고 봤을 때 한국 및 중국의 일부 지역은 동남아시아 지역보다 몇 단계 더 밝은 카테고리에 속해 있다. 오히려 한국은 이탈리아나 그리스, 스페인 등 남유럽 국가들과 같은 범주에 있다. 앞서 언급했듯, 한국에는 웬만한 유럽인보다 피부 톤이 더 하얀 사람이 많다. 물론 그렇다고 해서 모든 한국인의 피부가 희다는 것은 아니다. 이는 근본적으로 개인차의 문제다. 유럽인들 사이에서도 매우 흰 톤에서 매우 붉은 톤까지 스펙트럼이 넓듯, 한국인도 마찬가지로 그 스펙트럼이 넓다. 그 이유는 유전적 차이일 수도 있고, 직업이나 사는 지역과도 높은 연관성이 있을 수 있다.

유전적 차이에 대해서는 이미 위에서 충분히 설명했다. 태연이나 한소희의 경우처럼, 애초에 흰 피부를 타고난 사람들이다. 굳이 연예인이 아니더라도 우리 주변에서 유난히 흰 피부를 가진 사람을 어렵지 않게 찾아볼 수 있다.

● 『Evolution of Human Skin and Skin Pigmentation』

직업으로 인한 차이라는 것은 근본적으로 일조량과 밀접한 연관이 있다. 예를 들어, 한국의 배구 선수들과 하키 선수들의 단체 사진을 보면 피부 톤이 극명히 차이 난다. 배구 선수들의 피부는 하나같이 희지만 하키 선수들은 짙은 갈색에 가깝다. 하루 종일 운동을 한다는 직업 특성은 같으나 이를 실내에서 하느냐 실외에서 하느냐의 차이가 이러한 다름을 만들어 낸다. 그리고 이는 곧 동아시아인의 피부 명암도가 일조량에 따라 폭넓게 변화할 수 있음을 함의한다.

지역적 차이에 대해서는 한국의 문학 작품들을 통해 간접적으로 알 수 있다. 예컨대 황순원의 소설 『소나기』의 서울에서 온 소녀는 팔과 목덜미가 마냥 흰 인물로 묘사된다. 반면 시골 소년은 검게 탄 얼굴이 그대로 비치어 싫었다고 말하며 열등감을 드러내기도 한다. 김승옥의 소설 『무진기행』에서도 서울에서 온 윤희중은 '창백한 피부'를 지닌 인물로 묘사된다. 반면, 시골의 세무서장은 자신의 검게 탄 피부에 대해 열등감을 느낀다. 요즘은 그 격차가 많이 줄어들었으나 과거에는 지역에 따라 생활 방식이 다른 경우가 많았다. 그로 인해 지역별로 피부 톤에도 큰 차이가 있었다. 은연중에 흰 피부를 선호하는 정서가 어느 정도 존재한다고 볼 수 있으나 진짜 문제는 그 이유가 무엇인지에 있다.

조금 더 거슬러 올라가 보자. 중국의 화장술은 수천 년 이상의 역사를 가지고 있다. 이미 춘추전국시대부터 하얀 분칠을 하는 풍속이 성행했다. 한국 역시 고구려 시대에 화장 문화가 성행했고, 이것이 일본에 전해졌다. 그런데 흥미로운 것은 서양에서도 마찬가지였다는 점이다. 유럽에서도 하얀 분칠을 하는 문화가 똑같이 존재했다. 그뿐만 아니라 서양의 화가들이 초상화를 그릴 때 모델의 실제 피부보다 더 하얗게 그리는 것도 일반적이었다. 제럴드 머네인의 소설 『평원The Plains』을 보면 그러한 정서가 드러난다. 토지를 소유한 지주들 간의 대화 중, 아내나 딸이 햇볕에 그을려 갈색이 되는 것을 원하는 사람은 없다거나, 혹은 시인들은 흰 피부를 숭배한다는 식의 말들이 오간다. 꽤 흥미로운 대목이다. 여기서 우리는 서양인들조차 더 하얗게 보이고 싶어 하는 심리가 있음을 유추할 수 있다. 이는 역설적으로 그들이 충분히 '하얗지 않음'을 자각하기 때문이다. 즉, 자신들 스스로 '하얀 인종'이라고 칭하는 것은 단순히 희기 때문이 아니라, 더 하얘지고 싶어 하는 심리가 그 기저에 있다는 의미다.

모든 걸 종합해 보면 다음과 같은 결론을 내릴 수 있다. 동서고금을 막론하고 은연중에 흰 피부를 선호하는 정서는 어느 정도 일반적이었다는 거다. 하지만 그 핵심은 이것이 어떤 인종이 다른 인종을 따라 하려는 개념과는 전혀 무관하다는 점에 있다. 더 나아가 희지만 주근깨나 검버섯이 많은 피부를 동경하는 사람은 거의 없다. 특히 한국인들이 선호하는 것은 맑고 결점 없는, 이른바 도자기 같은 피부다. 이런 피부를 선호하는 근본적인 이유는 단순한 미적 기준을 넘어서 사회적, 역사적 맥락과 깊이 연관되어 있다. 동서양을 막론하고 사람들이 동경했던 대상은 귀족이나 지식인 계층이었다. 특히 과거에 이들은 육체노동을 하지 않아 햇볕에 그을리지 않은 희고 깨끗한 피부를 유지하기가 쉬웠다. 자연스럽게 햇볕에 덜 노출된 계층이 상류층으로 인식되었다. 따라서 흰 피부를 선호하는 경향은 단순히 색깔에 대한 선호라기보다는 계층의 사다리를 올라가고자 하는 오래된 인간 본능과 연결된 것이다. 즉, 귀족적 삶에 대한 동경이 미적 기준에까지 영향을 미쳤을 것이라는 유추가 가능하다. 특히 동아시아인의 경우, 일조량에 따라 피부색의 차이가 크게 나타나는 특성 때문에 이러한 심리가 더욱 뿌리 깊게 자리 잡았을 수 있다.

# ○ 구분할 수 없다는 말의 무례함

미국인들은 왜
다 똑같이 생겼어?

손흥민 선수가 당한 인종차별 사건이 화제가 된 적이 있다. 같은 팀 동료인 벤탄쿠르 선수가 자신의 고국 우루과이의 한 방송에서 '동양인은 다 똑같이 생겼다.'라는 취지의 농담을 했기 때문이다. 논란이 커지자 벤탄쿠르는 사과했으나 우루과이 현지 반응은 정반대였다. '그냥 농담인데 뭐 어떠냐.'는 식의 여론이 주를 이루었다. 심지어 소속팀 토트넘조차 사실상 벤탄쿠르의 편을 들어주었다.

이런 기사를 볼 때면, 내 어린 시절의 기억이 떠오르고는 한다. 여덟 살 무렵의 일이며, 단언컨대 실화다. 부모님이 TV에 방영하는 할리우드 영화를 보고 계셨고, 나는 그 옆에서 같이 보고 있었다. 영화를 제대로 이해할 나이가 아니었던 나는 문득 이렇게 물었다.



당시 내가 알던 서양 국가는 미국이 유일했기 때문에, 여기서 '미국인'은 '서양인'을 의미한다고 보면 된다. 이 질문을 들은 어머니는 아버지를 쳐다보셨고, 두 분 다 잠시 어리둥절한 표정을 짓다가 그냥 멋쩍게 웃으며 넘기셨다. 한국에 살던 어린아이의 눈에는 할리우드 영화 속 모든 사람이 다 똑같이 생겨 보였다. 누가 누군지 전혀 구분할 수 없던 그 상황이 아직도 생생하다. 결국 그 순수한 호기심은 깔끔하게 해소되지 못했다.

점점 성장하며 나 역시 할리우드 영화에 많이 노출되면서 자연스럽게 그 궁금증은 사라졌다. 더 세밀한 구분과 인식이 가능해졌기 때문이다. 답은 바로 여기에 있다. 말하자면 노출 Exposure과 익숙함Familiarity의 차이라고 할 수 있겠다. 이는 '어떤 인종은 다 똑같이 생겼다.'라는 식의 편견이 사실상 유아적인 세계관에 불과하다는 의미다. 내가 여덟 살 무렵에 가졌던 생각을 누군가가 성인이 된 후에도 유지한다면, 그것이 과연 자랑할 만한 일일까? 오직 어린아이의 무해한 호기심만이 무지를 순수함으로 만들 수 있다. 그렇지 않다면 무지는 그저 창피하고 부끄러운 일일 뿐이다.

내가 '동양인은 다 똑같이 생겼다.'는 편견이 서구권에 만연하다는 사실을 처음 알게 된 것은 2010년 무렵이었다. 이전에도 그런 표현은 있었지만 이 시기에 유행어처럼 크게 퍼졌던 것으로 기억한다. 영어권 커뮤니티를 많이 돌아다니던 20대 시절이었기에 그러한 경향을 비교적 또렷하게 기억하고 있다. 내게는 곧바로 그 본질이 한눈에 보였다. 사실 특별히 깊이 생각할 문제도 아니었다. 조금만 생각해 보아도 이는 인종적 특성이 아니라 노출 빈도와 익숙함의 문제라는 것을 알 수 있다. 자신이 나고 자란 사회, 그 표본 집단에 관해 더 세밀한 인식이 가능하다는 것은 너무나도 당연하다. 성인이 되어서도 그 정도의 간단한 논리나 연결성을 인지하지 못한다면 그것은 생각하는 능력이 부족하다는 증거다. 생각을 논리적으로 하지 못하면 어떤 정보를 접할 때 기초적인 수준의 분석과 재구성이 불가능하다. 이는 곧 말 같지도 않은 논리를 비판 없이 받아들이게 만드는 이유가 된다.

동양인은 다 똑같이 생겼다는 편견을 마주할 때, 그것을 단순히 개인의 미숙한 시각으로 치부하기에는 그 여파가 작지 않다. 특히 사회에서는 더욱 그렇다. 이러한 발언이 농담으로 포장되거나 단순한 무지로 치부되면 그 뒤에 숨은 '구조적 문제'를 간과하게 만드는 매우 위험한 상황을 초래한다. 이 편견은 단지 외모에 대한 선입견 이상의 의미를 담고 있다. 말하자면 아시아인들이 역사적으로 서구의 주류 문화에서 배제되고 대상화된 결과의 원인이 바로 여기에 있는 것이다. 이에 따른 예시로 할리우드를 들 수 있겠다. 할리우드 영화는 대부분 동양인 캐릭터를 단조롭게 묘사한다. 이는 오랜 시간 동안 사람들에게 무의식적인 영향을 미쳐왔다. 그 결과, 아시아인의 외모나 특징을 일관된 이미지로 고착하는 문화적 환경이 조성되었다. 이는 사고의 결핍에 의도된 무지가 더해진 결과라고 볼 수 있다.

즉 인종적 편견은 단순히 개인의 무지에서 비롯된 것이 아니라 오랜 시간 동안 사회적·정치적·경제적 구조 속에서 형성된 결과다. 역사적 맥락을 살펴보면 유럽 국가들은 제국주의와 식민주의 시절부터 자신들의 우월성을 강화하기 위해 인종 간 위계질서를 확립하려 했다. 이를 통해 비서구권 인종을 타자화하고, 이들의 인종적 특성을 단순화해 폭넓게 적용하는 관습을 굳혔다. 우리는 이처럼 단순해 보이는 문제 뒤에 숨은 구조적 불평등을 인식하고 이를 바로잡기 위한 노력을 함께 기울여야 한다.

## 단체 사진을 보면 다 똑같아

불과 몇 년 전에 있었던 일이다. 배우 주지훈이 독일의 한 잡지사와 인터뷰를 진행했다고 한다. 그때 독일 기자와의 대화에서 일어난 해프닝이 국내에 기사화되어 퍼진 적이 있었다. 우선, 잡지사 측에서는 아시아인의 외모를 두고 이러한 질문을 던졌다.

**"우리가 보기에는 아시아인들이 다 똑같이 생겨 보인다. 혹시 이런 말을 들으면 기분 나쁜가?"**

이에 주지훈은 이렇게 답했다.



이 대답은 그야말로 완벽한 모범 답안이었다. 한 인종을 단일한 집단으로 묶고, 수십억 명의 개성을 무시한 채 '다 똑같이 생겼다.'고 말하는 것은 무지한 발상이다. 그는 재치 있는 대답을 통해 이를 간접적으로 일깨워 준 것이다. 이처럼 인종이나 민족을 하나의 균질한 집단으로 간주하는 서양 미디어의 시각은 오래된 문제다. 특히 할리우드에서는 아시아계 배우들에게 편협한 역할을 부여하는 경우가 많았으며, 그로 인해 아시아인들에 대한 고정관념이 더욱 공고해졌다.

이와 같은 편견은 외집단 동질성 편향outgroup homogeneity bias이라는 사회심리학적 개념으로 설명될 수 있다. 이는 자신이 속한 내집단에 속하지 않는 사람들을 상대적으로 더 동질적으로 인식하는 심리적 경향을 의미한다. 즉, 자신이 속한 집단의 사람들은 각기 다르고 개성이 넘친다고 느끼지만, 외부 집단의 사람들은 모두 비슷하게 생겼거나 비슷한 성격을 가졌다고 여기는 현상이다.

이 편향은 익숙하지 않은 대상을 '모두 똑같이 생겼다.'라고 인식하게 만들며, 결국 특정 집단에 대한 왜곡된 시각을 형성하게 한다. 나는 이러한 인지적 편향을 직접 확인하려 구글에 몇 가지를 검색해 보았다. 그 검색어는 다음과 같다.

즉, 미국, 남미, 아프리카의 군인들이 군복을 입고 있는 단체 사진을 검색해 본 것이다. 상식적으로 똑같은 군복을 입고 머리를 빡빡 깎은 사진을 보면 모두 비슷하게 보일 것이라는 예상을 했기 때문이다. 실제로 검색된 사진들을 보면 모두 같은 군복을 입고 단정한 머리 스타일을 한 모습이라 확실히 한눈에 구분하기 어려울 만큼 비슷해 보였다. 물론 저작권 문제로 인해 그 사진들을 여기에 공개할 수는 없지만, 궁금하다면 직접 구글에서 검색해 보기를 바란다. 아마 나와 같은 결론에 도달하게 될 것이다.

가식 없이 솔직해져 보자. 아프리카계 군인들이 단체로 모여 같은 유니폼을 입고 모두 짧게 깎은 머리를 하고 있다면 그들을 개별적으로 쉽게 구분할 수 있겠는가? 같은 맥락에서 미국이나 남미 군인들도 사실상 다 비슷해 보인다. 우리가 그들의 얼굴을 구분하지 못한다고 해서 그들이 모두 똑같이 생긴 것은 아니다. 이 현상은 외모적인 차이 때문이 아니라 익숙함의 차이에서 비롯된다. 예를 들어 한국 군인들이 단체 사진을 찍는다고 가정해 보자. 상대적으로 그들의 얼굴을 남미, 아프리카, 미국 군인의 얼굴보다 더 잘 구분할 수 있을 것이다. 이는 우리가 그들의 얼굴을 익숙하게 보아왔기 때문이다. 결국 인종이나 민족을 하나로 묶어 동질적이라고 인식하는 것은 노출 빈도와 익숙함에 따른 인지적 착각에 불과하다.

이러한 기본적인 사실을 굳이 설명해야 하는 상황이 답답할 때도 있다. 하지만 그만큼 인종적 편견이 뿌리 깊다는 것을 증명하는 요소라고 본다. 서양에서 오랫동안 지속되어 온 아시아인에 대한 잘못된 시각은 그들의 무지에서 비롯된 것이다. 이를 알아차리거나 개선하지 못하는 그들의 인식 수준이 안타까울 뿐이다.

# 모욕을 주는 서양인, 스스로 모욕하는 동양인

**동양인 인종차별의 대명사 '재키 찬'**

리더십 연구가인 조셉 자보르스키는 『리더란 무엇인가 Synchronicity』라는 저서에서 우리가 살아가는 사회 내에 다양한 경계와 구분이 어떻게 형성되는지를 탁월하게 설명한다. 자보르스키의 이론에 따르면, 인간은 '세뇌된 구분'이라는 상상의 산물을 통해 자연스럽게 편견을 가지게 된다. 이 세뇌된 구분은 인종, 계급, 성별 등 여러 요소를 기반으로 사람들을 분류하고 그들의 개별성을 보지 못하게 만드는 구조를 낳는다. 결과적으로, 평균이라는 이름 아래 한 인종이나 집단을 특정 개념으로 뭉뚱그리려는 시도는 일상에서 흔히 목격되는 일이다.

2024년 7월, 프리미어리그 울버햄프턴 소속의 축구 선수 황희찬과 관련된 인종차별 사건이 화제가 되었다. 당시 경기 중 상대편 수비수가 황희찬에게 모욕적인 인종차별 발언을 내뱉었다. 그는 동료 수비수에게 이렇게 말했다.

**"쟤는 그냥 무시해도 돼. 자기가 재키 찬(성룡)이라고 생각하거든."**

이를 들은 황희찬의 동료가 그 선수에게 주먹을 날리며 문제가 커졌다. 이러한 사건이 일어났음에도 불구하고 문제의 구단 코모1907 측은 부적절한 발언으로 논란을 더 부추겼다.

**"별것도 아닌데 울버햄프턴 선수들이 오버를 해서 상황이 지나치게 과장되었다."**

이러한 반응은 단순한 무지를 넘어서 인종차별을 사소하게 치부하는 행태의 문제점을 적나라하게 드러낸다. 인종차별적 발언의 본질을 이해하지 못하고 상황을 과장된 문제로 왜곡하는 이러한 태도는 그 자체로 더 큰 문제를 야기한다.

비슷한 상황은 최근 유튜브 채널 〈보트스포츠VoteSport〉에서도 목격되었다. 이 채널은 격투 스포츠를 전문적으로 다루는 채널이다. 일본의 복싱 챔피언 나오야 이노우에에 대한 리뷰 영상에서 또다시 '재키 찬'이라는 표현이 등장했다. 선수를 소개하는 과정에서 그를 '재키 찬'에 빗대어 표현했는데, 역시 인종적 고정관념의 반영이었다. 나 역시 유사한 경험을 한 적이 있다.

비록 '재키 찬'은 아니었으나 대화 중에 '닌자'라는 농담을 들었다. 겉으로는 웃음 섞인 농담으로 보일 수 있지만 그 이면에 깔린 인종차별적 편견을 부인할 수 없다.

아시아인을 재키 찬이나 닌자라고 부르는 것은 인종차별일까? 분명 그렇다. 이러한 호칭은 모두 특정 인종을 획일화하고, 한 인종을 특정 이미지나 역할로 고정시키는 잘못된 시각을 반영하기 때문이다. 그러나 이처럼 미묘한 수준의 차별은 대처하기가 어려운 경우가 많다. 왜냐하면, 이러한 발언을 하는 사람들은 대체로 자신의 발언이 왜 문제가 되는지 전혀 인식하지 못하는 경우가 많기 때문이다. 그들은 흔히 '그저 가벼운 농담일 뿐인데 왜 그렇게 민감하게 반응하냐.'며 되레 상대방을 과민 반응하는 사람으로 몰아가는 경향이 있다.

그래서 나는 이러한 상황에 직면할 때 분노 대신, 미러링mirroring 기법을 사용하고는 한다. 미러링은 상대의 말을 그대로 되받아쳐 그들이 느끼도록 만드는 대화 기법이다. 예를 들어 누군가 나에게 '중국인이냐?'하고 묻는다면, 나는 한국인이라고 답한 뒤 그 사람에게 '너는 러시아인이냐?'라고 되묻는다. 만약 '닌자'라는 말을 들으면, 나는 각 나라를 대표하는 단어, 가령 '피자', '스파게티', '해리포터', '오바마', '트럼프' 등의 단어를 능청스럽게 던진다. 보통 이런 반응을 받은 상대방은 순간 당황하며 '이게 뭐지?'라는 표정을 짓는다. 그 후 시간이 좀 지나면 스스로 깨닫게 되는 경우가 많다.

내 경험에 따르면, 이러한 방식이 가장 효과적이다. 차별적 발언을 하는 사람들은 대개 자신이 무엇을 잘못했는지 깨닫지 못하고, 감정적으로 대응하면 오히려 대화가 불필요하게 격화될 수 있다. 하지만 미러링을 통해 상대방이 자신이 했던 말이 어떻게 들릴 수 있는지 체험하게 하는 방법은 효과적으로 그들의 인식에 작은 충격을 줄 수 있다. 미러링 기법에 대한 보다 자세한 설명은 뒤에서 더 다루도록 하겠다.

## 스탠드업 코미디는 인종차별적 발언의 온상

호주의 한 '동양계 여성' 코미디언이 라디오에 나왔다. 그녀는 마치 진행자와 다른 패널들의 하녀가 되고 싶기라도 한 눈치였다. 심지어 그녀는 동양인 비하 개그를 서슴지 않으며 사람들을 웃기려고 갖은 애를 쓰고 있었다. 왜 그렇게까지 자신을 낮추려 드는지 도무지 이해가 가지 않았다. 이를 아적아아시아인의 적은 아시아인이다라고 해야 하나? 한 예로 이런 내용이 있었다.

> "동양인은 모두 똑같이 생겼습니다. 20대에도 똑같고, 30대에도 똑같고, 40대에도 똑같고, 50대에도 똑같다가 60대가 되면 모두 다 요다가 되어버려요."

그녀의 말에 청중 모두가 자지러지게 웃었다. 나는 듣자마자 짜증이 올라왔다. 그리고 잠시 후 의문이 들었다. 저렇게까지 기어서라도 살아남고 싶은 걸까…. 마치 자신이 동양인이라는 이유 하나만으로 모든 것이 용서된다는 마패를 달고 행동한 것처럼 보였다. 본인이 '웃기다.'라고 인정받기 위해 다른 아시아인들을 깎아내리는 것은 신경 쓰지 않아도 되는 것일까? 아니면 그들이 웃어주니 그저 행복한 바보가 되겠다고 작정한 것일까?

그러고 보면 스탠드업 코미디는 인종차별 발언의 온상이다. 코미디의 특성상 다양한 주제를 다루는 것은 좋다. 그러나 이러한 자유로운 형식 때문에 인종차별 발언이 자주 등장하는 것도 사실이다. 데이브 샤펠이나 루이스 C.K. 등 수많은 코미디언이 '유머'라는 우산 아래 인종차별 발언을 쏟아냈다. 심지어 자신이 속해 있는 인종을 희화화하고 스스로 깎아내리는 현상도 매우 흔하다. 대부분 유머라는 이름으로 용인되거나 가볍게 넘겨진다. 하지만 그 모든 게 실제로는 고정관념을 강화하고 특정 집단을 희화화한다는 점, 더 나아가 그로 인해 사회에 부정적인 영향을 미칠 수 있다는 점을 간과해서는 안 된다. 가령 범죄에 연루된 연예인이 같은 행위를 한 일반인보다 더 많은 욕을 먹는 이유와 비슷하다. 사회에 미치는 영향력을 고려하면 더 많은 비판을 받는 것이 정상이다. 그 정도의 경각심을 가져야 한다. 인종차별 발언이 코미디에 자주 등장하고 그것이 웃음을 유발하는 방식으로 소비되다 보면 사회는 점차 인종차별에 무감각해질 수 있다. 무엇보다도 한 사회의 특정 그룹에 속한 이들을 다수 집단에 반하는 '다른 집단'으로 여겨지게 할 우려가 있다. 그것을 유머라는 틀로 포장하면 사람들은 그것이 문제라는 인식 없이 수용하게 되고, 차별의 심각성을 깨닫지 못한다. 웃음이라는 목적이 모든 언행을 정당화하지는 않는다. 코미디언들은 자신이 말하는 내용이 사회적 맥락에서 어떤 영향을 미칠지 고려해야 한다. 유머가 인종차별적 관념을 정당화하거나 강화하는 데 사용되지 않도록 주의해야 한다.

## 인종차별, 교육 수준과 상관이 있을까?

영상 공유 서비스를 제공하는 애플리케이션 '틱톡'은 세계적인 성공을 거두었다. 그러나 중국 기업이 제공하는 서비스라는 이유로 상당수의 국가에서 사용 제한을 시도하고 있다. 미국도 마찬가지였다. 2024년 3월, 미 하원은 틱톡 보이콧 법안을 만장일치로 통과시켰다. 유튜브와 페이스북을 차단한 중국을 미개하다고 손가락질하던 미국이 똑같은 행동을 한 것이다. 더구나 그 과정에서 미국 청문회에 참석한 틱톡의 CEO '쇼우 추'가 인종차별을 당했다는 논란까지 일었다.

쇼우 추는 싱가포르 국적의 기업인이다. 하지만 미국의 상원 의원인 '톰 코튼'이 그를 향해 '중국인이냐'는 질문을 던졌고, 이 장면이 퍼지며 많은 사람을 불편하게 만들었다. 심지어 '당신 어느 나라 사람이냐?', '국적이 어디냐?', '혹시 이중 국적자 아니냐?', '어느 나라에서 태어났냐?' 등의 질문을 해댔다. 쇼우 추는 자신이 싱가포르인이라고 계속 답했으나 톰 코튼은 그 답변을 애초에 들을 마음도 없었다. 그냥 제멋대로 질문을 이어간다. '그럼 당신 가족은 어느 나라 사람이냐?', '다른 나라 시민권 없나?', '다른 나라 여권은 없냐?' 등. 쇼우 추는 살짝 기분 나쁜 표정을 짓고, 또 한 번 딱 잘라 말한다. '나는 싱가포르인이다.'

그러자 톰 코튼 의원은 본색을 드러내기 시작한다. '혹시 중국 시민권이 있는 거 아니냐?', '중국 공산당 소속 아니냐?', '중국 공산당과 연계된 것 아니냐?' 등 근거 없는 질문을 쏟아낸다. 이후 이 영상을 본 수많은 싱가포르인은 치욕과 모멸감을 느꼈다. 그러니까 톰 코튼의 세계관을 해석하자면 이런 걸까?

**"그냥 내가 중국인이라면 너는 중국인인 것이다."**

일반적으로 인간은 자신이 자라온 환경, 그리고 사회에서 형성된 문화적 편향과 고정관념에 영향을 받는다. 고등교육을 받으면 그러한 영향력에서 벗어난 독립적 사고를 할 수 있어야 하지만, 그렇지 못한 경우가 많다. 학문적 또는 전문적 지식과 사유 능력은 전혀 별개의 문제라는 뜻이다.

몇 년 전, 실리콘밸리 벤처기업 〈솔리드8〉의 CEO인 '마이클 로프트하우스'가 내뱉은 발언이 화제를 모았다. 그는 캘리포니아 소재의 한 식당에서 밥을 먹다가 맞은 편에 앉아 생일 잔치를 하던 중국계 가족에게 인종차별 발언을 쏟아부었다. 그들을 향해 'Fuck'이라는 단어를 서슴없이 내뱉었고 '너희 나라로 돌아가라.', '트럼프가 너희를 가만두지 않을 것이다.' 등의 폭언도 퍼부었다. 누군가 이 장면을 촬영해 인스타그램에 올렸고 엄청난 후폭풍이 일었다. 결국 그는 사과하고 CEO 자리에서 사퇴했다.

이쯤에서 묵직한 질문이 하나 떠오른다. 과연 인종차별은 교육 수준과 상관이 있을까? 분명히 미국의 국회의원이나 기업의 CEO 정도라면 배울 만큼 배운 사람일 것이다. 그런데 왜 이렇게 미개한 수준에 머물러 있을까? 미국의 사회학자 소스타인 베블런이 창안한 '교육된 무능educated incapacity'이라는 표현이 떠오른다. 한 분야에 대해서만 깊은 전문성을 가질 때 오히려 시야가 더 좁아진다는 개념이다. 이는 자신이 속한 사회적 맥락에서만 사고를 하려는 경향이 있기 때문이다. 높은 교육을 받았다 한들 모든 사람이 비판적 사고를 제대로 기르지는 못한다. 특히 교육 시스템이 이론적 지식 전달에만 치중할 경우, 사람들은 자신의 고정관념이나 사회적 편견을 비판적으로 성찰하는 능력을 갖추지 못한다. 이런 경우, 잘 교육된 사람들이 오히려 그러한 고정관념을 더 강화하고 그것이 정상적이거나 자연스러운 것이라고 믿게 될 위험이 크다.

조금 더 과거로 가자면 미국의 전 대통령 우드로 윌슨의 사례도 있다. 그는 미국 아이비리그 중 하나인 프린스턴대의 교수를 거쳐 총장까지 지냈다. 이후 미국의 28대 대통령이 되었다. 소위 지식인 출신의 대통령이다. 하지만 그는 극심한 인종차별주의자였다. 대학 총장 시절이나 대통령 재임 기간 중 수많은 인종차별 방침을 밀어붙였고, 특정 인종 우월주의 단체로 악명 높은 KKK를 지지했다. 이처럼 교육 수준만 높고 의식 수준이 떨어질 경우 정작 사회에 더 큰 해악을 끼치는 경우가 많다. 대개 본인이 무엇을 모르는지조차 모르지만, 사회적으로 영향력을 미칠 수 있는 위치에 있기 때문이다. 잘 생각해 보자. 현재까지 우리 사회는 좋은 간판만 들고 있으면 가차 없이 '엘리트'라고 부르는 데 익숙하지 않았나? 하지만 기억해야 한다. 정신적 지능이나 의식 수준은 교육 수준과는 전혀 별개의 문제다. 그 축 자체가 다르다.

# ○ 좋은 편견과 나쁜 편견



2023년 초에 경험했던 일이다. 나는 인천에서 출발해 시드니 공항에 막 도착한 참이었다. 입국 심사를 마치고 수화물도 찾았다. 시드니 공항은 입국장을 나가기 전 수화물 검사를 한 번 더 거치게 되어 있는데, 검사 대상 수화물의 기준은 따로 정해져 있지 않고 그 자리에서 직원이 랜덤으로 결정하는 시스템이다. 즉, 사람들이 줄지어 있으면 직원이 여권과 입국 티켓을 확인한 뒤 수신호로 왼쪽이나 오른쪽을 가리킨다. 가령 왼쪽으로 가면 수화물을 한 번 더 체크하고, 오른쪽으로 가면 그냥 나갈 수 있는 방식이다. 순전히 직원 개개인의 재량과 판단으로 결정된다.

당시 두 명의 공항 직원이 그 분류 업무를 하고 있었다. 한 명은 남성이었고, 다른 한 명은 여성이었다. 남자 직원이 손으로 직접 방향을 안내하고 있었고, 여성 직원은 그 옆에 보조로 서 있었다. 그런데 이들의 행동을 살피다 보니 한 가지 흥미로운 점이 있었다. 그 남자 직원이 내 앞에 있는 한국인을 전부 다 오른쪽으로 보내는 것이었다. 즉, 수화물 검사를 추가로 하지 않아도 되는 쪽이었다. 간혹 외국인들은 왼쪽으로 가기도 했다. 그리고 내 차례가 왔을 때도 역시 오른쪽으로 참고로 나는 한국 국적의 호주 영주권자다 지시했다. 내가 지나갈 때 그 남자 직원이 여자 직원에게 하는 말을 똑똑히 들었다.

**"한국인은 체크 안 해도 돼."**

보아하니 자신의 노하우를 후배 직원에게 가르쳐주는 듯한 모양이었다. 아마도 그동안 일을 하면서 겪어왔던 경험에 비추어 보았을 때, 한국 사람들은 짐 검사를 꼼꼼하게 하더라도 걸릴 만한 게 거의 나오지 않았었나 보다. 별것 아니지만 우리 입장에서 생각해 보았을 때 전혀 기분이 나쁠 법한 일은 아니다. 그런데 그때의 일을 되돌아보니 한 가지 드는 의문이 있다. 과연 좋은 차별도 차별일까? 차별이라는 단어에는 부당한 대우라는 개념이 포함된다. 이렇게 정의만 따져본다면 차별이 아닌 것 같기도 하다. 하지만 거꾸로 입장을 뒤바꿔 생각해 보면 어떨까. 당시 중간중간 끼어 있던 외국인 입장에서는 그야말로 차별이 아닐 수 없다. 아래에는 다른 예시를 몇 가지 더 들어 보았다.

○ 한국인은 성실하다

○ 미국인은 개방적이다

○ 일본인은 예의바르다

○ 동양인은 범죄를 저지르지 않는다

○ 흑인은 운동 신경이 좋다

○ 유대인은 똑똑하다

이러한 예시들이 분명 나쁜 편견은 아니다. 그러나 어찌되었든 집단 구성원 전체를 일반화하는 사고방식은 인종차별주의레이시즘에 포함될 수 있다. 무엇보다 긍정적인 편견이라 한들 이는 언제든 부정적인 편견으로 변질될 수 있다는 점을 간과해서는 안 된다. 예를 들어 똑똑하다는 편견이 있는 특정 인종의 개인이 조금이라도 그 기대에 부응하지 못하면 쉽게 비난이나 조롱의 대상이 되기도 한다. 이처럼 긍정적인 편견조차 특정 집단에 대한 기대를 강화하고, 이를 충족시키지 못했을 때 차별로 이어질 수 있는 위험을 내포하고 있다. 즉, 좋은 편견도 특정 집단을 추상적인 이미지로 만들어 버리는 것은 매한가지다. 이러한 시각은 결국 사람을 개별적 존재로 보는 대신 그들이 속한 인종 집단을 통해서만 판단하게 만들고, 타인을 인식하는 방식을 왜곡시킬 수 있다.

영국의 저명한 역사학자 마틴 다운튼 교수는 한국의 근현대사를 다룬 한 강의에서 흥미로운 내용을 소개했다. 한국에 거주했던 미국 정부 관계자의 보고서에는 다음과 같은 내용이 있다고 한다.

"Koreans are the Irish of the Orient. They are fun-loving. They have an inferiority complex. They don't have any self-confidence."
"한국인은 동양의 아일랜드인이다. 그들은 재미를 사랑한다. 그들은 열등감을 가지고 있다. 그들은 자신감이 없다."

한국인을 단순화하고 고정된 스테레오타입으로 묘사했다. 이는 이질적인 문화를 깊이 이해하지 못한 채 만들어진 편견이며 전형적인 오리엔탈리즘의 한 예다. 그것이 긍정적인 측면이든 부정적인 측면이든, 한 가지는 확실하다. 이러한 특징이 모든 한국인에게 해당하는 것은 절대 아니라는 점이다.

## 동양인은 수학을 잘한다는 관념

역사학자 넬 어빈 페인터가 쓴 책 『백인의 역사The History of White People』에는 20세기 초 인종별 평균 IQ를 어떻게 바라봤는

지가 언급된다.

이는 지적 인종주의Intellectual Racism의 한 형태로볼 수 있다. 과거 무지하던 시절, 얼마나 제멋대로인 말들이 남발했는지 엿볼 수 있는 대목이다. 정작 현대 사회에서의 현실은 완전히 반대로 돌아간다. 국가별 평균 IQ를 측정하면 1위부터 6위까지는 항상 동아시아 국가가 차지한다. 한국, 싱가포르, 일본, 중국, 홍콩, 대만이다. 그러다 보니 동아시아인들이 머리가 좋다는 관념은 상당히 널리 퍼져 있다. 이에 더해 특히 '수학을 잘한다.'라는 수식어가 붙는다.

이러한 편견이 어디서 왔는지는 자명하다. 우선 동아시아의 교육열이 전반적으로 높다 보니 교과 과정 자체가 촘촘하며 진도도 빠르다. 가령 열다섯 살의 한국 학생이 미국으로 유학을 갈 경우 동 학년 학생들에 비해 수학 공부를 하는 것이 훨씬 더 수월하다. 이것은 분명한 사실이다. 하지만 이것은 유전적 연관성이라기보다 교육열특히 중등 과정과 이에 따른 진도의 문제에 더 가깝다.

동아시아 국가의 학생들이 국제수학올림피아드나 국제학업성취도평가PISA에서의 뛰어난 성적을 거두는 것도 한몫한다. 한국, 일본, 싱가포르, 대만, 홍콩 등 동아시아 국가의 학생들이 항상 상위권에 오르며 다양한 매체에서 이를 '동아시아 교육의 성공'으로 보도해 왔다. 그리고 이러한 경향이 서구 사회의 고정관념을 더욱 강화했다. 그러나 이러한 현상은 1990년대 중반 이후부터 두드러진 모습이다. 그 이전의 자료를 보면, 대부분 유럽 국가가 상위권을 차지하고 있었다. 그렇다면 1990년대 중반 이후부터 아시아인들이 '갑자기' 수학을 잘하게 된 것이라고 해석해야 할까? 말도 안 된다. 즉 이는 유전적 특성과는 아무런 연관이 없다. '아시아인은 원래 수학을 잘한다.'라는 인식은 생물학적 기원이 아니라, 사회적·교육적 맥락에서 형성된 고정관념이다. 노력, 교육 시스템, 미디어의 영향 등이 복합적으로 작용해 비교적 현대에 들어와 만들어진 이미지라고 볼 수 있다. 이러한 고정관념은 때로 긍정적으로 보일 수 있지만, 개인의 다양성을 간과하고 불필요한 부담을 줄 수 있다는 비판도 있다.

다만 동아시아인들에게 유리한 점이 한 가지 눈에 띈다. 바로 숫자를 세는 방식이다.

나는 오래전 싱가포르에서 회사 생활을 했는데, 이때 동료들을 관찰하며 느낀 부분이다. 먼저 싱가포르인들은 오피스에서 대화할 때 항상 영어를 사용한다. 특히 업무와 관련해서는 더욱 그렇다. 하지만 그들이 반드시 중국어를 쓸 때가 있다. 바로 숫자를 세거나 숫자를 활용해야 할 때다. 가령 인보이스 넘버가 987567437이고, 이 아홉 자리 숫자를 노트에 옮겨 적는 상황이라고 가정해 보자. 숫자는 편의상 대강 한국어 음차로 표기해 보겠다.

싱가포르인들은 중국어로 '쥬, 빠, 치, 우, 류, 치, 쓰, 싼, 치'라고 한 묶음으로 외우고 중얼거리고 바로 옮겨 적는다. 일반적으로 한국인의 경우도 마찬가지일 것이다. '구, 팔, 칠, 오, 육, 칠, 사, 삼, 칠' 어지간하면 한 묶음으로 외워진다. 하지만 영어나 독일어로 하면 어떨까? 이야기가 다르다.

핀란드어는 더 가관이다.



보다시피 아홉 자리 정도의 숫자를 한 묶음으로 외우는 것은 매우 어렵다. 음절이 너무 길기 때문이다. 서양 사람들이 숫자를 외울 때 유심히 관찰해보면 보통 서너 개의 숫자를 하나로 묶어 한 번에 받아 적는다. 이후 나머지를 한두 번 더 받아 적어 아홉 자리 정도의 숫자를 완성하는 식이다. 그래서 싱가포르 사람들이 오피스에서는 영어를 쓰다가도, 숫자를 셀 때만 되면 본능적으로 중국어가 튀어나오는 것이다.

개인적으로 나는 이것이 동아시아인들의 수학 능력에 일정 부분 영향을 미친다고 본다. 수학의 기본은 숫자를 가지고 노는 것이 아닌가. 아무래도 더 많은 숫자를 한 번에 인지할 수 있는 능력은 분명 수학적 능력을 향상하는 데 도움이 될 것이다. 어쨌든 결론은 하나다. 수학을 하는 데 있어 일정 부분 동아시아인들에게 유리한 요소가 분명히 있다. 하지만 이 문제를 유전적 특성과 결부 짓는 것은 그야말로 무지한 발상이다. 다 떠나서 우리의 학창시절만 돌아봐도 그렇다. 한 교실 안에만 해도 얼마나 많은 수포자가 있었던가?

# 동양인은 운전을 못한다

동양인이 운전을 못한다는 관념은 정말로 널리 퍼져 있다. 이 고정관념은 영화나 드라마 같은 대중 매체에서도 자주 등장하며, 심지어 코미디 소재로까지 사용되고는 한다. 이러한 묘사는 단순한 농담처럼 보일 수 있으나 동양인에 대한 부정적인 인식을 강화하는 역할을 한다. 이 고정관념이 크게 비판받지 않는 이유는, 아마도 그리 심각하지 않은 인종차별적 관념으로 인식되기 때문일 것이다. 비교적 가벼운 농담처럼 여겨지면서 사회적으로 큰 부담감을 주지 않는 것으로 보인다. 하지만 이러한 편견이 반복적으로 노출되면서 대중에게는 동양인이 실제로 운전을 못한다는 인식이 스며들게 된다.

사실 이 편견이 언제, 어떻게, 왜 퍼졌는지 정확히 알려진 바는 없다. 다만, 통계적으로나 사실적으로 입증되지 않은 완전히 잘못된 고정관념이라는 것은 확실하다. 예를 들어 미국 교통안전국NHTSA의 연구에 따르면, 교통사고율은 인종보다 나이, 운전 경험, 차량 유지 관리 등과 더 밀접한 관련이 있다. 그렇다면 이러한 잘못된 관념이 어떻게 퍼졌을까? 나는 크게 다섯 가지 이유가 있으며, 그것들이 마구잡이로 뒤섞인 결과라고 판단한다.

1 동양 남자들은 여성스럽고 조심스럽다는 관념이 있으며, 은근히 이것을 조롱하고 싶어하는 심리도 존재한다.

2 동양인들은 운전을 거칠게 한다는 관념이 있다. 사실, 위의 내용과
  모순되는 부분이다. 이것만 보더라도 잘못된 관념이 생성되는
  데에는 애초에 일관된 논리란 존재하지 않는다는 점을 알 수 있다.

3 관광객이나 초기 이민자들은 바뀐 환경에 적응해야 한다. 지리나
  규칙, 도로 환경에 익숙하지 않다. 심지어 도로나 운전석 방향이
  반대인 경우도 많다.

4 사고가 났을 경우 외국인이면 더 눈에 띈다. 간혹 영어(또는
  현지어)를 못하면 더 답답하니 그 상황이 더 깊이 각인될 수도
  있다. 그것이 전체 집단에 대한 일반화로 확대될 수 있다.

5 미디어의 과장이 큰 역할을 했다. 영화나 TV에서 종종
  아시아인들이 운전을 잘 못하는 모습으로 그려지는 경우가 있다.

이 다섯 가지 항목에 대해 개인적인 해설을 덧붙이자면 아래와 같다.

1 중국이나 동남아시아에 가면 운전 환경이 매우 거칠다. 이 주장은
  애초에 말이 안 된다.

2 일부 맞는 말이지만, 내 경험상 어느 나라나 개념 없이 운전하는
  사람은 수두룩하다. 개념이 없는 것은 철저히 개인적인 문제다.
  또한, 이는 운전 실력이라기보다는 사실상 의식 수준과 관련된
  문제에 가깝다. 예를 들자면 일본과 중국의 운전 문화가 다르고,
  호주와 러시아의 운전 문화 역시 다르다. 오히려 운전 문화로
  묶는다면 일본과 호주, 중국과 러시아로 묶는 편이 더 적절할
  정도다. 그러니 이 역시 인종 간 특성의 문제라고 보기 어렵다.

3 이 부분은 충분히 그럴 수 있다. 운전을 해보면 알겠지만, 처음 가는 곳과 매일 가는 곳을 운전하는 것은 천지차이다. 해당 도로나 지리, 문화에 얼마나 익숙한지가 매우 중요한 역할을 한다.

4 예를 들어, 한국에서 외국인이 범죄를 저지르면 뉴스에 더 크게 나거나 더 많이 조명된다. 하지만 인구 대비 통계를 보면 내국인의 범죄율이 외국인의 범죄율보다 더 높다. 잘못된 일반화의 전형이다. 같은 논리로 볼 수 있다.

5 서구권 미디어가 아시아인을 우스꽝스럽게 비춘 것은 하루 이틀 일이 아니다. 이러한 이미지가 반복되면, 사람들이 이를 진실로 받아들일 수 있다.

종합해 보자면 이렇게 결론지을 수 있겠다. 문화적 차이나 환경적 변화와 관련하여 이러한 오해가 생길 여지는 있다. 하지만 이것이 특정 인종의 운전 능력과 유전적으로 연결된다는 주장은 과학적 근거가 전혀 없는 발상이다. 운전 능력은 개인의 경험, 연습, 그리고 주어진 환경에 대한 적응력에 의해 결정된다. 동양인이라는 이유만으로 운전을 못한다고 일반화하는 것은 그저 편협한 사고일 뿐이다. 이러한 인종차별적 사고방식은 결코 가볍게 여길 문제가 아니다. 역사학자 유발 하라리는 그의 저서 『호모데우스Homo Deus』에서 인간은 양심을 완비한 채 태어나는 것이 아니라, 오직 주의를 기울임으로써 도덕적 감수성이 예민해진다고 통찰한다. 그러한 과정이 축적되어야 비로소 무엇이 선이고 옳은지 등을 판단하는 윤리적 지식의 원천이 된다.

이는 인간의 윤리적 사고가 유전적 특성이 아닌 학습과 경험의 산물이라는 점을 분명히 보여준다. 따라서 우리는 세상에 만연한 고정관념을 경계하며, 모든 사안의 맥락을 따져보고 균형 있는 시각을 가질 수 있도록 노력해야 한다. 그러한 전일론적인 시각을 길러야만, 진정한 의미에서 공정하고 포용적인 사회를 만들 수 있을 것이다.

# 2장
# 구조적
# 인종차별

Structural Racism

○
구조적 인종차별이란 개인 간의 차별을 넘어 사회 제도와 시스템
전반에서 발견할 수 있는 차별을 말한다. 이는 교육, 역사, 종교 등의
제도적 시스템에 깊이 뿌리내려 반복되고 있다. 특히 미디어는 인종적
편견을 형성하고 강화하는 데 중요한 역할을 한다. 미디어에서 특정
인종을 반복해 부정적인 이미지로 묘사하는 것은 대중에게 차별적인
사고방식을 강화하는 것과 같다. 또한 이러한 형태의 차별은 그 존재가
명확히 드러나지 않아 더욱 위험하다. 때로는 명시적으로 드러나지만,
대개는 눈에 잘 띄지 않는 방식으로 사회의 전반적인 흐름 속에
스며들어 있다.

잘못된 교육 역시 인종적 고정관념을 재생산하는 역할을 한다.
소수자를 부정적으로 묘사하거나, 역사 교과서에서 특정 집단의 공헌을
축소시키는 방식은 사회적 편견을 강화한다. 이러한 문화의 반복은
차별이 개인의 태도가 아니라 사회의 전반적 구조 속에서 작동하도록
만든다. 이를 해결하기 위해서는 개인의 변화도 필요하지만, 사회 전반적인
개혁이 반드시 동반되어야 한다.

한국에서도 구조적 인종차별은 다양한 형태로 나타난다. 예를 들어,
외국인 노동자나 다문화 가정에 대한 편견은 사회적 차별로 이어져
직장에서의 불평등한 대우, 교육 시스템에서의 차별, 사회적 낙인 등으로
드러날 수 있다. 이러한 문제를 해결하려면 단순히 개인적인 태도 변화에
그치지 않고 사회 구조 자체의 변화를 추구해야 한다. 이를 위해 역사적
자아 성찰과 함께 공정하고 포용적인 사회 시스템을 만들어 가려는
지속적인 노력이 필요하다. 인종적 평등을 향한 진정한 전진은 결국
우리가 가진 고정관념을 넘어 다양한 문화와 인종을 존중하고 그들의
권리와 존엄을 인정하는 데서 출발할 것이다.

# ○ 변질된 신념과 사회적 기준



서구권에도 무지에서 비롯된 편견과 아집이 만연하다. 몇 년 전, 영국 런던에서 발생한 테러로 두 명의 호주인이 사망한 사건이 있었다. 그 사건이 있고 며칠 후, 호주 애들레이드에서 사우디아라비아와 호주의 축구 친선 경기가 열렸다. 경기 시작 전 1분간 묵념 의식이 있었는데, 예상치 못한 문제가 발생했다. 사우디 선수들이 묵념에 동참하지 않고 필드에서 스트레칭을 하고 있던 장면이 호주인들의 공분을 샀기 때문이다.

호주 관중들은 사우디 선수들에게 야유를 퍼부었다. 경기 후 호주 언론도 사우디 팀을 향해 일제히 비난의 화살을 쏟아냈다. 어쩜 저렇게 미개하고 예의가 없냐는 논리였다. 호주 축구협회도 있을 수 없는 일이라며 피파FIFA에 공식 컴플레인을 제기했다. 사우디 팀이 마치 죽을 죄라도 지은 것 같은 분위기였다. 하지만 알고 보니, 사우디 팀은 경기 시작 전 미리 주최 측에 양해를 구했던 것으로 드러났다. 고인을 추모하지 않으려는 의도가 아니라, 그저 묵념이라는 전통이 사우디의 문화와 맞지 않기 때문에 동참할 수 없다는 이유였다. 결국 피파는 사우디 팀을 제재할 만한 합당한 근거가 없다고 밝히며 사우디 대표팀의 입장을 지지했다.

즉, 사우디 선수들이 묵념에 참여하지 않은 것은 그들이 호주인을 폄하하거나 슬픔을 경시하려는 의도가 없었다는 판결이었다. 당연히 각 국가는 다양한 방식으로 경의를 표할 수 있어야 하며, 그들의 행동이 특정 사건에 대한 경시나 무시로 간주되지 않도록 하는 것이 중요하다. 그러나 이러한 사실이 드러난 뒤에도 호주 언론은 비난을 멈추지 않았다. 당시 비난의 중심 키워드는 '무례함Disrespectful'이었다. 그렇다면 한 번 따져보자. 과연 1분간 묵념하는 행위가 절대적인 예의와 존중의 기준일까?

이 전통의 본질을 살펴보자. 자세하게 들어갈 것도 없다. 일단 과거 어느 시점에 사회적으로 존경받던 인물이나 그룹이 있었을 것이다. 그들이 1분간 고개를 숙이고 눈을 감는 것이 고인에 대한 예를 갖추는 방법이라고 정했을 것이다. 이 규칙이 자리 잡으면서 사회적 합의로 받아들여졌다. 이 전통을 처음 고안한 인물이 누구인지가 중요한 것은 아니다. 중요한 것은 전통과 규칙이 형성되는 과정이다. 그렇다면 특정 문화권에서의 전통과 규범이 절대적인 '인간의 도리'와 동일시될 수 있을까? 어떤 가치가 절대적으로 우월하다는 입장은 다른 가치를 가진 사람들을 미개하거나 틀렸다고 판단하게 만들기 쉽다. 이러한 판단은 단지 개인이나 집단의 편협한 시각에서 비롯될 뿐만 아니라, 갈등을 초래하고 사회적 분열을 심화시키는 원인이 될 수 있다.

오히려 높은 의식 수준과 문화 지능은 포용이나 타협의 정신과 밀접한 연관이 있다. 즉, 우리가 서로의 차이를 이해하고 존중할 때 진정한 소통이 이루어질 수 있으며, 이는 다양한 문제를 해결하는 데 기여한다. 다름이 보이면, 우리는 서로의 문화적 차이를 이해하고 상호 존중을 바탕으로 대화와 소통을 통해 문제를 해결해야 한다. 결국 인류는 각기 다른 문화와 가치관 속에서 살아가고 있으며, 이러한 다양성은 우리 사회의 풍요로움과 발전에 기여한다. 따라서 특정 문화의 전통이나 규범을 절대시하기보다는, 서로의 문화를 이해하고 존중하는 태도를 기르는 것이 중요하다. 이는 단순한 도덕적 의무를 넘어 지속 가능한 평화와 공동체의 번영을 위한 필수적인 과정이다.

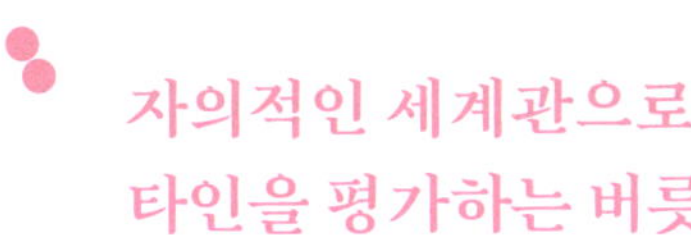

## 자의적인 세계관으로 타인을 평가하는 버릇

예전에 BBC 웹사이트에서 본 일화이다. 영국인 기자가 네덜란드 여행 중 식당에 갔는데, 현지인 웨이터가 "What do you want?뭘 원하니?”라고 주문을 받았을 때 충격을 받았다고 소회를 밝혔다. 영국에서는 보통 “What can I get you?어떤 걸 드릴까요?” 또는 “What would you like to order?주문 어떤 걸로 하시겠습니까?”와 같은 예의를 갖춘 표현이 일반적이기 때문에, 직설적인 네덜란드식 표현에 당황한 것이다. 기자는 다른 나라를 여행하다 보면 이처럼 무례함을 경험할 수도 있다는 톤으로 생각을 이어 나갔다. 얼핏 보면 영국인 기자의 프레임에 빨려들기 십상이지만, 잘 생각해 보면 이 문제의 본질은 다른 곳에 있음을 알 수 있다.

이러한 반응은 지극히 자의적이고 자기중심적인 세계관을 반영한다고 볼 수 있다. 다른 나라에서도 영어 표현을 ‘정확하게’ 써야 한다는 영국 사람들의 기대는 그들이 영국 문화와 언어를 중심으로 사고하는 경향이 있기 때문이다. 영어는 세계적으로 널리 사용되는 언어지만, 그렇다고 모든 문화와 사회가 영국식 예절이나 표현 방식을 따라야 한다는 주장은 그 자체로 문화적 편향을 내포하고 있다. 즉 네덜란드에서는 직설적이고 간결한 표현이 흔하다는 점을 이해하지 못한 것이며, 또한 각 문화의 예절과 의사소통 방식이 다르다는 사실을 간과한 태도이다.

영어가 국제적인 공용어로 사용되고 있지만 이는 그저 의사소통을 위한 도구일 뿐이지, 특정 문화의 틀을 강요하는 수단이 되어서는 안 된다. 다른 나라 사람들이 영어를 쓰는 것만 해도 충분히 감사할 일일 텐데, 표현마저도 영국의 방식을 그대로 따라야 한다고 주장하는 것은 지나치게 자아 중심적이다. 이러한 태도를 지속하다 보면 문화적 차이를 인정할 수 없게 되는 것은 물론, 모든 문화가 한 가지 기준을 따라야 한다는 좁은 시각에 간힐 위험이 있다. 결국, 다양한 문화와 언어를 가진 사람들 간의 교류에서 중요한 것은 상대방의 문화를 존중하고, 자신이 고수하는 문화적 관점을 강요하지 않는 것이다. 다양한 방식의 의사소통을 존중하고, 그 안에서 사람들의 다름을 받아들이는 태도가 글로벌 사회에서 중요한 덕목이 되어야 한다.

# 뿌리 깊은 편견과 신사적 대응의 한계



한 한국인 유튜버의 영상에서 인종차별 사건을 보았다. 화상 채팅 플랫폼에서 일어난 일이다. 독일인으로 보이는 남성이 들어와서 그 유튜버를 보더니 갑자기 눈을 찢는 행동을 했다. 그리고 아시아인은 모두 죽어야 한다고 말했다. 그리고 그러한 언행을 계속 반복했다. 이 말을 듣고도 유튜버는 끝까지 신사적인 태도를 유지했다. 분명 훌륭한 인성을 보여주었다. 많은 댓글은 '신사적으로 행동했으니 그가 이긴 것이다.'라는 식이었다. 과연 그럴까?

불과 80년 전으로 돌아가 보자. 유대인 대학살은 왜 일어났을까? 당시 독일은 완전한 광기와 무지성에 경도되어 있었다. 그러나 유대인들은 대체로 그들의 지시를 순순히 따랐다. 애초에 강하게 반발하지 않았던 이유는 무엇이었을까? 물론, 힘과 자원이라는 측면에서 부족한 부분이 있었다는 것도 변하지 않는 사실이다. 그러나 그게 전부라고는 말할 수 없다. 그들의 조직적인 저항이 부족했던 심리적 배경을 조금 더 파고 들어가 보면 그 끝에는 '설마'라는 마음이 존재한다. 설마 그 정도의 일이 벌어질 것이라고는 상상하지 못했던 것이다. 로만 폴란스키 감독의 영화 〈피아니스트The Pianist〉에서 그러한 분위기를 엿볼 수 있다. 즉, 본격적인 박해가 시작되던 초창기만 하더라도 '설마 무슨 일이 있겠어?'라는 심리가 컸다. 그렇게 어영부영하는 분위기 속에서 신사적으로 대응했으나 인간 본성을 믿었던 대가는 참혹했다.

독일 나치는 악랄함을 넘어 극도로 치밀했다. 모든 유대인을 게토에 격리시키고 서로 간의 소통이 원활히 이루어지지 않도록 만들었다. 그러니 제대로 된 저항을 조직할 수 없었다. 만약 유대인들이 처음부터 그 상황을 제대로 예측할 수 있었다면 결과는 어땠을까. 인간이라는 동물이 그 지경까지 갈 수 있다는 것을 처음부터 꿰뚫고 있었다면 당연히 죽음을 각오하고서라도 극렬히 저항했을 것이 분명하다. 이것이 인종차별적 행위에 대해 신사적으로만 대응해서는 안 되는 이유다. '신사적'인 것이 무엇인지 모르는 수준에 있는 사람에게는 '신사적'인 태도가 아무런 역할도 하지 못하기 때문이다.

개인적인 통찰을 바탕으로 인종차별주의적 관점에 따라

인간의 의식 수준을 크게 네 가지로 분류해 보았다.

1 깨어난 지성인 단계:

　　인종차별주의적 관점이 애초에 완전한 허구임을 자각한다. 높은
　　공감 능력으로 인해 자타의 경계가 많이 낮아져 있다. 타인의
　　아픔을 자신의 아픔처럼 느낄 줄도 아는 수준이다.

2 깨어난 지성인의 영향을 어느 정도 받은 단계:

　　높은 정신 수준이 무엇인지 어렴풋이 자각할 수 있다. 기본적으로
　　인종차별에 반대한다. 그러나 시혜적인 관점에서 소수를 보호해야
　　한다는 인식을 여전히 지니고 있다. 무의식적으로는 여전히
　　우열의 개념을 받아들이고 있다.

3 유동적 인종차별주의 단계:

　　특정 사건이나 사회적 흐름에 따라 가치관이 변동된다. 가령
　　평소에는 별 생각이 없다가 이슬람 과격 단체의 테러가 발생하면
　　무슬림을 혐오하거나, 코로나가 발생한 후 아시아인을 혐오하는
　　식이다.

4 고정적 인종차별주의 단계:

　　인종차별주의가 의식 속에 깊게 뿌리박혀 있는 상태다.
　　기본적으로 동물성에 의해 의식이 지배받는 계층이다. 이는 교육
　　수준과 전혀 상관없다. 극단적인 예를 들자면, 하버드대 교수라도
　　이 부류에 속할 수 있다. 이는 지식의 많고 적음이 아니라 정신적
　　차원의 문제이기 때문이다.


　이처럼 세상을 살아가는 인간들의 의식 수준은 각기 다르

다. 편의상 네 단계로 분류했지만, 사실 80억 명이 있다면 80억 개의 층위가 존재한다. 그리고 안타까운 현실이지만, 낮은 의식 수준에 머물러 있는 사람들에게 신사적인 태도는 아무런 영향을 미치지 못한다. 이런 사람들에게는 상대적으로 고상한 논리나 생각이 실질적으로 와닿지 않는다. 그들에게는 눈앞에 보이는 단순한 것과 즉각적인 것들이 더 큰 영향을 미친다. 이는 교육으로 해결될 문제가 아니다. 물론 무작정 포기해야 한다는 의미는 아니다. 오히려 문제의 근본을 인식하고, 더 실질적이고 구체적인 접근이 필요하다는 점을 이해해야 한다. 그것이 내가 이 책을 쓴 이유다.

## 무식한 인간이 신념을 가지면

한국의 경제 성장이 기적이라는 취지의 유튜브 영상을 본 적 있다. 이는 한국인이 만든 국뽕 영상이 아니라, 외국인이 만들어 올린 영상이다. 한국이라는 나라의 근현대사를 꽤 자세하게 조사해 만든 영상인 듯 보였다. 그런데 댓글을 살피다 보니 이상한 내용의 글이 보였다. 한국으로 번역하면 대강 이런 내용이다.

**"한국이 급격한 성장을 한 것은 베트남 전쟁 파병 덕분이야. 그때 미국에서 돈을 엄청나게 받아서 그런 거라고! 그게 다야."**

보아하니 어디서 하나 주워들은 모양이다. 그러나 하나를 보고 전체를 판단하는 것, 그게 제일 무서운 사고방식이다. 사실 우리에게 익숙한 비슷한 논리가 있다. 일본 우익이 항상 주장하는 것이다.



이러한 논리를 쉽게 구조화하자면 이렇다. B를 만든 수많은 이유 중 하나를 딱 떼어내서 'A 때문에 B가 만들어졌다.'라는 식의 논리를 만든다. 문제는 저런 식의 저차원적인 발상을 실제로 믿는 사람이 있다는 점이다. 그래서 이런 진리에 가까운 말이 있다.



이 표현은 지식과 이해의 부족이 잘못된 확신으로 이어질 때 그 결과가 얼마나 위험할 수 있는지를 경고한다. 단순히 교육이 부족한 사람을 비하하는 것이 아니다. 무지와 확고한 신념이 결합했을 때 발생할 수 있는 위험성을 말하는 문장에 가깝다.

이즈마엘 메지안느의 저서 『우리는 왜 인종차별주의자가 될까?Comment devient-on raciste?』에 이런 일화가 나온다. 아랍계 프랑스인인 작가가 직접 겪은 일이다. 프랑스에서 무슬림이 일으킨 테러 사건이 있었다. 이 사건을 계기로 프랑스 전역에서 무슬림의 테러 연루를 규탄하는 시위가 열렸다. 작가도 그 시위에 동참했는데, 거기서 따가운 시선을 느낀다. 한 유럽계 프랑스인 청년이 바로 앞에서 대놓고 계속 노려보고 있었단다. 아무 말 없이도 왜 무섭게 쏘아보는지 작가는 알고 있었다. '너도 아랍계이니 똑같은 놈이다.'라는 무언의 메시지였다. 또한 '네가 왜 여기 있냐.'는 표현이기도 했다. 작가는 그 사건을 회상하며, 멍청이는 증오에 맞서 싸우고 있다고 확신했지만, 사실상 증오를 퍼뜨리고 있었다며 비꼬았다.

사람은 신념이 강할수록 그것을 방어하기 위해 더 많은 에너지를 쏟는다. 그 과정에서 비판적 사고가 무뎌지는 것은 물론, 자신이 믿는 것을 의심하거나 재검토하려는 태도 역시 사라진다. 맹목적인 신념은 다른 사람의 의견이나 데이터를 무시하게 만든다. 그리고 더 나아가 극단적인 행동을 촉진할 수 있다.

이러한 현상은 개인의 문제를 떠나 사회적 문제로 확장될 수 있다. 예를 들자면 테러리즘, 인종차별, 혐오 범죄 등을 꼽을 수 있고 그밖에 제한할 수 없는 다양한 형태로 드러나기도 한다. 이는 단순히 개인의 편견을 넘어 집단적 폭력으로 이어질 수 있는 위험 요소를 내포하고 있다. 더욱이 '정치꾼'들은 무지한 대중의 신념을 이용해 선동하거나 왜곡된 정보를 퍼뜨려 자신의 이익을 추구할 수 있다. 이러한 현상은 사회 전반에 걸쳐 불신을 키우며 민주적 과정에도 악영향을 미친다.

따라서 우리는 끊임없이 배우고 자아를 성찰하며 살아야 한다. 개인의 성장과 변화를 통해 우리가 속한 사회를 이해하고, 그 속에서 발생하는 문제들을 비판적으로 바라보는 시각을 키워야 한다. 또한 비판적 사고를 통해 정보의 진위를 판단하고, 타인의 목소리에 귀 기울이며 다양한 관점을 수용할 수 있는 능력을 길러야 한다. 이러한 노력은 결국 더 포용적이고 공정한 사회를 만들어 나가는 데 있어 단단한 발판이 되어줄 것이다. 인식의 전환과 지속적인 학습은 개인의 삶을 풍요롭게 할 뿐만 아니라 건강한 사회를 구축하는 데 필수적인 요소임을 잊지 말아야 한다.

## 신앙 속에 숨겨진 편견의 실체

서구 사회에서 소위 '백인 복음주의자'라고 불리는 이들은 성경의 절대적 권위를 믿으며 복음 전파를 신앙의 핵심으로 여긴다. 이들은 일반적으로 전통적인 가족 구조나 성 역할을 강조하는데, 그 모든 게 성경의 가르침에 기반한다고 주장하는 경우가 많다. 그중 일부는 유럽계 남성이 신의 형상을 상징하므로 가장 우월한 존재라고 굳게 믿는다. 이러한 발상은 서구 사회에서 특정 인종적, 문화적 서사를 강화하는 데 큰 몫을 했고 우월성을 정당화하는 데에도 큰 역할을 했다. 같은 기독교를 믿더라도 그들은 오직 자신들만이 '정통'이라고 여기며 특정 권위를 독점한다고 생각한다. 따라서 타 인종의 기독교 신자들은 자신들보다 '한 단계 낮은 신자'로 인식한다.

미국에서 사역하는 한 한인 목사는 온라인상에서 이러한 현실을 토로했다. 속된 말로 '같은 급의 목사'로 인정받지 못하는 은근하고 구조적인 무시가 만연함을 지적했다. 심지어 대놓고 무례하거나 시종일관 가르치려고만 하는 현지 종교인도 드물지 않다고 밝혔다. 물론 '백인 복음주의자' 전체가 이런 사고방식을 가지고 있다고 일반화할 수는 없다. 그들 중에서도 인종적 평등과 포용을 강조하며 종교를 기반으로 화해와 평화를 추구하는 이들도 있다. 그러나 이는 잠재의식 속에 특정 인종이 우월하다는 관념이 많고 적음의 차이일 것이다. 아무래도 특정 사회에서 비슷한 교육을 받고 자란 이상 세뇌의 잔재를 의식적으로 완전히 떨쳐내기는 어려운 듯하다.

20세기 중반까지도 미국의 일부 선교사들은 아프리카계와 유럽계 아이들이 같은 학교에서 공부하는 것을 반대했다. 이는 인종적 편견이 종교적 신념과 결합한 대표적인 사례다. 이러한 배타적 신앙관은 차별적 사고가 복음 메시지에 내재된 것처럼 착각하게 했다. 결국 '정통 신앙'의 주체는 특정 인종에 국한된다는 은밀한 세뇌를 가능하게 했다. 즉, 신앙의 본질보다는 그 신앙을 가진 사람의 인종에 더 큰 무게를 두었던 것이다. 해외에서 살아본 사람들은 교회도 인종별로 세세하게 나뉘어 있다는 점을 잘 알 것이다. 언어적 장벽이 있는 경우는 그렇다 치더라도, 같은 언어를 쓰는데 서로 다른 교회를 가야 한다는 점은 씁쓸한 현실이다. 같은 종교를 믿으면서도 서로 간에 경계를 두려 하는 태도는 종교의 본질을 왜곡하는 위험한 사고방식이다. 이러한 사례들은 교회가 여전히 인종적 위계를 벗어나지 못했음을 보여준다. 오히려 인종에 기반한 사회적 위계가 종교 내에서도 그대로 재생산되고 있음을 드러낸다.

기독교는 본래 다문화적 신앙 공동체로 시작되었으며, 오랜 세월에 걸쳐 다양한 문화권으로 확산되면서 각 지역의 특성에 맞게 뿌리내려 왔다. 따라서 정통이라는 개념이 오로지 특정 문화권에서만 형성된다고 믿는 것은 종교의 세계적 확산과 교리적 다양성을 간과하는 사고다. 이는 특히 기독교 복음의 본질이 사랑과 포용, 그리고 인류의 평등을 강조한다는 점에서 더욱 아이러니하다.

사실, 인문학적 관점에서 기독교 성경을 읽어 보면 그 안에 담긴 가르침이 정말로 훌륭하다는 것을 인정하지 않을 수 없다. 나는 종교를 가지고 있지 않으나 이와 같은 맥락에서 볼 때 기독교가 최고의 종교로 여겨질 만한 이유가 있다는 점은 분명하다. 다만, 그 뜻을 제대로 이해하지 못한 채 사역하거나 전도하는 사람이 너무 많다는 점이 안타깝다.

현대 사회에서는 명상, 요가, 심리학 등 다양한 대안적 영성 활동이 떠오르고 있다. 종교라는 울타리 밖에서 마음의 평화를 찾고, 종교적 신념 없이 영적 성장을 이루려는 사람들이 늘어나고 있다는 게 지금의 시대적 흐름이다. 이른바 '영적이지만 종교적이지 않은spiritual but not religious' 사람들이 증가하면서 탈종교화의 경향이 더욱 강해지고 있다. 기독교는 물론이고 지금까지 성행한 종교들 역시 스스로 돌아보고 성찰하는 태도를 보이지 못한다면 미래 사회에서는 설 자리를 점차 잃게 될지도 모른다. 사실 지난 20~30년 동안 이미 그러한 트렌드가 뚜렷하게 나타나고 있다. 종교가 가진 포용력과 사랑의 메시지는 우월적 위치를 내려놓고 진정한 평등의 가치를 받아들일 때만 사회 전반으로 확산될 수 있다. 특히 인종차별의 장벽을 완전히 허물기 위한 진정한 노력은 종교가 현대 사회에서 긍정적인 역할을 수행할 수 있는 중요한 출발점이 될 것이다.

# ○ 보이지 않는 장벽



불과 80년 전에 독일은 유대인 대학살이라는 만행을 저질렀다. 아무리 대단한 철학, 문학, 예술을 꽃피웠던 국가라 한들 그 내면의 폭력성과 야만성을 어떻게 두둔할 수 있을까? 영국과 프랑스는 그들과 맞서 싸웠다는 이유로 소위 '착한 편'이라는 프레임을 얻었다. 그러나 실제 역사는 그렇지 않다. 사실 그들도 유대인을 심하게 박해했다. 유대인은 전 유럽의 정치적 도구이자 내부 결집을 위한 희생양이었다. 독일의 광기에 대항한 연합군도 그저 자국을 지키기 위한 노력의 하나에 불과했다. 독일이 패망하면서 연합군이 유대인을 '구한 셈'이 되었지만, 정의의 사도라기보다는 '차악'이라는 표현이 더 적절하다. 이처럼 진취적이고 도전적인 성향은 반드시 호전성도 내포한다. 이것이 서구 문명이 세계에 가져다준 명과 암이다.

몇 년 전 운전 중 라디오에서 들은 내용이다. 정확히 어떤 채널이었는지는 기억나지 않지만, 아마도 호주 ABC 라디오였던 것 같다. 호주 시골 지역의 한 초등학교 교사가 전화 연결되어 있었다. 잠시 들어보니 대충 호주의 선주민Indigenous people 문화에 대한 내용이었다. 그 교사가 근무하는 학교에 선주민 학생들이 대부분인 모양이었다. 세세한 내용은 기억나지 않지만, 마지막 대화는 또렷이 기억난다. 진행자는 이렇게 물었다.

**"선주민 박해와 학살에 관한 내용을 학생들에게 가르치나요?"**

그러자 교사는 이렇게 답했다.

**"아니요. 그런 건 교과 과정에 없고 가르치지도 않습니다.
아이들의 교육에 좋지 않은 내용이니까요."**

유럽인들이 호주 땅을 차지하기 위해 수많은 선주민을 살해했다는 것은 널리 알려진 사실이다. 호주 정부는 공식적으로 1만 명 내외라고 이야기하지만, 이는 사실과 다르다. 호주 박물관Australian Museum 웹사이트에 공개된 연구 자료[•]에 따르면 그

● 「Genocide in Australia」

실체가 드러난다. 린달 라이언 교수 연구팀은 140년의 호주 역사 동안 최소 270건의 학살이 있었다는 것을 발견했다. 대부분의 경우 국가적으로 승인된 식민지 학살이었기에 공식적으로 은폐되었다. 연구팀에 따르면, 유럽인이 들어가기 전 호주의 선주민 인구는 약 150만 명이었으나, 1900년대 초에는 10만 명 이하로 감소했다. 대략 93퍼센트의 인구가 사라졌다는 의미다.

호주에서 선주민 학살에 대한 교육이 부족한 것은 역사적 책임을 회피하려는 태도 때문이다. 선주민들에 대한 학살과 강제 이주, 문화적 억압은 호주의 역사에서 비극적인 사건이다. 하지만 이를 공개적으로 인정하고 교육하는 것이 사회적으로 복잡한 문제를 제기한다고 여기는 분위기가 여전히 강하다. 혹은 겉으로는 인정과 사과를 하지만, 최대한 사안을 축소하려 한다. 떳떳하지 못한 것이다. '역사를 알면 일본이 아니다.'라는 말이 있다. 하지만 호주도 일본과 다를 게 무엇인가?

어떤 이들은 독일이 과거를 인정하고 반성한다는 말을 하며 그것을 역사적 책임의 '모범적 사례'라 일컫는다. 하지만 이 또한 그 본질을 잘 봐야 한다. 이제는 유대인이 전 세계적으로 엄청난 영향력을 가지고 있으므로 '그럴 수밖에 없는 것.'이다. 그러한 흐름은 할리우드 영화판만 봐도 알 수 있는 사실이다. 유대인들이 막강한 자본과 인맥으로 그곳을 쥐고 흔들며 홀로코스트에 관한 수많은 영화를 제작하지 않았는가. 그리고 전 세계 사람들은 그런 영화를 본다. 독일은 꼼짝없이 두 손 두 발을 들고 자세를 낮출 수밖에 없다. 진정한 반성과 성찰이라기보다는 힘과 영향력 앞에 꼬리를 내린 셈이다. 서구권이 아프리카

대륙에서 저지른 셀 수 없이 많은 악행에 대해 무관심한 모습을 보면 알 수 있다.

자아 성찰이 부족한 사람도 무의식적으로는 죄책감을 느낀다. 이때 이들은 무언가 모를 불편감을 덮기 위해 자기 정당화를 해야만 한다. 이 과정에서 인종차별주의가 더욱 강화될 수 있다. 피해자 집단의 열등성을 강조함으로써 은연중에 그러한 불편감을 밀어내려 하기 때문이다. 그래서 역사 교육을 보면 그 나라의 진정한 수준이 보이는 것이다. 역사 교육은 단순히 과거의 문제를 다루는 것이 아니다. 이는 현재와 미래 세대가 역사적 책임을 인식하고 사회적 정의를 실현하는 데 필요한 기초다.

## 호주는 정말로 인종차별이 심한가

호주는 인종차별이 특히 심한 나라라고들 말한다. 그러나 내가 호주에 살면서, 그리고 유럽을 여행하며 느낀 점들은 세간의 인식과 조금 다르다. 가감 없이 말하자면 유럽에 비해 호주는 양반이라고 느낄 정도이니 말이다. 호주의 경우 워킹홀리데이로 온 한국인이 워낙 많다. 전성기에는 한 해에만 4만 명 이상이 입국하기도 했다. 현실적으로 워킹홀리데이는 사회의 가장 밑바닥을 경험하는 경우가 일반적이다. 이런 단편적인 경험을 쌓은 사람들의 이야기가 누적되면서 약간의 왜곡도 있었으리라 생각한다.

우선 호주 하면 떠오르는 것이 '백호주의White Australia Policy'다. 이는 1901년부터 1973년까지 지속된 일련의 이민 정책으로, 주로 유럽계 이민자만을 허용하고 아시아나 아프리카 등 비유럽계 이민자의 유입을 제한하는 데 목적이 있었다. 이러한 정책은 비유럽계 인종에 대한 두려움과 편견에서 비롯되었다. 문화와 정체성을 보호한다는 명목 아래 차별적 법과 제도가 시행되었지만, 이는 호주가 다문화 사회로 변화하기 전의 역사적인 맥락에서 일어난 일이다.

그러나 1970년대 이후, 호주 사회는 급격한 변화를 겪었다. 1973년부터 시작된 다문화주의 정책은 다양한 문화적 배경을 가진 사람들을 환영하는 방향으로 나아갔다. 인종에 관계 없이 모든 이민자에게 동등한 권리를 부여하고, 문화적 다양성을 수용하는 데 중점을 두었다. 사실 이 부분에 있어 지난 수십 년간 호주만큼 진심이었던 나라는 거의 없었다. 적어도 '정책적으로는' 확실히 그러하다. 물론 모든 국민의 의식 수준이나 정서가 이를 다 따라가는 것은 아니다. 유전적 차이에 따른 편견은 깊은 사회적 · 역사적 뿌리를 가지고 있으며, 여전히 인종차별적 신념은 존재한다. 그러나 여기서 한 가지 짚어볼 점이 있다. 그건 바로 같은 호주 내에서도 지역적으로 격차가 심하다는 점이다.

서호주의 퍼스 시내 한 펍에서 맥주를 마시고 있었는데, 옆자리에 혼자 맥주를 마시고 있는 남자와 자연스럽게 이야기가 오갔다. 잠깐 대화를 나누던 중 그가 나에게 중국인이냐고 물었고, 나는 한국인이라고 대답했다. 그러자 그가 갑자기 물었다.

**"오, 그럼 직업이 요리사야?"**

아마 그가 만났던 한국인들이 대부분 요리사였던 모양이다. 그래서 그의 세계관은 그만큼 좁게 형성된 것이다. 하지만 시드니에서는 단 한 번도 받아본 적이 없는 종류의 질문이다. 시드니는 다양한 인종이 사회 모든 영역에 고루 퍼져 있는 것이 일상이기 때문이다. 확실히 크고 국제적인 도시는 그만큼 사람들의 의식 수준을 평균적으로 높여주는 역할을 한다. 다양한 배경을 가진 사람들이 한 공간에서 상호작용하다 보면 자연스럽게 인종 간의 대화와 이해가 이루어진다.

호주 인구 조사 자료●에 따르면 시드니 총인구 중 약 56만 명이 중국계다. 이는 시드니 전체 인구의 약 11퍼센트에 해당한다. 인도나 동남아시아계 인구를 포함하면 20퍼센트 이상이 아시아계이다. 그러니 기본적으로 어떤 인종이 특별하거나 눈에 띈다는 개념 자체가 없다. 다양한 인종이 뒤섞인 장면이 지극히 당연한 일상의 한 부분이다. 그러니 시드니 같은 대도시에서는 인종차별을 경험하는 경우가 매우 드물다. 물론 아주 미세한 부분까지 따지면 약간은 있겠지만, 노골적인 인종차별은 일상생활 속에서 거의 경험하기 힘들다. 미국으로 치면 LA나 뉴욕, 캐나다로 치면 밴쿠버 정도가 시드니와 유사하지 않을까 싶다.

그러나 퍼스에서의 경험은 확실히 달랐다. 같은 국가라도

● 2021 Census, ABS

지역에 따라 차이가 심하다는 걸 체감했다. 그러니 결론적으로 말하면 한 국가 내에서도 도시의 규모와 문화적 다양성에 따라 인종차별 수준에 큰 차이가 있을 수 있다. 그렇다면 어떤 국가가 이러저러하다는 식의 평가나 잣대도 조금 달리 바라볼 필요가 있지 않을까? 더 나아가 한국에 있는 외국인이 서울과 그 외 지역에서 어떻게 다른 경험을 하게 될지 생각해 볼 수도 있겠다.

# 중국인 혐오 현상이 우리에게 미치는 영향

○



서방 국가에서 아시아를 경계하고 의도적으로 무시하는 기류는 분명히 있다. 이것은 사실이다. 예컨대 파리 올림픽이 끝난 뒤 논란이 되었던 한 포스터를 꼽을 수 있다. 올림픽 폐막 후 〈유로스포츠〉는 '지구상에서 가장 훌륭한 쇼. 파리 2024, 우리는 절대 잊지 않을 것이다.'라는 글을 SNS에 게시했다. 이 글까지는 괜찮았으나 문제는 그들이 제작한 포스터였다. 수많은 선수 중 동아시아인 선수는 한국의 김예지 선수 한 명뿐이었다. 그마저도 일본과 중국 선수는 한 명도 없었다. 이 사건은 인종차별 논란을 일으켰다. 일부에서는 '한국인이 있는데 무슨 인종차별이냐, 과민 반응하지 말라.'는 반응도 있었다. 하지만 그 포스터를 보면 의도적인 배제가 분명하다. 우선 대략 40명의 선수 중 아시아인은 김예지 선수 한 명이었다. 일단 비율 자체가 말도 안 된다. 그런데 김예지 선수마저도 고개를 완전히 90도로 돌려, 얼굴이 보이지 않도록 교묘하게 제작되었다는 점을 주목해야 한다. 단언컨대, 이것은 100퍼센트 의도적이며 인종차별이 맞다.

여기서 궁금한 점이 있다. 그 근본적인 심리는 무엇일까? 아시아가 싫은 것일까, 아니면 중국이 싫은 것일까? 혹은 중국이 싫어서 나머지 아시아도 다 싫어진 것일까? 몇 년 전 봤던 호주의 한 방송이 기억난다. 호주 ABC 방송국에서 방영하는 〈내셔널 프레스 클럽 오브 오스트레일리아National Press Club of Australia〉는 다양한 언론사 소속의 기자들이 한데 모여 저명한 인사들의 연설을 듣고 질문하는 교양 프로그램이다. 2021년 4월, 주호주 중국 대사관의 왕 시닝 부대사가 연사로 초청되었다. 그로부터 딱 3개월 뒤인 2021년 7월, 주호주 일본 대사관의 야마가미 신고 대사가 연사로 초청되었다.

이 두 방송을 보면 청중들의 반응이나 태도가 극명히 다른 것을 뚜렷이 알 수 있다. 우선, 청중들의 표정부터 다르다. 전반적으로 중국 부대사를 대할 때는 은근한 경멸의 감정이 표정에서 드러난다. 질문들도 매우 공격적이고 호전적이다. 사실상 거의 싸우는 분위기다. 반면 일본 대사를 대하는 태도는 시종일관 밝으며 존중과 우호적인 태도가 강하게 느껴진다. 기자들이 질문할 때도 야마가미 대사에게는 'Your Excellency각하'라는 극존칭을 사용하며 예의를 갖추었다. 시종일관 웃는 분위기가 자연스럽게 연출되었다. 이 두 방송을 보면, 호주 언론인들이 '중국'과 '일본'을 바라보는 시각이 극명히 다르다는 것을 명확히 알 수 있다. 이러한 차이는 호주의 외교 정책과 그들이 각 국가에 부여하는 중요성에서도 드러난다. 호주는 코로나 발생 이후 2년 동안 가장 폐쇄적인 국경 봉쇄 정책을 유지했다. 그런데 국경을 재개방할 때 가장 먼저 개방한 세 개 국가는 한국, 싱가포르, 일본이었다. 이는 교육, 국방, 경제, 외교적 측면을 고려해 이 세 국가와의 국경 재개방을 우선시하겠다는 의지가 반영된 정책이었다.

개인적으로 실제 서양인들과의 접촉에서도 이러한 점을 많이 엿볼 수 있었다. 우선 일본을 좋아한다고 말하는 사람을 많이 만나봤고, 최근에는 한국에 대한 호감을 표현하는 사람도 확실히 늘었다. 또한 내가 한국인임을 밝히는 순간즉, 중국인이 아니라는 것을 알게 된 순간 상대의 표정이 무표정에서 밝아지는 모습도 여러 번 보았다. 이런 경험을 통해 꽤 많은 서양인이 아시아 국가들을 개별적으로 인식하며 그에 따라 태도를 달리하는 경향이 늘어가고 있음을 실감하게 된다. 얼마 전에는 UFC에서 활동하는 이종격투기 선수 션 스트릭랜드의 발언이 화제가 되기도 했다. 그는 한 인터뷰에서 중국인에 대한 혐오 발언을 한 후, 자신은 한국인과 일본인을 좋아하므로 인종차별주의자가 아니라고 밝혔다. 단지 중국이 싫을 뿐이라고 못을 박았다. 이는 그저 한 개인의 발언일 뿐이지만 적지 않은 사람들이 국가별로 명확히 구분해 선호와 거부감을 가지고 있다는 걸 보여주는 한 예다. 물론 모든 사람이 그런 것은 아니다. 당연히 중국을 좋아하는 서양인도 있고, 반대로 아시아 전체를 싫어하는 극심한 인종차별주의자들도 있다. 하지만 국가별로 차이를 두어 다르게 대우하는 경향이 점점 늘고 있으며, 전반적인 흐름을 보면 글로벌 차원에서 '싫음'의 방향이 어디를 향하는지 자명하다.

문제는 이러한 말을 들을 때 한국인이 느끼는 묘한 안도감이다. 한국은 좋은데 중국은 싫다고 하면 느껴지는 작은 우월감이 정작 우리를 옭아맬 수 있다는 점에 주의해야 한다. 가령 한국의 포털 사이트에도 중국 관련 뉴스가 자주 올라오는데, 댓글을 보면 중국은 악의 축으로 묘사되며 혐오와 비난이 끊임없이 이어지는 경우가 많다. 그 심정을 어느 정도 이해할 수는 있지만, 중국을 향한 전 세계적인 비난 분위기에 지나치게 동조하는 것이 항상 바람직한 것만은 아니다. 글로벌 미디어가 중국을 지나치게 악마화하면서 그 여파가 다른 동아시아 국가 사람들에게도 영향을 미치는 상황이 빈번해졌다. 중국의 정책이나 사회적 문제, 후진성 등을 비판하는 기사들이 잇따라 나오면서 이러한 비판이 중국인뿐 아니라 동아시아 전체에 대한 부정적인 시선으로 확산되는 부작용을 낳고 있다.

특히 정식으로 맺는 인간관계가 아닌 랜덤한 상황에서는 상대방의 국가를 알 수 없다. 예를 들어 길거리나 공공장소에서 상대방이 동아시아 사람이라는 이유만으로 부정적인 반응을 보이거나 경계하는 모습을 목격할 때는 이러한 경향이 더욱 두드러지게 느껴진다. 우리는 동아시아를 벗어났을 때 이 비난의 화살이 결국 우리에게도 향할 수 있음을 경계해야 한다. 따라서 무조건 중국을 비난하기보다는 어느 정도 중용과 균형을 유지하는 것이 중요하다. 중국의 문제점을 비판하더라도 그들이 더 나은 방향으로 나아갈 수 있도록 건설적 비판을 하며, 동아시아 전체의 이미지를 해치지 않도록 유의하는 것이 현명할 것이다.

## 중국을 왜 그리 싫어하나

과거 일본은 한국을 별다른 경쟁 상대로 인식하지 않았으며, 그저 가깝지만 관심을 두지 않는 이웃 정도로 여겼다. 그러나 2010년대 이후로 상황이 크게 달라졌다. 이제 일본은 한국의 움직임 하나하나에 예민하게 반응하고 있으며, 정치적이든 경제적이든 한국의 기류 변화에 민감하게 반응하는 모습을 보이고 있다. 이는 동북아시아에서 행사하던 일본의 영향력이 약화했음을 증명하는 현상이다. 힘이 줄어들면 당연히 상대의 움직임에 민감해지는 것은 물론이고, 자신의 지위를 유지하기 위해 신경을 곤두세우기 마련이다.

이와 같은 예민함은 단순히 특정 국가나 문화에 대한 적대감을 넘어 심리적이고 신경과학적인 이유와도 밀접하게 연관되어 있다. 뇌과학의 관점에서 보면 인종차별 성향과 두려움이라는 감정이 매우 밀접하게 얽혀 있다는 점이 흥미롭다. 실제로 미국의 심리학 전문지 〈사이콜로지 투데이Psychology Today〉에 실린 연구 결과는 이를 뒷받침한다. 연구에 따르면 인종차별 성향을 드러낸 사람들일수록 두려움이나 불안을 유발하는 편도체의 활동이 더 활발하게 나타나는 것이 관찰되었다. 이는 타인에 대한 차별적인 태도가 단순히 증오에서 비롯된 것이 아니라 심리적 불안과 위협감에 근본을 둔다는 의미다. 또한, 이즈마엘 메지안느의 저서 『우리는 왜 인종차별주의자가 될까?Comment devient-on raciste』에서도 유사한 통찰을 제시한다. 저자는 '인종차별주의는 두려움의 산물이자 정신병리학적 징후일 수 있다.'고 서술하며, 차별의 기저에 자리 잡은 심리적 두려움과 불안에 주목하고 있다.

서방 세계가 중국을 견제하며 점점 더 강한 비판적 시각을 갖게 되는 이유도 이와 관련이 깊다. 과거에는 경제적, 군사적으로 위협이 되지 않던 중국이 이제는 세계적인 강대국으로 부상하며 서구의 기득권을 위협하는 존재로 다가오고 있다. 중국의 외교적, 경제적 행보 하나하나에 과도하게 민감하게 반응하는 서방 세계의 태도는 바로 이 두려움에서 비롯된다. 자신들이 오랜 시간 동안 쌓아온 경제적, 정치적, 군사적 시스템 밖에 있음에도 큰 영향력을 발휘하는 중국의 성장은 서방의 지배적 패러다임에 균열을 일으키고 있다. 또한, 이에 대한 경계와 불안이 더욱 커지고 있는 것도 사실이다.

서방 국가들이 중국의 인권 문제를 집요하게 조명하며 비판하는 것도 겉으로는 인권의 중요성을 강조하는 듯 보이지만, 사실 그건 표면적인 이유에 불과하다. 그 이면에는 '옐로우 페릴Yellow Peril'이라고 불리는 두려움이 자리하고 있다. 이 용어는 동아시아의 힘이 서구의 지배적 위치를 압도할 수 있다는 공포를 표현하는 말이다. 즉, 동양에 대한 서구의 근본적 불안을 반영하는 개념이다. 독일의 빌헬름 2세가 처음 만들어 낸 이 단어는 그의 악몽에서 기인한 것이다. 그는 용의 등에 탄 부처가 유럽을 휩쓰는 장면을 꿈꾸었고, 이 장면은 동아시아의 힘이 유럽을 위협할 것이라는 두려움을 구체화한 이미지였다. 이후 이 용어는 미국 언론을 통해 대중적으로 퍼지며, 동양에 대한 서방의 두려움을 상징하는 용어로 자리 잡았다.

결국, 서방 세계가 중국을 두려워하는 것은 단순한 경쟁의 문제가 아니다. 이는 자신들이 오랜 세월에 걸쳐 구축한 지위가 위협받고 있다는 위기감에서 비롯된 것이다. 이런 위기의식은 최근 세계 경제의 불안정성, 각국의 정치적 혼란, 실업률 상승 등과 맞물려 더욱 심화되고 있다. 특히 경제적 불황이 찾아올 때 이러한 두려움과 경계는 더욱 강해진다. 자신들의 기존 패러다임이 흔들리고 있다고 인식하게 되기 때문이다. 이런 상황 속에서 서방 세계는 중국을 경계하고 경쟁하는 한편, 내면 깊숙한 곳에서 불안한 감정을 느끼고 있다.

이처럼 심리적 방어 기제로 작용하는 두려움은 인종차별과 깊은 연관이 있다. 인간은 자신이 속한 정체성과 자존감이 위협받는다고 느낄 때 이를 방어하기 위해 타인을 낮추고 차별하며 우월감을 재확인하려는 경향이 있다. 이는 단순히 특정 국가나 민족에 대한 혐오가 아니라, 자신의 심리적 불안을 외부 대상에 전가함으로써 해소하려는 무의식적인 시도이기도 하다. 이러한 감정이 복합적으로 얽혀 있기 때문에 인종차별은 단순히 감정적 문제에 국한되지 않고 전 세계적인 갈등의 근원이 될 가능성을 내포한다. 현대 사회에서 중국에 대한 서방의 반응은 이러한 심리적 메커니즘의 대표적인 사례로 볼 수 있으며, 이는 단순한 경제적 갈등 이상의 의미를 지니고 있다. 이러한 심리적 기제와 사회적 현상을 이해함으로써 우리는 글로벌 사회의 갈등을 좀 더 성숙하게 바라볼 수 있을 것이다.

# ○ 우리 사회의 포용성

한국 스포츠계의
인종차별

이 책에는 한국 운동선수가 해외에서 겪은 인종차별 사례들이 다수 소개되어 있다. 그렇다면 한국 스포츠계에는 인종차별 문제가 없었을까? 물론 있었다. 그 가운데 한 가지를 예시로 들어보고자 한다. 일례로 야구선수 김태균이 한국에서 활동하던 아프리카계 투수, '쉐인 유먼'에 대해 인종차별 발언을 했다는 논란에 휩싸인 적이 있다. 이 문제는 한 라디오 방송에서 각 구단의 주요 타자들을 상대로 가장 까다로운 투수가 누구인지 물으며 설문조사를 하던 중 발생했다. 김태균은 유먼을 지목하며 그 이유로 다음과 같이 말했다.

이 발언은 단순히 농담으로 치부될 문제가 아니다. 사람의 외모와 인종적 특징을 비하하고 이를 웃음거리로 삼는 인종차별적 태도가 반영되어 있다. 더욱이 김태균은 일본에서 외국인으로서 차별을 겪은 경험이 있다고 밝힌 바 있는데, 그런 그가 다른 이의 인종을 이유로 불편한 농담을 했다는 점에서 더 큰 실망을 준다. 더구나 이를 문제의식 없이 방송에 송출한 제작진의 태도도 큰 문제다. 이 사건은 큰 논란으로 번지며, 결국 해당 발언을 한 선수는 공식적으로 사과하게 되었다.

또 다른 예로 K리그 참가 구단인 울산 현대에서 일어난 사건이 있다. 2023년 6월, 한 선수가 팀의 승리를 축하하는 게시글을 올렸다. 여기에 동료 선수들과 매니저 간의 댓글 대화가 이어졌다. 논란이 된 댓글은 피부가 어두운 이명재 선수를 동남아 출신 선수에 빗대어 장난친 내용이었다. 심지어 실제로 한국에서 활동했던 태국 선수 사살락의 이름까지 언급하며 인종차별적 농담이 이어졌다. 처음에는 선수들뿐만 아니라 일부 팬과 지인들까지 이러한 농담을 문제 삼지 않고 재미로 받아들였다. 그러나 시간이 지나면서 논란은 확산되었고 해당 댓글의 캡처본이 온라인에 급속도로 퍼지기 시작했다. 결국 구단에서 공식 사과를 하며 선수들을 징계하는 것으로 이 사건은 일단락되었다.

이 두 사건에서 우리는 두 가지 상반된 측면을 볼 수 있다. 첫째, 한국 사회에서도 인종차별적 농담이 가볍게 여겨지는 경향이 있다는 점이다. 이는 사회 전반에 걸쳐 인종과 외모에 대한 고정관념이 얼마나 뿌리 깊은지를 보여준다. 둘째, 이러한 부적절한 발언이 발생한 이후 자정 작용이 어느 정도 작동하고 있다는 점이다. 많은 항의가 빗발쳤던 점, 그리고 구단 측에서 공식 사과와 징계 조치를 통해 이 문제를 인식하고 시정하려는 노력을 했다는 점이 이에 해당한다. 이러한 점은 한국 사회가 점차적으로 인종차별 문제에 대한 인식을 개선해 나가고 있다는 긍정적인 신호일 수 있다. 그러나 한국 사회는 여전히 인종과 외모에 대한 편견이 뿌리 깊게 자리 잡고 있으며, 이러한 사건들은 단순히 개인의 문제가 아니라 사회적 맥락에서도 깊은 연관이 있다. 이를 극복하기 위한 지속적인 교육과 사회적 논의가 필요하다.

## 한국 사회의 인종적 불평등

인종차별은 종종 무지와 편견에서 비롯된다. 사람들은 자신에게 익숙한 문화와 가치관을 바탕으로 타인을 판단하며 이 과정에서 부적절한 언행이 자연스럽게 나올 수 있다. 특히 한국 사회의 인종차별 문제는 주로 유럽계 인종이 아닌 동남아시아 출신이나 아프리카계 인종에 집중되는 경향이 있다. 위에서 예로 든 두 사례도 마찬가지다. 이는 한국 사회가 여전히 외모와 인종에 따라 사람을 대하는 태도가 다르다는 것을 보여준다.

그 이유는 한국 사회 내에 은연중 존재하는 인종적 위계에서 찾을 수 있다. 서양인에게는 서구권 국가의 이미지를 투영하여 긍정적인 시선을 보내는 반면, 동남아시아계, 인도계, 아프리카계 인종에게는 '낮은 지위' 또는 '이주 노동자'와 같은 편견이 반영되는 경우가 많다. 이러한 차별적 인식은 다양한 사회적 구조와 상호작용에 의해 심화된다. 한국의 교육과 미디어도 외국인의 출신 국가나 인종별로 그들을 다르게 인식하게 만드는 데 중요한 역할을 했다. 한국 사회에서는 역사와 교육에서 서구 문명을 긍정적으로 바라보는 경향이 있으며, 이는 유럽계 인종을 '선진국 사람' 또는 '높은 사회적 지위'를 가진 사람으로 인식하게 만든다.

예를 들어, 영어 교육계에서 원어민 강사를 고용할 때 비유럽계 인종일 경우 취업이 매우 어려운 현상이 있다. 이는 학부모와 수강생의 인식이 어학원의 고용 정책에 큰 영향을 미친 결과이며, 한국 사회에서는 여전히 서양인 강사가 더 '권위 있는' 원어민 강사라는 인식이 자리 잡고 있다. 그 결과 학생들은 어릴 때부터 서양인을 더 존중해야 한다는 무의식적인 인식을 갖게 되고, 다른 인종은 멀리하거나 낮춰도 된다는 잘못된 태도를 형성하게 된다.

또한, 한국의 대중문화와 미디어에서도 이러한 경향이 여실히 드러난다. 텔레비전 프로그램이나 영화에서 동남아시아계와 아프리카계 인종은 종종 고정관념을 반영해 그려질 때가 많다. 이로 인해 대중의 인식이 더욱 왜곡될 수 있다. 예를 들어, 동남아시아인들은 빈곤, 노동, 또는 범죄와 같은 부정적인 이미지를 자주 연상시키는 캐릭터로 등장하고, 아프리카계 인종은 종종 과장된 스테레오타입에 기반한 역할에 한정되는 경우가 많다. 이러한 모습은 대중이 특정 인종에 대해 가지는 이미지와 편견을 더욱 강화한다. 이러한 콘텐츠는 대중에게 인종차별적 편견을 자연스럽게 받아들이게 만들고, 이는 다시 사회 전반에 걸쳐 인종차별적인 태도를 강화하는 악순환을 초래한다. 결국 특정 인종에 대한 비하나 조롱으로 쉽게 이어질 수 있다.

결국 이러한 인종차별적 태도를 극복하기 위해서는 인식 변화가 필요하다. 더 나아가, 대중 매체와 문화 콘텐츠에서도 다양한 인종과 문화를 존중하고 반영하는 방향으로 변화해야 한다. 즉, 개인의 인식 변화뿐만 아니라 사회 전반에 걸친 구조적인 변화도 요구된다.

## 한국과 싱가포르의 차이: 포용성에 대한 인식

다문화가 잘 이루어진 국가를 평가할 때 다양한 요소가 고려되지만, 일반적으로 호주, 캐나다, 싱가포르가 이상적인 모델로 자주 언급된다. 이들 국가는 다양한 인종과 문화가 공존할 수 있는 환경을 조성하고, 이민 정책과 사회 통합 프로그램을 통해 다문화주의를 지향하고 있다. 물론 이 국가들 또한 완벽하지는 않지만, 다양한 배경을 가진 사람들이 조화롭게 살아가기 위한 여러 가지 시도를 하고 있다는 점에서 의미가 있다. 그

중에서도 같은 아시아 국가인 싱가포르와 한국의 차이를 한 번 조명해 보고자 한다.

지난 10여 년 동안 한국에 유학 온 학생들의 수는 큰 폭으로 증가했다. 그들의 출신 국가도 이전보다 훨씬 다양해졌다. 이는 한국 문화가 전 세계적으로 확산됨에 따라 한국에 대한 환상을 갖는 학생들이 늘어난 결과다. 하지만 대다수의 유학생은 한국에 정착하기보다 본국으로 돌아가기를 원한다. 이러한 현상은 여러 요인에 기인하는데, 한 언론에서 실시한 실태 조사에 따르면 외국인 학생들이 한국에서 취업을 원하지 않는 가장 큰 이유로 '불편한 사회'가 지목되었다. 우선, 한국 사회에는 언어 장벽이 존재한다. 물론 이는 어쩔 수 없는 부분이므로 문제점으로 지적하기에는 무리가 있다. 그러나 그 외의 문제들은 고민해 볼 만하다. 지나치게 배타적인 문화, 불편한 시선, 그리고 수직적인 문화가 그것이다.

한국의 문화적 배타성 때문에 외국인들은 자주 소외감을 느끼고 차별적인 대우를 받는다고 호소한다. 언론이나 미디어에 크게 노출되지 않을 뿐 실제 사례를 찾아보면 무차별 폭언이나 폭행 등의 심각한 문제가 많다. 또한, 사소한 차별, 예를 들어 대중교통에서 외국인 근처에 앉기를 기피하는 경향 등도 다른 나라보다 더 두드러진다. 한국 사회가 인종차별 청정지역이라는 생각을 하는 사람들도 더러 있지만, 이는 정말 큰 오해다. 오히려 인종차별이 큰 사회적 문제로 부각된 미국이나 호주보다도 해당 문제에 있어 더 후진적이다. 왜냐하면 아직 인종차별이 심하다는 인식이나 개념조차 제대로 잡혀 있지 않기 때문이다. 이러한 배타성은 외국인들이 한국에서 취업하고 싶지 않은 주요 원인 중 하나로 작용한다. 또한, 한국 사회의 수직적이고 위계적인 문화는 외국인들이 자연스럽게 소속감을 느끼기 어렵게 만들고, 그로 인해 한국에서 이어 나갈 직장 생활에 대한 매력을 감소시킨다.

반면, 싱가포르에서 유학하는 외국인들은 대다수가 남아서 취직하기를 원한다고 한다. 이들이 싱가포르에서 긍정적인 경험을 하는 이유는 여러 가지가 있다. 첫째, 싱가포르에는 다국적 기업이 많고, 취업 과정에서 차별이 거의 없다. 이는 정부의 정책과 더불어 사회적 합의 역시 어느 정도 이루어져 외국인에게도 공정한 기회를 제공하는 시스템이 마련되었기 때문이다. 둘째, 싱가포르는 다양성에 매우 익숙한 선진 문화를 가지고 있다. 처음부터 여러 민족이 모여 건국된 싱가포르 사회는 다양한 인종과 문화를 포용하는 데 매우 열린 태도를 지니고 있다. 이러한 환경 속에서 외국인들은 자신의 문화를 존중받으며 살아갈 수 있다. 이러한 포용적인 사회 구조는 싱가포르의 성공적인 이민 정책과도 연결된다. 싱가포르는 외국인들을 단순한 수혜자로 보지 않고, 그들이 자신의 고유한 문화를 유지하면서 함께 살아갈 수 있는 파트너로 인식한다. 이는 경제적으로도 긍정적인 결과를 가져오며, 고학력 외국인들이 이주하여 장기적으로 거주하고자 하는 매력적인 나라로 자리 잡게 만든다.

반면 한국 사회는 외국인들이 한국에 오면 고마워하고 우리 문화에 동화되어야 한다는 관점을 당연하게 받아들이는 경향이 있다. 이러한 태도는 외국인에게 한국 사회에서의 정착을 더욱 어렵게 만드는 요소 가운데 하나다. 더 나아가 그들의 문화적 다양성을 존중하지 않거나 말로만 '다양성'을 외치는 공허한 위선으로 이어진다. 결론적으로 한국은 아직 '고급 이민자'를 받아들일 만한 적절한 환경이 아니라는 의미다.

현재 우리 사회에서 중국인 비율이 너무 많아지는 것에 대해 우려하는 시선이 있으며, 그로 인해 이민자에 대한 거부감을 가지는 사람도 많다. 실제로 2022년 지방선거에서 외국인 유권자영주권자 수는 약 12만 6,000명이었으며, 이 중 78.9 퍼센트가 중국인이었다. 분명히 경계심이 들 만한 대목이다. 특정 국가 출신의 이민자 비율이 지나치게 높아지는 것은 문제가 될 수 있다. 하지만 그 해결책으로 이민 문호를 닫아야 한다는 주장은 적절한 대안이 아니다. 순서가 틀린 발상이다. 가령, 어떤 기업이 입사 지원자 중에 인재가 없다고 푸념하는 것은 말이 안 되듯 말이다. 회사의 문제를 먼저 살펴보는 것이 올바른 순서다.

결국, 전통적인 선진국 국민이나 더 다양한 국가의 고학력자들도 가고 싶어 하는 나라를 만드는 것이 우선이다. 먼저, 폭넓은 수요가 있어야 진정한 다양성을 구현할 대안이 생길 수 있다. 또한, 적절한 균형을 유지하기 위해 국민들이 정치인을 현명하게 선택하는 것도 중요하다. 가령, 지나치게 친중 정책을 주장하는 정치인들이 설 자리가 없도록 해야 한다. 현재 제주도가 혼란스러운 근본 이유도 이민 정책 때문이 아니라, 일부 개념 없는 정치인들의 노골적인 친중 행보 때문이다. 우선, 이 둘은 반드시 구분해야 할 개념이며, 그다음에야 현명한 이민 정책을 논할 수 있다.

　한국은 이제 다문화 사회로 나아가기 위한 새로운 전환점을 맞이하고 있다. 글로벌 사회에서 경쟁력을 갖추기 위해서는 외국인들과의 포용적인 관계를 형성하고, 그들이 한국에서 잘 정착할 수 있도록 지원하는 것이 필요하다. 특히, 단순히 노동력을 대체할 이민자의 수를 늘리는 것이 아니라 정말로 사회에 큰 도움이 될 만한 '인재를 포용할 수 있는 그릇'을 갖추어야 한다.

# 3장 편견의 근원

The Roots of Prejudice

○

과거 유럽 제국들은 세계 여러 지역을 정복하며 자신들의 문화적 우월성을 주장해 왔다. 그들은 식민지 주민들을 모두 '문명화'해야 할 대상으로 여겼고, 이에 따라 오늘날 서구 사회에는 비서양인을 열등한 존재로 보는 사고방식이 널리 퍼졌다. 이처럼 인종적 편견의 뿌리는 매우 깊다. 심지어 과학과 같은 학문도 이러한 편견을 정당화하기 위한 도구로 사용되었다. 19세기에 이르러 인종을 구별하기 위한 '과학적' 접근이 등장하면서 차별적 사고방식이 체계적으로 강화되었다. 당시 학자들은 인종을 생물학적 범주로 구분하고, 그에 따른 차별성을 강조하며 이들이 본질적으로 '다르다'는 결론을 도출했다. 이러한 이론들은 객관적 사실처럼 보이게끔 제시되었으나, 실제로는 편견을 정당화하는 수단에 불과했다.

오늘날 현대 과학은 인간의 유전자와 인종 사이에 유의미한 연관성이 없다는 점을 입증했다. 이로써 '인종'이라는 개념이 생물학적 차원이 아닌 사회적 구분에서 비롯되었다는 점을 명확히 했다. 즉, 우리가 인식하는 인종적 구분은 사실상 역사적, 정치적, 문화적 배경에 의해 형성한 사회적 구성물이라는 게 분명해졌다. 그러나 인종적 구분이 생물학적 차원에서 부정확하다는 사실에도 불구하고, 그동안 누적된 편견은 여전히 사회의 여러 제도와 문화 속에 남아 있다. 이러한 배경은 법과 제도, 경제적 불평등, 사회적 인식 등으로 이어지며 인종 간 불평등을 지속시키는 원인으로 작용하고 있다.

누가 우리를
노란색이라 했는가

기록에 따르면, '백인White people'이라는 단어가 최초로 쓰인 것은 1613년이다. 극작가 토머스 미들턴이 그의 희곡 『진실의 승리The Triumphs of Truth』에서 유럽인을 집단적으로 '백인'이라고 지칭한 것이 그 시작이다. 이것이 백인이라는 '개념'의 시작을 알리는 사건으로 여겨진다. 그 이전에는 인종을 구분하는 경계가 희미했으며, 구분을 하더라도 주로 종교나 예법, 의복 등을 기준으로 삼았다. 대략 이 무렵부터 색깔로 인종을 구분하는 자의적인 방식이 자리 잡기 시작했다. 하얀색은 미적 우월성 aesthetic superiority을 의미했고, 흑색 또는 갈색은 이에 대비해 이

국적인 느낌을 주는 색으로 표현되기 시작했다. 처음에는 주로 아프리카계 인종과 유럽계 인종의 단순한 비교에 불과했다.

아시아인들과 조우하게 된 유럽인이 늘어나면서 새로운 변화가 일어났다. 아시아인을 묘사할 때 흰색, 밝은 색, 담황색, 갈색, 어두운 색 등 다양한 표현이 쓰이기 시작한 것이다. 이것이 무엇을 의미하는가? 처음에는 편견이 없었다. 그저 본 것을 있는 그대로 묘사했기 때문에 한 가지 색으로 딱 떨어지지 않았다. 예를 들어 포르투갈 상인의 기록 중에는 '중국인이 우리처럼 백인이다.'라는 표현도 있는 반면, 린네의 저서 『자연의 체계Systema Naturae』에서는 아시아인의 피부가 어두운 색이라는 표현이 등장한다. 아시아인의 피부는 그 스펙트럼이 유난히 넓으므로 묘사가 제각각인 것은 당연했다. 반대로, 일본이나 한국의 고서에는 배를 타고 들어온 서양인들을 '붉은 얼굴'로 묘사한 경우가 많다. 즉, 아무런 편견 없이 처음 조우했을 때 서로의 피부를 '노란색'이나 '흰색'으로 보지 않았다.

유럽인들이 본격적으로 세상 밖으로 나가 약탈과 학살을 자행하기 시작하면서 애매한 표현을 정리할 필요가 생겼다. 자신들의 비도덕적인 행위를 타 인종을 계몽해야 한다는 세계관으로 포장하기 위해서였다. 이를 위해 명확한 구분선이 필요했고, 흰색이 아니면 열등하다는 논리를 정당화해야 했다. 그래야만 무의식적 죄책감을 조금이라도 덜 수 있었기 때문이다. 우매한 인종주의적 위계의 잔재, 즉 'White백－Yellow황－Black흑'이라는 표현은 그렇게 굳어졌다. 아시아인을 대변하는 색깔이 노란색Yellow으로 정의된 후, 모든 것을 그 세계관에 끼워맞추기 시작했다. 모든 기록이나 보고서에도 'Yellow'라는 표현으로 통일되었다. 즉, 노란색이 아니라 '노란색이어야만' 했다. 자연스레 두려움이나 비하의 감성이 담긴 '옐로우 페릴Yellow Peril' 또는 '옐로우 몽키Yellow Monkey' 등의 표현도 생겨났다. 서양인들이 설정한 인종적 질서에 부합하는 '노란 인종'이라는 개념이 그렇게 상징적 코드로 자리 잡았다.

동양인을 황색으로 인식하는 우매한 세계관은 현대 사회에 들어와서도 크게 변하지 않았다. 예를 들어, '옐로우 피버Yellow fever'라는 용어는 동양인 여성에 대해 패티시를 가진 비동양인 남성을 지칭하는 데 사용된다. 애플의 모바일 운영체제의 이모티콘도 논란이 된 적이 있다. 얼굴 모양 이모티콘을 총 6개의 색깔로 분류했는데, 동양인을 나타내는 얼굴은 마치 만화『심슨The Simpsons』의 주인공처럼 샛노란 색으로 표현한 것이다. 이를 본 지각있는 동양인들은 의아해했다.

**"도대체 우리 주변에 저런 피부색을 가진 사람이 어디 있나?"**

그런데 아시아인이 직접 이러한 표현을 적극적으로 사용하는 경우도 흔히 볼 수 있다. 한국의 주요 격투기 단체에 소속된 한 선수가 자신의 링네임을 '옐로우 몽키'라고 정해 활동 중인 것을 보았다. 이 표현은 제국주의 시대의 산물이며, 당시 서구인들이 아시아인을 동물로 폄하하고 열등한 존재로 인식하기 위해 사용한 모욕적 용어였다. 이를 링네임으로 사용하는 것은 극도의 무지와 더불어 단어의 비하적 의미와 그 역사를 간과하는 행위나 다름없다. 더구나 해당 단체는 현재 한국에서 가장 영향력 있는 격투기 단체 중 하나이며, 유튜브 구독자 수가 50만 명 이상이라는 점에서 잘못된 관념이 널리 퍼질 가능성이 크다.

심지어 지식인들조차도 이러한 표현을 무분별하게 사용하는 경우가 있다. 가령 중국계 미국인 작가 레베카 쿠앙의 소설 『옐로우 페이스Yellow face』는 그 제목부터가 논란의 여지가 있다. 비록 작품의 주제가 인종차별에 반대하는 것이기는 하지만, 책 제목이 '노란 얼굴'이라는 것은 너무 황당한 발상이다. 책 표지 또한 샛노랗고 찢어진 동양인의 눈이 큼지막하게 그려져 있어 고정관념을 더욱 강화하는 셈이다.

인종에 대한 우리의 인식이 형성된 배경을 살펴보면 그 이면에는 식민지 시대의 잔재가 존재한다. 여전히 그러한 요소들이 현대 사회에 뿌리를 내리고 있는 것이다. 따라서 우리가 알게 모르게 얼마나 어처구니없는 세계관에 물들어 있었는지 자각하고 인종 문제에 대한 인식을 새롭게 할 필요가 있다. 책 『황인종의 탄생Becoming Yellow』의 저자 마이클 키벅은 '황인'이라는 단어가 애초에 완전한 무지에서 비롯되었다고 꼬집으며 이렇게 말한다.


**"황인종? 그런 건 원래부터 없다."**


나는 여기에 한마디를 더 추가하고 싶다. 백인종? 그런 것도 원래부터 없다.

# 인종차별의 역사

인종차별은 인류 사회의 어두운 측면 중 하나로, 시대에 따라 다양한 양상으로 나타났다. 고대에도 인종차별이 존재했지만, 피부색이 아닌 문화, 종교, 의복, 언어, 관습의 차이에 기반한 구분이었다. 즉, 이분법적 사고는 인류 역사에 늘 존재해 왔지만, 초기 구분의 근거는 신체 구조나 피부색 등의 외형적인 면보다 문명화된 정도에 더 큰 영향을 받았다.

본격적으로 인종차별이 제도화되기 시작한 것은 15세기 이후였다. 유럽 국가들이 신대륙 발견과 자원 확보를 목적으로 아메리카, 아프리카, 아시아 지역을 적극적으로 식민지화하기 시작했는데, 이에 따라 비유럽인을 열등한 존재로 인식하는 이론들 역시 강화되었다. 식민지 확장의 주된 목적은 정복지의 자원을 약탈하며 인력을 착취하는 것이었고, 이로 인해 정복 대상이 된 비유럽인들을 열등하게 묘사하는 주장이 확산되었다. 노예 무역이 그 대표적 사례로, 수많은 아프리카인이 유럽과 아메리카 대륙으로 강제 이송되어 비인간적인 환경에서 노예로 살아가야 했다. 이러한 과정에서 유럽 사회 전반에 걸쳐 비유럽인들을 낮추어 보는 인종적 우열 개념이 퍼졌으며, 이는 대량 학살, 강제 노동, 폭력적 지배 등의 비인간적 행위를 정당화하는 도구로 사용되었다. 이렇게 유럽 국가들은 자신들의 폭력과 야만성을 '문명을 전파하는 정당한 행위'로 포장했다. 이러한 배경 속에서 인종차별은 개인적 편견을 넘어 사회 전반에 제도적으로 자리 잡기 시작했다.

19세기에는 차별과 억압이 더욱 구조적이고 체계적으로 진화했다. 이때 과학적 인종주의Scientific Racism가 발달하면서 인종 간 차이를 생물학적, 과학적 근거로 설명하려는 시도가 많아졌다. 당시 학자들은 머리뼈 크기, 피부색, 얼굴 각도 등 신체적 특징을 통해 인종을 분류하고, 이를 각 인종의 지능이나 성격과 연결해 유럽계 인종이 우월하다는 주장을 내세웠다. 이러한 잘못된 과학적 이론들은 전 세계에 인종차별을 퍼뜨리는 계기가 되었다. 예를 들어, 다운증후군Down Syndrome이라는 용어도 1960년대에 들어서야 대체되었고, 그 이전에는 몽골병Mongolism으로 불렸다. 이 병을 가진 사람들이 동양인처럼 생겼다는 잘못된 고정관념에 기반한 것이었다. 20세기에 들어 나치 독일의 유대인 학살과 같은 극단적 인종차별 사건을 겪으면서 인종차별에 대한 전 세계적 비판이 거세졌다. 하지만 유럽, 북미, 호주 등 서구권에서 정책적, 제도적 인종차별은 여전히 이어졌다. 대표적으로 미국 정부의 짐 크로우 법1965년 효력 상실이 있다. 이러한 법률을 근거로 학교, 공공장소, 대중교통은 물론 화장실과 식당에서도 소위 '흑백 분리'를 철저하게 시행하였다.

20세기 후반에 들어서야 인종차별에 대한 전 세계적인 반대 운동이 활발히 전개되었고, 다양한 인종과 문화에 대한 포용의 중요성이 강조되기 시작했다. 그 이후 인종차별은 과거처럼 명백하게 드러나기보다는 미묘한 형태로 진화 되었다. 현대 사회의 주요한 두 가지 경향은 '신인종주의neo-racism'와 '마이크로어그레션microaggression'이다. 신인종주의는 생물학적 차이가 아닌 문화적 차이에 중점을 두는 편견으로, 특정 문화나 종교를 비하하거나 이민자에 대한 편견을 나타내는 형태이다. 예를 들어, 무슬림들은 이러저러한 행동을 할 경향이 높기 때문에 그들을 조심해야 한다는 식의 논리다. 생물학적 인종주의가 힘을 잃으면서 차별을 정당화하기 위해 문화적 차이를 강조하는 것이다.

마이크로어그레션은 소수자나 사회적 약자에 대한 무의식적이거나 은밀한 일상적 차별 행위 혹은 발언을 의미한다. 차별을 하고 싶지만 사회의 압력이 강해지면서 폭력성을 억지로 억누르기 때문에 이러한 경향이 두드러진다. 즉, 상대방에게 예민하게 굴지 말라는 프레임을 씌울 틈을 만들고 다양한 구분을 짓는 행위가 가해진다. 그러한 행위가 의식적으로 이루어지지 않더라도, 심리적 기저를 따져보면 그런 경우가 대부분이다. 이러한 차별은 주로 미묘하고 간접적이기 때문에 대놓고 항의하기 어렵지만, 당사자에게는 불쾌감과 상처를 줄 수 있다. 국제사회의 노력으로 공공연한 인종차별은 줄어들었으나, 인종차별은 여전히 사회 곳곳에 남아 있다. 전 세계가 다문화 사회로 변화하는 과정에서 인종차별을 극복하는 일은 여전히 중요한 과제로 남아있다.

## 근대 지식인들의 이중성

우리가 이름을 들어본 적 있는 근대 서구권 지식인 대다수는 인종차별주의자였다고 해도 과언이 아니다. 대표적으로 거론되는 인물은 러디어드 키플링이다. 그는 20세기 초 영국의 작가로, 우리에게는 『정글북The Jungle Book』의 저자로 널리 알려져 있다. 글쓰기 재능은 뛰어나서 노벨 문학상까지 받았지만, 극단적인 인종차별적 시각과 제국주의적 관점을 지니고 있었다. 그의 글에는 서구 문화는 고결하고 '황색 인종'과 '흑색 인종'은 미개하며 열등하다는 주장이나 묘사가 자주 등장한다. 하지만 현대에 들어서는 과거 제국주의 시대의 문학적 유산을 재해석하고, 이를 역사적 교훈으로 삼으려는 움직임이 계속되고 있다. 따라서 키플링은 현대 독자와 비평가들에게 많은 비판을 받고 있다.

미국 전 대통령 우드로 윌슨의 경우도 비슷하다. 그는 극심한 인종차별주의자였지만 노벨 평화상을 수상한 바 있다. 그는 프린스턴 대학교 총장을 역임했으며, 해당 대학의 공공 및 국제정책 대학원 본관 강당은 그의 이름을 딴 '우드로 윌슨'이라는 명칭을 가지고 있었다. 2015년, 학생들은 윌슨이 흑백 분리 정책을 옹호했다는 이유로 그의 이름을 대학원에서 제거할 것을 요구하며 대학 총장실에서 연좌 농성을 벌였다. 약 1년간 고민하던 대학 측은 결국 윌슨의 실책과 단점을 인정하고 강당의 명칭을 변경했다. 이와 같은 사례에서 알 수 있듯 과거에 노벨 문학상 혹은 평화상을 수상했다고 하더라도 강한 인종주의적 편견을 드러냈던 인물들은 현대 사회에서 부정적으로 재조명되고 있다.

하지만 다소 애매한 입장을 보였던 인물들은 여전히 추앙

받는 경우가 많다. 예를 들어, 토마스 제퍼슨이 있다. 그는 미국 독립선언서의 기초자이자 미국 역대 대통령을 통틀어 가장 존경받는 인물 중 한 명이다. 특히 독립선언서의 구절 중 일부인 '모든 인간은 평등하게 태어났다.'는 당시 기준으로 매우 혁신적인 선언이었다. 그러나 그의 개인적 신념과 행동에는 여전히 인종차별적 요소가 포함되어 있었다. 그는 비유럽계 인종을 열등하다고 생각하며 인종 간의 차이를 과학적으로 정당화하려는 시도를 했다. 그 역시 노예를 소유하고 있었으며, 노예제를 지지하거나 애매한 태도를 보였다. 문득 조지 오웰의 소설『동물농장Animal Farm』의 한 구절이 떠오른다.

**"모든 동물은 평등하다. 그러나 어떤 동물들은 다른 동물보다 더욱 평등하다."**

이처럼 인권과 평등을 주장하면서도 인종차별적인 태도를 보인 모순적인 인물들도 많았다. 역사적 인물들을 평가할 때 이러한 모순과 시대적 한계를 종합적으로 이해하는 것이 중요하다. 예를 들어 작가 마크 트웨인은 여러 작품을 통해 인종차별에 대한 비판적인 목소리를 냈다. 그의 소설『허클베리 핀의 모험The Adventures of Huckleberry Finn』은 그 대표적인 예이다. 트웨인은 이 책의 주인공인 허클베리 핀과 아프리카계 소년 짐의 우정을 통해 당시 사회에 만연했던 인종차별적 관점에 의문을 제기했다. 특히 짐의 인격과 인간성을 강조하며 노예 제도의 비극을 드러냈다. 그는 인종차별이 미국의 민주주의 가치에 반한다고 주장하며 사회적 변화를 촉구했다. 그러나 일부 학자들은 그 또한 개인적으로 인종적 편견을 가지고 있었다고 평가한다. 이는 그가 자신의 시대와 환경 속에서 자라며 당시 사회에서 보편적이었던 인종적 고정관념을 완전히 극복하지 못했음을 보여준다. 예를 들어 노예를 소유했던 아버지에 대해 특별한 반발을 보이지 않았고, 그의 편지에는 인종차별적인 시각이 드러나는 부분도 있다. 또한 자신의 소설에서도 '니거●Nigger'라는 단어를 사용했다. 즉, 사회적 저항을 하면서도 근본적인 시대적 한계를 완전히 극복하기는 어려웠다.

　　호주의 대표적 작가인 마일스 프랭클린의 경우도 있다. 그녀는 19세기 말과 20세기 초 호주의 독특한 문학을 발전시키기 위해 헌신한 인물로, 호주 역사상 최고의 작가 중 한 명으로 손꼽힌다. 호주에서 가장 권위 있는 문학상인 '마일스 프랭클린 문학상'도 그녀의 이름을 따서 지어졌다. 그녀는 호주, 영국, 미국을 오가며 글을 썼고, 매우 진보적인 시각을 지닌 작가로 평가받았다. 하지만 그녀 또한 자신의 소설『나의 화려한 인생My Brilliant Career』에서 이러한 표현을 사용했다.

"시인보다는 노예나 흑인, 또는 절름발이로 태어나는 것이 낫습니다. 왜냐하면 시인은 동반자가 없으니까요."

이는 특정 인종과 장애를 비하하는 뉘앙스를 담고 있다. 남

● 서구권에서 흑인을 멸칭할 때 사용하는 단어다.

다른 생각을 하며 세상과 동떨어진 고독한 시인의 고통을 표현하려고 든 비유였지만, 이는 곧 특정 집단을 동등한 인격체로 존중하지 않는 세계관을 드러낸 것과 같다. 그들의 삶과 경험을 단순히 고통의 측면에서만 바라보는 좁은 시각도 반영되었다.

사람들은 사회적 맥락 속에서 시대정신의 영향을 받는다. 그러다 보니 차별적 시각을 비판하던 사람조차도 사회 전반에 깊숙이 스며 있던 고정관념을 내재화하게 되고, 이는 곧 그들이 가진 인식의 한계와 연결된다. 이처럼 편견은 단순히 개인의 문제에 국한되지 않는다. 오히려 사회 전체의 구조와 문화에 뿌리 깊게 박혀 있다고 보는 편이 옳겠다. 특히 인종주의적 편견은 역사적으로 오랜 시간 동안 지속되어 왔으며, 이를 극복하기 위해서는 개인의 의지뿐 아니라 사회 전반에 걸친 변화가 필요하다.

## 서구 문명이 인류의 선물이라고?

서구 사회가 진보의 선두를 자임하면서 다른 문화를 열등한 것으로 인식해 온 것은 하루이틀 일이 아니다. 여전히 서구권의 많은 이들은 서양 문명Western Civilisation을 두고 '서양이 세상에 준 선물'이라고 생각한다. 이와 같은 기저 의식은 자연스레 서양인이 다른 인종보다 우월하다는 사고방식으로 연결된다. 서구권에서는 이런 사고방식을 암묵적으로 유지하는 경우가 많다. 결국 '모든 것의 원류가 서양이다.'라는 세계관도 같은 맥락이다. 예를 들어, 뿌리를 따지면 삼성의 핸드폰도 서양의 기술이며, K-POP도 결국 서양 음악이라는 식의 발상이다. 이러한 관념이 꽤 깊숙이 자리 잡고 있다는 것은 분명하다. 다만, 지각 있는 사람들은 대놓고 드러내지 않을 뿐이고, 일부 몰지각한 사람들은 대놓고 저런 말을 하기도 한다.

그러나 문화를 고정된 실체로 보는 것은 큰 착각이다. 문화란 다양한 시공간에서 서로 얽히고 영향을 주고받으며 발전한 것이기 때문이다. 서양과 동양, 혹은 다른 문명들은 경계가 분명히 나뉘지 않는다. 오히려 서로 영향을 미치며 발전해 왔다. 이를 이해하지 못할 때 문화적 우월감이나 편견이 생기기 쉽다. 역사학자 이안 모리스는 저서 『왜 서양이 지배하는가Why The West Rules』에서 분명히 밝히고 있다. 지난 15,000년 간의 인류 역사를 살펴보면 동서가 같은 종류의 인간들로 이루어져 같은 종류의 역사를 만들어왔다고 말이다. 사회 발전 단계도 거의 유사했다. 다만 한 가지 주목할 점은 동일한 시간에, 또는 동일한 속도로 발전한 것은 아니라는 점이다. 서로 다른 문명 간에 지대한 영향을 주고받으며 발전했지만, 앞서거니 뒤서거니 그 속도와 변화 양상에서는 조금씩 차이가 났다. 저자는 책을 통해 그것을 자세히 보여주고자 한다. 즉, 특정 문화가 정통이라는 논리는 지엽적일 뿐만 아니라 애초에 완전히 잘못된 관점이다. 문화적 발전은 독립적으로 이루어지는 것이 아니라, 오히려 상호작용과 교류를 통해 진보해 온 과정이다.

또 하나 잊어서는 안 될 것이 있다. 서구 문명의 확장 과정에서 이루어진 착취와 파괴, 폭력은 다른 지역 주민들에게 막대한 고통을 안겨주었다. 과학과 기술 발전 역시 착취를 바탕으로 이루어진 경우가 많으며, 설사 앞선 기술을 선도했다 하더라도 이를 진정한 발전이라 보기 어렵다. 잘 알려져 있듯 유럽의 식민 열강들은 식민지의 자원을 대규모로 수탈했다. 예를 들어, 영국은 인도를 식민지화하면서 인도의 산업을 붕괴시켰다. 지금의 가치로 환산하면 대략 4,500조 원에 달하는 자원을 빼앗았다고 보고된다. 그리고 이러한 과정에서 수백만 명이 목숨을 잃었다.

아프리카 땅에서는 강제 노동, 자원 채굴, 잔혹한 폭력이 자행되었다. 예를 들어, 콩고에서는 벨기에 국왕 레오폴드 2세의 지배하에 최소 수백만 명이 학살어린아이들도 그 대상이었고, 실제로는 천만 명 이상이라는 보고도 있다당했다. 잔혹한 대량 학살과 착취의 대가로 벌어들인 돈은 대부분 외국으로 빼돌렸다. 이처럼 서양의 식민지 확장은 해당 지역의 경제와 사회를 파괴했다. 그뿐만이 아니었다. 지역의 문화, 언어, 지식 체계를 조직적으로 파괴했다. 식민 열강은 자신들의 언어, 종교, 관습을 강요하며 지역 문화를 억압하고 동질화시켰다. 엄밀히 따지자면 현대 사회에서 히틀러와 나치라는 개념은 유럽의 수많은 과거 악행을 가리는 좋은 보호막이기도 하다.

서양 의학의 발전은 어떤가? 식민지 주민들을 대상으로 동의 없이 실험을 진행한 사례도 많이 있었다. 19세기 말, 아프리카 대륙에서 황열병과 같은 질병 연구를 위해 현지 주민들을 대상으로 백신 실험이 자주 이루어졌다. 현지 주민들은 대부분

백신의 목적을 모르거나 제대로 된 설명을 듣지 못한 채 실험 대상이 되었다. 인도 역시 식민지 시절 많은 서구 의학자에 의해 실험실로 이용되어 다양한 전염병과 신약 실험이 이루어졌다. 많은 인도인이 동의 없이 의약 실험에 동원되어야 했으며, 이 때문에 사망하거나 장애를 얻는 사례도 빈번했다. 이러한 발전은 공정하게 이루어진 것이 아니라 착취와 불평등이 그 바탕에 있음을 인식해야 한다.

그러니 특정 문명을 두고 세상에 준 선물이었다고 주장하는 것이 얼마나 황당하고 자의적인 해석인가? 이러한 발상은 문화적 다원성과 상호의존성을 무시하는 태도이며, 오늘날 글로벌 사회에서 배척되어야 할 사고방식이다.

# ○ 미래지향적 인종 구분 방식

순혈이라는 개념은
존재하는가?

2024년 미국 대선 후보였던 카멀라 해리스는 뜻밖의 논란에 휩싸였다. 그녀가 '흑인'이냐 아니냐는 논쟁이었다. 트럼프는 그녀가 흑인이 아닌데 표를 의식하여 의도적으로 흑인 프레임을 쓰고 있다고 열변을 토했다. 그러던 차에 재닛 잭슨마이클 잭슨의 여동생의 한 인터뷰가 불을 지폈다. 해리스는 사실상 인도인에 더 가깝고 '백인'의 피가 섞여 있으므로one-drop rule 흑인이라고 인정할 수 없다는 논리였다. 나로서는 도저히 이해가 가지 않는 발상들이었다. 내 머릿속에 떠오르는 생각은 오직 하나였다. '도대체 그게 무슨 상관이지?'

그렇다면 과연 트럼프가 바보라서 그런 주장을 했을까? 절대로 그랬을 리 없다고 본다. 트럼프는 이 세상에 '바보가 너무 많다는 현실'을 그 누구보다도 잘 아는 사람이다. 그는 이미 2016년 선거에서 '바보들에게는 바보 같은 말을 해야 먹힌다.'는 진리를 체득했을 것이었다.

이쯤에서 '순혈'이라는 개념이 궁금해진다. 2차 대전 당시, 히틀러가 여성들에게 특히 강조했던 것은 순수 혈통의 독일인 수를 늘려야 한다는 것이었다. 아리아인이 우월한 인종이라고 믿었기 때문이다. 이러한 생각은 다른 인종을 열등하다고 보는 극단적인 인종차별주의와 결합되었고, 결국 수많은 비극을 초래하게 되었다.

맥락은 다르지만 과거에는 한국도 단일민족에 집착하던 시기가 있었다. 아이러니하게도 '순혈'은 한민족의 정체성을 논할 때 늘 등장하는 단어였다. 하지만 우리가 처음부터 이러한 개념을 내세웠던 것은 아니다. 아마 이러한 논리가 퍼졌던 시기는 1930년대 무렵일 것으로 추측되고 있다. 제대로 된 역사관이 정립되기 이전이었고, 또 '핏줄'이라는 관념이 필요하던 시기이기도 했다. 그러나 현재 대한민국은 그게 뭐가 중요하냐고 생각할 만큼 정신적 진보를 이룬 나라가 되었다.

하지만 그 '핏줄'이라는 것이 여전히 누군가에게는 중요한 문제다. 그것을 믿는 자들에게는 순혈이 무엇보다 중요한 가치다. 예를 들어, 신나치주의자들은 여전히 증오를 기반으로 한 핏줄의 중요성을 강조한다. 그들은 웃통을 벗고 우유를 단숨에 들이키는 쇼를 하며 자신들의 인종적 우월성을 주장하기도 한다. 유당 소화 능력이 최고임으로 최고의 인종이라는 논리다. 인종차별이나 순혈을 따지는 등의 사고방식이 얼마나 저급하고 유아적인 정신 수준에서 비롯되는지를 여실히 보여준다. 또한 북한에서 '백두혈통'을 이야기할 때 그 유치한 핏줄 놀음이 얼마나 촌스러운가?

유전학자 애덤 러더포드의 저서 『인종차별주의자와 대화하는 법How to Argue with a Racist』에는 '모든 나치당원에게는 유대인 조상이 있고, 모든 백인 우월주의자에게는 중동인 조상이 있다.'는 내용이 나온다.

실제로 유전학적 연구를 해보면, 인종적 순수성과 혈통이라는 개념이 얼마나 우스꽝스러운지를 알게 된다는 지적이다. 저자는 일정 기간, 가령 몇 세기 혹은 많게는 수천 년 정도는 어느 정도 폐쇄성이 유지될 수는 있지만, 결국 더 올라가면 다 섞였다는 것을 꼬집는다. 과학적으로 볼 때, '순혈'이라는 개념은 근거가 없다. 유전적 다양성은 인류의 공통된 특징이며, 시간이 흐르면서 인구 이동과 결혼·문화적 교류를 통해 서로 다른 유전적 요소들이 혼합되었다.

순혈주의는 차별과 배타성을 강화할 위험이 크다. '순수 혈통'을 강조하면, 결국 순혈이 아닌 사람들을 차별하거나 배제하게 되는 논리가 자연스럽게 뒤따른다. 그만큼 민족적 순혈주의를 강조하는 것은 시대착오적이며, 현대 사회의 가치를 크게 왜곡한다. 오히려 고립된 사고방식은 외부 세계와의 교류를 제한하고 국제 무대에서 경쟁력을 잃을 수 있는 위험을 내포하고 있다.

영국 최초의 노벨 문학상 수상자인 러디어드 키플링은 미개한 유색인종을 깨우쳐야 하는 것이 '백인의 운명'이라고 주장했다. 그는 유색인종을 두고 '반은 악마이고 반은 아이'라고 표현했다. 그러면서 '야만적인 황인과 흑인을 개화시키는 것이 힘들지만 그래도 고귀한 의무를 다해야 한다.'라고 주장했다. 이처럼 과거에는 의식 수준이 떨어져도, 즉 '지성인'이 아닌 '문학 기능인'도 노벨 문학상을 받을 수 있었다. 대개 의식 수준이 낮을수록 소속감이나 정체성을 강하게 갈망한다. 이는 정신적 성장이 덜 이루어진 단계이다. 이 단계에 머무른 사람이 대다수인 사회일수록 편견과 구분선, 고정관념 등이 아주 강한 힘을 받는다.

나는 이런 생각을 해보았다. 어쩌면 지역이나 피부색만을 기반으로 한 인종 구분법은 겉으로 보이는 특성만을 기준으로 하는 상당히 원시적인 방식이 아닐까? 역사적으로 위대했던 몇몇 지성인의 삶만 살펴봐도 그렇다. 그들은 동서양을 막론하고 '서로 간에' 연결성이 더 강하다는 것을 느꼈다. 몇 가지 예시를 아래에 들어보겠다.

1 동류 집단 사람들의 좁은 소견을 비판하고자 했던 작가 리처드 바크는 동양의 사상가 장자를 동경했다. 그러한 세계관을 자신의 소설 『갈매기의 꿈Jonathan Livingston Seagull』에 투영했다.

그 외에도 닐스 보어, 아인슈타인, 칼 융, 괴테, 스티브 잡스 등의 시대적 천재들이 동양의 주역이나 불교를 공부하고 큰 영향을 받았다는 사실이 널리 알려져 있다. 컴퓨터의 기반이 된 이진법 체계를 고안한 라이프니츠도 마찬가지다. 그는 주역에 큰 관심을 보였고, 음양 사상을 기반으로 이진법을 발전시켰다.

감이 오는지 모르겠다. 기본적으로 고도의 지성을 소유한 자들은 '겉모습'이 아니라 '내면'을 더 중시한다. 왜 그럴까? 깊은 정신 수준을 지닌 자들은 외적인 틀과 상관없이 '자기들끼리 통한다는 것'을 깨닫기 때문이다. 그러니 그들에게는 애초에 동양이니 서양이니를 따지는 것이 하등 중요하지 않다. 심지어 미래냐 과거냐를 따지는 시간적 개념도 무의미하다. 즉, 그들은 근원적 차원에서의 '인종', 그리고 그 모두가 같은 무리라

는 걸 자각한 셈이다. 일본을 대표하는 작가 무라카미 하루키의 저서 『직업으로서의 소설가職業としての小說家』를 보더라도 '작가라는 인종' 또는 '소설가라는 종족' 같은 표현이 계속 반복된다. 그 역시 은연중에 인간의 기질이나 성향을 바탕으로 인종 분류를 했음을 알 수 있다.

유전학자 애덤 러더포드는 유전학을 제대로 이해하면 인종 범주를 인정하는 생물학적 근거가 전혀 없음을 알게 된다고 밝혔다. 즉 단지 겉모습에 따라 인종을 구분하는 방식은 너무나도 단선적인 사고방식이었다. 이제 우리는 본질적이며 고차원적이고 미래지향적인 인종 구분 방식이 무엇인지 알고 있다. 우리 사회가 진정한 다양성과 포용성을 추구하기 위해서는 이러한 인식의 전환이 필수적이다. 이와 같은 사고방식은 인종차별을 극복하고 인류가 더 나은 방향으로 나아가는 데 중요한 초석이 될 것이다.

## 생각이 통해야 같은 인종이 아닐까?

내가 이전 저서 『우울한 지성인』을 쓴 이유는 간단하다. 서양 문명을 이끈 천재들의 삶을 재조명하기 위함이었다. 그 책을 통해서 왜 특출난 천재들이 고독하고 우울한 삶을 살았는지를 낱낱이 파헤쳤다. 그들의 심적 고통은 대다수의 사람들이 그들의 특출남을 전혀 알아보지 못하고 그저 오해하고 이상하다고 손가락질한 데서 기인했다. 즉, 서양 문명을 한마디로 정의하자면 극소수의 천재가 온갖 오해와 박해를 받아 가며 이끌어 온 문명이라고도 할 수 있다. 그들이 밥을 다 차려놓고 나니 이제야 자기들의 집단적 우월성이라고 외치는 코미디가 연출되는 것이다. 무임승차로 누리는 특권을 자신들의 잘남으로 착각한다.

독일의 위대한 작가 중 헤르만 헤세나 베르톨트 브레히트의 인생을 보자. 그들은 히틀러와 나치를 경멸했다. 그리고 당시 전체주의 사상에 경도된 독일인들을 비판했다. 그 결과는 무엇이었나? 독일은 그들을 반역자, 매국노라고 손가락질하고 박해했다. 오히려 그들의 작품은 외국에서 더 인정받았다. 특히 헤르만 헤세의 『데미안Demian』의 경우 한국과 일본에서 크게 재조명받았다. 그런데 이제 와서 독일이 그 문학적 유산을 오직 '독일 것'이라 할 자격이 있을까?

니체와 쇼펜하우어 같은 천재 사상가들도 일평생 고생하며 살았던 인물이다. 그 이유는 이해받지 못했기 때문이다. 그들의 특출남은 주변 사람들에게 모난 것으로 여겨졌고, 그로 인해 철저히 소외되었다. 정작 사후에, 혹은 죽기 직전에 그나마 재조명을 받았다. 이쯤에서 이런 의문이 든다. 과연 나치의 히틀러와 괴벨스 같은 인간이 니체나 쇼펜하우어와 같은 인종일까? 단순히 독일인의 핏줄을 지녔기 때문에? 우리가 지금까지 인종을 구분하던 방법이 너무나도 피상적이고 일차원적이지 않았는가?

나는 이렇게 본다. 오히려 독일의 니체와 쇼펜하우어는 한국의 다산 정약용이나 연암 박지원 같은 인물들과 한 무리로

엮여야 더 적절하다. 정신적인 영역에서, 즉 근원적인 차원에서의 동질성이 훨씬 더 크기 때문이다. 그래서 그들이야말로 진정한 의미에서 같은 인종이다. 이와 반대되는 맥락에서 아래의 세 가지 항목도 다시 한번 생각해 볼 수 있다.

여기서 A와 B의 연결성이 더 강하고 본질적임이 너무 자명하지 않은가? 따라서 그것을 한 무리로 묶어 보는 것이 당연하다. 어떻게 A와 C를 하나의 개념으로 묶을 수 있겠는가? 겉으로 드러나 눈에 보이는 것만으로 세상을 판단하는 것은 그만큼 무지하다는 소리다.『전환 시대의 논리』라는 책으로 큰 인기를 얻었던 리영희 선생이 생전에 남긴 말 중 인상적인 대목이 있다.

"의식이 있으면 진실이 보인다. 지식만 있고 의식이 없으면 진실이 전혀 보이지 않는다."

지식은 물론 중요하다. 그러나 의식이 결여된 지식은 결국 진실을 볼 수 없는 맹목적인 상태에 불과하다. 인종, 문명, 역사, 정치, 종교 등에 관해 우리가 가졌던 피상적인 판단을 넘어서기 위해서는 높은 의식 수준과 정신적 지능을 갖추는 것이 필수적이다. 그러기 위해서는 생각하는 인간이 되어야 한다. 결국 사유하는 인간은 또 다른 사유하는 인간을 알아보고 동질감을 느끼기 마련이다. 그들에게는 피부색이나 출신 국가, 이념 따위가 하등 중요하지 않다.

## 즐거운 장례식, 역시 서양은 깨어 있는 건가?

뉴스나 기타 매체를 통해 서양의 장례식 스케치를 접하다 보면 파티 분위기로 진행하는 장면을 가끔 볼 수 있다. 추도사를 읊다가도 농담으로 웃음을 유도하는 모습, 혹은 흥겨운 음악에 맞춰 함께 춤을 추는 모습이 화제가 되기도 한다. 일례로, 조지 부시 전 미국 대통령은 아버지의 장례식에서 '그의 골프 실력과 춤은 형편없었다.', '브로콜리를 싫어하는 유전적 결함을 우리에게 물려줬다.', '늙어서는 경찰 드라마에 빠져 살았다.' 등의 농담을 하며 10여 차례 웃음을 자아냈다.

서구권에서는 자신의 장례식에서 즐거운 음악을 틀어 축제처럼 즐겨 달라는 유언을 남기는 사람도 적지 않다. 이를 보며 우리는 흔히 '서양은 역시 다르다.'라는 말을 하기도 한다. 여기서 '다르다.'는 진보적이다, 깨어 있다, 이해할 수 없다, 개방적이다, 진취적이다 등 여러 감정이 뒤섞인 표현일 것이다. 그러나 자세히 살펴보면 장례식을 즐겁게 진행하는 문화는 전 세계 곳곳에 퍼져 있다.

가령 가나의 장례식은 모두가 노래하고 춤을 추는 분위기에서 진행된다. 남미 국가인 페루에서는 밴드를 동원해 축제처럼 장례식을 치르는 풍습이 있다. 나아가 부탄이나 중국 일부 지역에서도 음악 밴드를 불러 흥겨운 장례식을 진행하는 문화가 있다. 일본에서도 고인을 기리기 위해 고인이 좋아했던 음식이나 활동을 함께하는 경우가 있다. 유족과 친구, 친지들이 슬픔에 잠기기보다는 고인의 삶을 조명하며 기억하는 장례식을 치른다. 장례식을 '애도'의 자리로만 생각하지 않고 '축하'의 관점에서 밝고 따뜻한 분위기로 만들고자 하는 마음이 담겨 있는 것이다.

이러한 사례에서 볼 수 있듯, 죽음을 축하하는 풍습은 모든 인류에 공통된 '보편적 성향의 일부'라고 할 수 있다. 즉 특정 문화에 국한된 것이 아니라, 개인의 성향과 가족의 바람에 따라 달라질 수 있는 문제다. 오히려 '서양은 다르다.'는 단순한 구분적 시각은 특정 문화에 대한 편견을 조장할 수 있다.

중국의 사상가 장자는 아내가 죽었을 때 젓가락으로 동이를 두드리며 노래를 부르고 있었다. 이를 본 친구 혜자가 '너무한 것 아니냐.'고 묻자 그는 답했다.

"나라고 어찌 슬픔이 없겠나. 하지만 부인이 태어나기 이전을 생각해 보니, 본래 삶이란 없는 것이더군. 그저 그 형태가 끊임없이 변화하는 것일 뿐. 지금 그녀는 하늘과 땅이라는 거대한 방에 편히 누워 쉬고 있다네. 그런데 내가 통곡하면 오히려 우스운 꼴이 아니겠는가."

그는 실제로도 유언을 통해 인적이 드문 들판에 자신의 시신을 버려 달라고 하고, 관도 준비하지 말라고 했다. 어차피 썩어 먼지가 될 것을 독수리나 올빼미에게 주면 어떻겠느냐는 논리였다. 그야말로 자유로운 영혼이었다.

그렇다면 근현대 서양의 많은 천재 사상가가 고대 중국의 사상가 장자를 존경했던 이유는 무엇일까. 결국 깨어 있다는 것은 시대나 지역과 무관하기 때문일 것이다. 이런 관점에서 보면 인종을 겉모습이 아닌 세상을 보는 '관점'에 따라 구분하는 것이 더 본질적이지 않을까. 관점이 비슷한 사람들이 진정한 의미에서의 '한 무리'라면, 동서양 혹은 현재나 과거와 같은 구분은 아무 의미가 없을지도 모른다.

## ○ 이원성과 차별적 사고

○ **이분법적 세계관은
어디서 오는가**

학창 시절에 한국어의 우수성과 관련하여 자주 들었던 말이다.

"한국어는 표현이 다양하고 섬세하다. 영어는 Red(빨강) 하나밖에 없는데, 한국어는 빨갛다, 붉다, 불그스름하다 등등 하나의 색을 표현해도 아주 다양한 표현이 있지 않느냐."

지금도 이런 교육을 하는지는 모르겠다. 하지만 내가 학교 다닐 때만 해도 이런 류의 말을 정말 많이 들었다. 우리는 그냥 그런 줄 알면서 자랐다. 그러나 이 또한 철저한 무지에서 기인한 세계관에 불과했다. 미세한 색의 차이를 표현하는 영어 단어는 이렇게 많다.

**Red(빨강)의 다양한 영어 표현** → scarlet, vermilion, ruby, ruby red, ruby-coloured, cherry, cherry red, cerise, cardinal, carmine, wine red, wine-coloured, claret, claret red, claret-coloured, blood red, flame, flaming, coral, cochineal, rosy, brick red, maroon, rusty, foxy, rufous, reddish, literary damask, vermeil 등

**Green(녹색)의 다양한 영어 표현** → greenish, viridescent, olive green, forest green, moss green, pea green, emerald green, lime green, bottle green, lincoln green, sea green, sage green, acid green, aquamarine, virescent, glaucous, verdant, grassy, grass-covered, leafy, verdurous 등

2024년 10월 이전만 하더라도 한국에서는 노벨 문학상이 나오기 힘들다고 했다. 한국어는 너무 섬세해서 외국어로 표현하기 어렵다는 것이 주된 이유였다. 역시 비슷한 맥락이다. 자아 중심적 렌즈를 통해 세상을 바라보니 말도 안 되는 오류가 넘친다. 일반적으로 앎의 수준이 낮으면 낮을수록 양분법적 렌즈로 세계를 보려 하는 경향이 더 강하다. 복잡한 세상의 본질을 보지 못하므로 꼭 이것 아니면 저것으로 딱 떨어지는 분류를 해야 마음이 편하기 때문이다. 그리고 이는 인종차별적 발상과도 정확히 맞닿아 있다.

그러나 이러한 세계관을 더욱 부추겨 온 것은 소위 지식인

이라는 사람들이다. 에드워드 스튜어트의 저서 『문화 차이와 인간관계American Cultural Patterns』를 살펴보자. 이 책에서는 '비서양인'들은 경쟁을 기피하고 지역 사회에 대한 유대 의식이 강하다고 분석한다. 그리고 그들이 미국인만큼 자아의식이 강하지 않고, 개인으로서의 자신에 대해서도 덜 분석적이다는 말을 한다.

조금만 생각해 봐도 어처구니가 없는 말이다. 이 말이 사실이라면 현대 미국 사회에서 불교의 인기가 나날이 상승 중인 것은 어떻게 설명할 것인가? 시간이 가면 갈수록 불교 철학의 깊이가 재조명받는 이유는 간단하다. 해당 종교의 창시자가 인간에 대한 분석과 자신에 대한 고찰을 그 누구보다 더 깊고 광범위하게 했던 인물이기 때문이다. 그는 지금의 지리적 상황으로 따지면 '네팔' 출신의 동양인이었다. 위의 문장이 사실이라면 전혀 앞뒤가 맞지 않는다.

이것만 봐도 학자나 지식인이라 자청하는 사람들이 얼마나 자의적이고 일면적인 해석을 하는지 볼 수 있다. 복잡한 인간 세상의 한 측면만을 떼어내어 양분법적 렌즈로 사안을 조명하는데 여념이 없다. 그렇게 수많은 "A는 이렇고 B는 저렇다"라는 식의 논리가 탄생한다. 이처럼 사려 깊은 통찰 없이 지적 교만만 쌓여 수많은 오해와 반목, 갈등을 조장해 온 것이다. 그리하여 이 세상에는 이분법적 논리가 넘쳐 난다. 예컨대,

○ MZ 세대는 이렇고 기성 세대는 저렇다
○ 남자는 이렇고 여자는 저렇다

○ 동양은 이렇고 서양은 저렇다

○ 좌파는 이렇고 우파는 저렇다

○ 한국은 이렇고 일본은 저렇다

○ 경상도는 이렇고 전라도는 저렇다

시간만 있다면 수십만 개의 예시도 댈 수 있겠다. 이와 같은 구시대적인 발상이 아직도 많은 사람들의 관념을 붙들어 매고 있는 실정이다. 그리고 이와 같은 이원성duality은 인종차별이 발생하고 유지되는 데 중요한 역할을 하는 개념이기도 하다. 인종차별의 심리적, 사회적 기반을 마련하며, 특정 인종이나 민족을 열등한 타자로 규정하여 차별을 정당화하는 도구로 작동한다.

## 동양은 이렇고 서양은 저렇다

대한민국에서 가장 유명한 강연가 중 한 분이 있다. 인지심리학자인 그 분의 강의를 듣다 보면 이분법적 표현을 정말 많이 듣게 된다. 예를 들면 이런 식이다.

○ 한국인은 부지런하고 외국인은 게으르다

○ 서양인은 절대 이해하지 못하는 동양인 사고방식

○ A, B, C 중, 동양인은 A와 B를 연관 짓고, 서양인은 A와 C를 연관 짓는다

그 외에도 수많은 학자나 지식인이 연구와 집필 활동을 통해 유사한 세계관을 부지런히 퍼뜨려 왔다.

○ 동양은 원이고 서양은 직선이다
○ 동양인은 겸손하고 서양인은 자기를 드러낸다
○ 동양은 관계 중심이고 서양은 개인 중심이다
○ 동양은 음의 에너지이고 서양은 양의 에너지다

대개 한국동양은 이러저러한데 외국서양은 어떠하다는 식의 논리다. 너무나도 자의적인 해석이 난무한다. 일단 세상을 양분법적으로 바라보고, 그 렌즈를 통해 눈에 보이는 어떤 사안을 캐치한다. 그렇게 탄생한 가설을 검증하기 위해 지극히 편향된 연구와 자료 수집을 한다. 애초부터 답은 정해져 있었다. 그 후 연구 결과가 발표되는데 이때 자극성이 강할수록일차원적일수록 더 쉽게 퍼진다.

대표적인 예시가 루스 베네딕트의 저서 『국화와 칼The Chrysanthemum and the Sword』이다. 1946년 출간된 이 책은 일본인의 이중적 문화 구조와 양면성을 파헤친 책이다. 현재까지도 널리 읽히며 마치 일본 문화의 바이블처럼 여겨진다. 하지만 정작 저자는 단 한 번도 일본에 가본 적이 없는 사람이었다. 이 책으로 인해 일본에 대해 전 세계가 가지게 된 관념이 바로 이중적 의식 구조다. 흔히 혼네와 다테마에라는 개념으로 설명하는 이론이다. 언제부턴가 겉과 속이 다르다는 관념은 일본인의 트레이드 마크가 되었다. 하지만 곰곰이 생각해 보면 그런 문화는 어디나 있다. 가령 한국의 정치판만 보더라도 흔히 볼 수 있는 프레임이다. 흔히 우파 성향을 가진 사람들은 좌파 성향을 가진 집단을 욕할 때 겉과 속이 다르다며 손가락질한다. 또한 북한의 화전양면전술도 대표적인 이중성이다.

서양은 어떠했는가? 18세기와 19세기에 화려한 철학, 문학, 예술을 꽃피웠던 독일이 20세기 들어 그토록 잔인하고 끔찍한 일들을 저지른 것은 지독한 모순과 이중성이 아니던가? 영국, 프랑스, 벨기에 미국 등의 국가는 또 얼마나 몹쓸 짓을 많이 했던가? 다만 한때 파시즘에 대항해 싸웠다는 그 이유만으로 그들은 '정의'와 '선'이라는 프레임을 독점했다. 이 또한 겉과 속이 다른 이중성이 아닌가? 물론 현재 진행되고 있는 이스라엘의 만행도 간과할 수 없다.

더 나아가 파시즘으로 함께 묶였던 국가가 어디였는지를 생각해 보자. 일본, 이탈리아, 독일이 아니었던가? 대체 이는 어떻게 설명할 것인가? 정말로 동양은 '이렇고' 서양은 '저렇다'면 이 또한 말이 안 된다. 모든 것이 마구잡이로 뒤섞여 있는 것이 바로 세상이다. 그냥 그것이 이 세상의 속성일 뿐이다. 그게 불편하다는 이유로 모든 걸 칼같이 분류하고 정의해야 한다는 단편적인 사고를 지적하고 싶다. 앞 장에서도 이야기했지만 어떤 한 인종에는 수십억 명의 사람이 있다. 그 넓은 스펙트럼을 단일한 개념으로 뭉뚱그리려는 발상은 정말로 어리석다. 고유성과 개별성을 무시하는 세계관은 반드시 편견과 고정관념을 부른다. 그야말로 정신적으로 게으른 발상이다. 이제 새로운 세계관으로 나아가야 할 때다.

학창 시절에 사대주의적 사상을 주입하는 선생님들이 꽤 있었다. 대표적으로 고등학교 때 독일어 선생님이 있었다. 독일에서 오랜 기간 유학을 했던 그녀는 늘 독일을 찬양했다. 그뿐만이 아니었다. 본인이 가르치는 제자들에게 '너희 같은 촌놈들이 뭘 알겠어.'라는 식의 발언을 입에 달고 살았다. 대학 재학 중에도 비슷한 교수가 있었다. 깐깐하기로 소문난 그는 우리와 같은 대학을 졸업한 선배였고 영국에서 석박사를 마쳤다. 역시 영국을 예찬하며, 정작 자신의 강의를 듣고 있는 후배들을 마구잡이로 깎아내리는 발언을 서슴지 않았다. 심지어 강의 도중 '영어도 제대로 못하는 것들이 뭘 하겠냐.'라는 말도 들은 적이 있다.

당시 이 둘의 교육자가 자신의 제자들을 바라보던 표정에는 자주 경멸이 섞여 있었다. 대놓고 무시하는 것이 일상이었기 때문에 그 감정을 읽어내는 것은 그리 어렵지 않았다. 꽤 많은 세월이 지나 지금 그 상황들을 되돌아보면 그들이 얼마나 경박하고 무지했는지를 쉽게 알 수 있다. 설마 요즘 같은 세상에 아직도 그러고 있겠느냐마는. 하지만 아무것도 모르던 당시에는 우리에게 어떤 문제가 있을지도 모른다는 막연한 수치심이 들었다. 베스트셀러 작가 틸 스완의 저서 『외로움의 해부학The Anatomy of Loneliness』에는 성인이 되어 느끼는 수치심의 근원을 따져보면, 과거에 어른들이 심어준 수치심이 자라난 결과라는 통찰이 있다.

　무의식적 수치심은 자신이 속한 집단이나 문화, 혹은 정체성을 부정적으로 인식할 때 나타날 수 있는 감정이다. 사대주의적 교육은 학생들에게 자국의 문화적 가치가 덜 중요하거나 열등하다는 메시지를 전달함으로써, 학생들이 자신과 자국에 대한 부정적인 자기 개념을 가지게 할 수 있다. 이러한 감정은 수치심으로 연결될 수 있으며, 이는 무의식적인 수준에서 형성된다.

　학생들이 자신의 문화적 정체성에 대해 부정적인 감정을 가지면 자존감이 저하될 수 있다. 인간은 자존감을 유지하려는 경향이 있기 때문에, 이 경우 심리적 방어 기제가 활성화될 수 있다. 이를테면 외국 문화를 지나치게 동경하거나 자신의 정체성을 왜곡하는 방식으로 이러한 수치심을 회피하려 할 수 있다. 즉, 일부 교육자들의 사려 깊지 못했던 언행은 사실상 제자들에게 죄를 짓는 행위였다. 그래서 아무나 교육자가 되면 안 된다. 교육자들은 우선 균형 감각을 바탕으로 해 다면적인 생각을 할 줄 알아야 한다. 이를 바탕으로 문화적 다양성을 존중하는 교육, 자기 존중과 자긍심을 증진하는 교육, 비판적 사고를 기르는 교육을 지향해야 한다.

# 4장
# 미묘한 차별

The Subtle Expressions

○

과거의 인종차별은 명백하고 직접적인 형태로 드러날 때가 많았다.
그러나 지금은 그보다 더 미묘하고 숨겨진 방식으로 존재한다. 이는
단순한 편견이나 혐오를 넘어 우리가 일상적으로 무심코 행하는 말과
행동 속에도 숨어 있을 수 있다. 단순한 실수로 치부할 수 있는 말이라도
상대방에게 심리적 상처를 남길 수 있다. 심지어 차별적인 행동이나
생각을 의도하지 않았더라도 그것이 상대방에게 미치는 영향은 무시할
수 없다. 이처럼 미묘한 차별은 피해자에게 마치 자신이 잘못된 사람인
것처럼 느끼게 만들고 심리적으로 그들을 위축시킬 수도 있다.

　　미묘한 인종차별의 가장 큰 문제는 피해자가 이를 인식하지 못하는
경우가 많다는 점이다. 일상적인 상황에서 자주 경험하는 작은 차별이
누적되면 피해자는 그것이 차별이라고 느끼지 않고 '자연스러운 일'
정도로 받아들이게 된다. 그러나 이러한 미세한 차별들이 쌓이면 결국
차별의 내재화로 이어져 그 사람의 자아에 큰 영향을 미칠 수 있다. 이때
피해자는 말로 쉽게 표현할 수 없는 미묘한 억눌림을 느끼게 된다. 그로
인해 자신감이 떨어지거나 사회적 지위에서 소외될 위험에 처할 가능성도
있다. 따라서 차별에 대해 정확히 인식하는 것은 사회적 상호작용을
하고자 할 때 중요한 첫걸음이다. 사람들은 종종 의도치 않은 차별적
행동을 일삼는다. 하지만 그것이 차별적이라는 사실을 깨닫고 수정하려는
노력은 매우 중요하다.

# ○ 마이크로어그레션



최근에는 대놓고 하는 인종차별이 큰 문제가 될 수 있다는 인식이 많이 높아졌다. 그래서 심한 인종차별은 드물다. 하지만 이러한 인식이 내면에 있는 검은 욕구를 완전히 억누르지는 못한다. 그래서 무의식적 폭력성을 상대방에게 미묘하게 모욕을 주는 행위로 표출한다. 분명히 기분은 나쁜데 뭐라고 딱 꼬집을 것이 없게 만드는 것, 그것이 현대 사회에 만연한 인종차별의 한 형태다.

이를 지칭하는 용어가 마이크로어그레션Microaggression이다. 일상에서 경험할 수 있는 미묘한 차별을 의미한다. 무심코 던져지는 말이나 행동이 특정 집단에 대한 편견을 드러내거나, 상대방에게 불쾌감을 줄 수 있는 형태다. 이는 의도적이지 않더라도 미묘하게 차별적인 언행을 포함할 수 있으며 그 대상은 인종, 성별, 성적 지향, 나이, 장애 등 다양한 측면에서 나타난다. 이 중에서도 특히 우리가 다루어 볼 주제는 '인종적 마이크로어그레션'이다. 가령 해외 여행을 하다가 아래와 같은 경험을 했다면 그것일 확률이 매우 높다.

1 식당에 갔는데 많은 자리가 비어 있음에도 굳이 가장 구석진 자리로 안내한다.
2 마트에서 물건을 사는데 점원이 다른 사람에게는 미소짓고 인사를 한다. 하지만 나에게만 인사를 하지 않는다.
3 (주변 모든 사람이 다 듣도록) 영어를 아주 크게 천천히 또박또박 말한다.
4 (마치 눈에 보이지 않는 것처럼) 투명 인간 취급한다.

그 외에도 수많은 형태의 차별이 있을 수 있다. 하지만 핵심은 상대방을 구분하고 수치심을 주려는 잠재의식의 발동이다. 다소 비열한 마인드가 깔려 있다. '이게 무슨 차별이냐?'라는 식으로 방어할 틈을 만들고 하는 차별이기 때문이다. 대놓고 차별적인 언행을 하기에는 너무 리스크가 큰 세상이 되어버렸지만, 뭔가 구분 짓고 싶은 속내는 여전하기에 이런 현상이 벌어진다. 그래서 차별이 아주 소심하고 저열한 형태로 진화한 것이다. 오랜 해외 경험이 없는 사람은 그 미묘한 선을 캐치하기 어렵다. 아래에 소개할 내용은 뉴스에 보도된 두 가지 케이스에 관한 리뷰다. 두 경우 모두 한국 아이돌이 외국에서 경험한 사례다.

A: 그룹 에이티즈의 멤버 산이 이탈리아에서 열린 돌체 앤 가바나가 주최한 행사에 참여했다. 그는 매우 과감한 노출룩을 입고 등장해 사람들의 이목을 집중시켰다. 다른 셀럽들과 앉아 있는 모습을 보면 다들 정장 차림인데 그만 혼자 망사로 된 민망한 옷을 걸치고 있다. 또한 다들 방석을 깔고 앉아 있는데 그에게만 방석이 주어지지 않았다. 이것이 인종차별이라는 논란이 퍼지자 산이 직접 나서서 아니라고 해명했다.

B: 그룹 블랙핑크의 멤버 제니는 프랑스 파리에서 열린 샤넬 패션쇼에 참석했다. 여기서 할리우드 배우 마가렛 퀄리를 만났고 서로 인사를 나누었다. 당시 제니는 머리를 금발로 염색한 상태였다. 이에 마가렛은 제니의 머리를 손으로 잡으며 "이거 진짜 니 머리카락이야?"라고 물었다. 이 사건은 SNS상에서 인종차별 논란으로 번졌다. 동양인인 줄 뻔히 알면서도 일부러 머리를 만지며 이런 질문을 했다는 이유였다.

이 두 사건은 국내에서 기사화되었다. 각 기사의 댓글을 보면 이게 무슨 인종차별이냐, 별것도 아닌 걸로 난리를 피운다는 식의 의문이 대다수임을 알 수 있다.

많은 한국인이 아직 마이크로어그레션의 개념을 잘 모르고 있다는 방증이다. 하지만 이 두 사례 모두, 의도했든 의도하지 않았든 분명히 미세한 차별적 요소가 있다. 이런 질문을 던져보면 더 명확해진다.



앞서 언급했듯 마이크로어그레션은 대놓고 차별하는 게 아니라 아주 교묘한 분위기로 차별한다. 상대방을 의도적으로 주눅 들게 하거나 기를 꺾는 언행을 할 수도 있고, 혹은 불편한 감정을 느낄 수 있음을 충분히 인지하면서도 모른 척할 수도 있다. 이런 형태의 차별은 굉장히 흔한 유형이다. 이처럼 전체 맥락을 이해해야 무엇이 차별인지 알 수 있다. 아니면 당하고도 그게 뭔지를 모른다. 이상하게 기분이 좋지 않으면서 억눌리는 감정이 드는데, 그게 왜 그런지 본인도 알 수가 없다. 현대 사회에서 인종차별은 그만큼 민감하고 복잡 미묘한 주제다. 그래서 먼저 그것에 대해 잘 알아야 한다.

간혹 이러한 반응이 지나친 피해의식이라고 지적하는 사람도 있다. 하지만 우리는 현실을 직면해야 한다. 모든 비유럽계 인종의 집단 무의식 속에는 인종차별에 대한 피해의식이 깊숙이 자리 잡고 있다. 그것을 별것 아닌 척 회피해서는 안 되며 직면해야만 문제의 근원을 건드릴 수 있다. 특정 인종이라는 이유로 자연스레 관계상 갑의 위치를 차지한다는 관념을 깨부숴야 하고, 그러려면 속된 말로 들이받아야 한다. 그래야 상호 간에 예의를 갖추는 문화가 널리 퍼질 수 있다. 그래서 이런 작은 문제부터 예민하고 깐깐하게 굴어야 하는 것이다. 그 모든 맥락을 이해한다면 그저 '별것도 아닌 일' 정도로 치부할 문제가 아니라는 걸 이해할 수 있다.



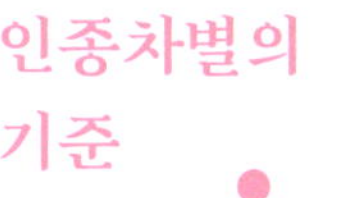

사회생활을 하다 보면 여러 가지 측면에서 사람마다 견해 차이가 크다는 것을 느낀다. 특히 다국적 팀으로 구성된 환경에서는 문화적인 차이도 상당한 비중을 차지할 수 있다. 다양한 백그라운드를 가진 사람이 모인 공간에서는 상대방의 인종에 대한 언급을 조심해야 한다. 또한 동양인이라고 해서 자동으로 인종차별의 피해자 입장에만 놓이는 것은 아니라는 것을 기억해야 한다.

나도 과거에 인도계 호주인 동료에게 무심코 한 질문 하나가 상대방을 기분 나쁘게 했던 적이 있다. 인도계 사람들을 보면 피부색이 아주 검은 사람도 있고 비교적 밝은 톤의 사람들도 있다. 왜 그런 차이가 나는 건지 궁금해서 물었는데, 상대는 이를 인종차별적인 발언으로 받아들여 기분이 상했다고 표현한 적이 있다. 참고로 그는 검은 쪽이었다. 그가 예민하다고 할 수도 있지만, 문화적 배경을 자세히 모르니 나는 알 길이 없다.

정확히 어디부터 어디까지가 인종차별인지에 대한 기준은 개인마다 다르므로 정확한 경계가 없다. 크게 나누어 보자면 의도적이고 악의적인 인종차별과 의도는 없으나 무지에서 오는 인종차별, 이렇게 두 가지로 나눌 수 있겠다. 전자의 경우 겉으로 쉽게 드러나지만, 후자의 경우는 그 기준의 모호성 때문에 나도 모르는 사이 내가 한 말이나 행동이 오해의 소지가 되는 경우가 흔하다. 국제적인 관점에서 본다면 일단 상대방의 기분이 나쁘고, 너무 터무니없는 이유가 아니라면 대체로 인종차별이라고 인정하는 추세다. 왜냐하면 인종차별은 맥락이 가장 중요하기 때문이다. 가령 버스 뒷자리에 타는 것 자체는 아무런 문제가 없지만, 누군가 동양인들만 버스 뒷자리에 타라고 말한다면 이는 인종차별이 된다.

즉 개인의 의도와는 무관하게 특정 행동이나 발언이 차별로 받아들여질 수 있고, 이러한 가능성을 고려해야 한다는 점이 사회적 에티켓으로 자리 잡고 있다. 2018년 미국의 유명 브랜드인 H&M은 아프리카계 어린이를 모델로 한 광고에서 '정글에서 가장 멋진 원숭이Coolest Monkey in the Jungle'이라는 문구가 적힌 옷을 입힌 광고를 내보냈다. 이 광고는 즉각적인 논란을 불러일으켰다. 비록 H&M 측에서는 전혀 인종차별을 의도하지 않았다고 해명했으나 피해를 느낀 사람들의 감정이 중요시되어 회사는 대중의 반발을 수용하고 사과해야 했다.

몇 년 전 한국의 고등학생들이 얼굴을 새카맣게 칠하고 아프리카 전통 장례 풍습을 따라 한 소위 '관짝소년단 밈'도 비슷한 예시다. 악의 없는 가벼운 장난이라고는 하지만, 온라인상에서 인종차별 논란으로 번지고 해당 국가의 뉴스를 타 외교적 문제에 버금가는 이슈가 되기도 했다. 이는 세상이 하나로 연결된 글로벌 시대에 살고 있다는 자각이 부족했기 때문에 일어난 사건이다. 이 사건의 핵심은 그들이 고의로 잘못을 저질렀느냐를 따지는 것이 아니다. 누군가에게는 그 행동이 민감한 문제로 받아들여질 수 있다는 사실을 의식하고 있었느냐의 차이다.

무지에서 비롯된 행동은 의도와 상관없이 큰 상처를 줄 수 있다. 특히 오늘날과 같이 전 세계가 즉각적으로 연결된 사회에서는 더 그렇다. 어떤 지역에서 허용되거나 가볍게 여겨질 수 있는 일이 다른 지역에서는 심각한 모욕이나 차별로 받아들여질 수 있다. 이처럼 문화적 맥락의 차이를 이해하지 못한 행동은 그 자체로 상대방의 배경과 정체성을 무시하는 것이 될 수 있다. 상대방의 입장에서 그들의 경험과 감정을 존중하는 태도가 무엇보다 중요하다. 이제는 타인의 문화를 농담거리나 가벼운 흉내로만 바라볼 것이 아니라, 그 문화가 갖는 깊은 의미와 역사를 존중하고 이해하는 성숙한 글로벌 시민으로서의 책임감을 가져야 할 때다.

## 당하고도 애써 아닌 척 하는 심리는 뭘까?

나도 외국에서 십수 년을 살았기에 물론 인종차별을 당한 적이 있다. 심하거나 대놓고 하는 차별은 극히 드물지만 사소한 차별이나 실수 등은 꽤 있었던 것 같다. 굳이 수치를 내자면 평균적으로 1년에 두세 번 정도. 주변에서도 비슷한 경험을 했다는 사람들의 말도 꽤 듣는다.

그런데 신기하게 단 한 번도 인종차별을 경험한 적이 없다고 말하는 아시아인들이 있다. 예전 직장 동료 중 두 명도 그러한 케이스였다. 한 명은 필리핀계 호주인으로 호주에서 20년 이상 살았다. 한 명은 중국계 호주인으로 호주에서 약 15년 살았다. 둘 다 단 한 번도 인종차별을 경험한 적이 없다고 주장했다. 나는 그럴 리 없다며 잘 생각해 보라고 해도 답변은 같았다. 끝까지 단 한 번도 없었다고 주장했다. 나는 그들이 애써 아닌 척한다고 짐작했다. 차별이나 무시를 당하고도 다른 이유일 것이라고 스스로 세뇌하는 것일까? 그러나 이것은 어디까지나 내 추측일 뿐이었다.

그러다 책 『샌프란시스코 이방인』을 읽으면서 한 가지 눈에 띈 점이 있었다. 이 책은 변호사이자 인플루언서인 서동주 씨가 집필했고, 저자가 미국에서 근무하던 당시의 일상을 다룬다.

책에 의하면 그녀를 유독 싫어하는 미국인 직원이 있었다. 다른 사람들에게는 한없이 상냥하고 미소 짓다가 동주 씨만 보면 인상을 쓰고 인사를 무시하며 기분 나쁜 말을 필터링 없이 해댔다고 한다. 입고 온 옷이 구리다고 면전에 대놓고 시비를 거는 등 정말 심한 수준이었다. 책으로 대강 묘사된 것만 보더라도 분명히 선을 완전히 넘었다. 하지만 그 마무리가 조금 석연찮다. 저자는 나중에 다른 직원을 통해 들은 이야기를 인용하며 이렇게 마무리 짓는다. 알고 보니 직장 상사가 동주 씨를 더 챙기는 느낌이 들어서 그 직원이 자신을 시기했다는 것이다.

조금 찝찝한 결말이다. 내가 그 현장에 직접 있던 사람이 아니라 확신할 수는 없지만, 한 가지 확실한 것은 있다. 똑같은 상황이라도 아주 드센 기운을 내뿜는 사람에게는 그렇게 못한다. 가령 여리고 순해 보이는 한국 사람이 아니라 기가 세 보이는 프랑스 사람이었다면 똑같이 할 수 있었을까? 뭔가 애써 본질을 피해갔다는 느낌을 지울 수 없다. 저자 자신이 그것을 모르기 때문이 아니라 피하고 싶은 불편한 진실이기 때문이라 추측한다. 사실상 인종차별인데 '아닐 거야…. 뭔가 다른 이유가 있었겠지.' 하고 애쓰는 느낌이랄까.

명백한 인종차별을 당하는 입장에서도 아닌 척 포장하는 일이 빈번하다. 그러니까 그 악순환의 고리가 끊기지 않는다. 애써 '아닐 거야.'라고 생각하는 이유는 자신을 보호하려는 심리일 수 있다. 차별을 인정하는 순간 그로 인한 상처가 더 크게 다가올까 두려운 것이다. 하지만 현실을 부정하면 문제 해결은 더 멀어진다. 스스로 용기를 가져야 한다. 차별을 당한 것은 부당한 일이므로 그에 대한 분노와 상처는 정당한 감정이다.

단언컨대 사람을 만만하게 쳐다보고 함부로 대하는 인간들에게는 예의를 갖출 필요가 없다. 오히려 더 드세게 행동하거나 막 나가는 태도로 기를 꺾을 필요도 있다. 무턱대고 감정을 폭발시키라는 말이 아니다. 필요하다면 상대를 약간 하대하는 듯한 시건방진 태도를 견지할 줄도 알아야 한다. 나는 그런 경험이 여러 번 있기에 그게 얼마나 효과적인 방법인지를 안다. 만만한 인간이 아니라는 것을 인지하면 절대 함부로 선을 넘지 않는다.

만약 당신이 해외에 거주하는 교민이거나 혹은 외국에 나가서 살 계획이 있다면 이런 충고를 해주고 싶다. 어떻게든 그

나라에서 묵묵히 고개 숙이며 살겠다는 생각은 무의식적으로 자신을 위축시킨다. 외국에 살 때 살더라도 수틀리면 언제든 내 조국으로 돌아가겠다는 마음을 가지는 것이 좋다. 그것을 진짜 실행으로 옮기는 것은 둘째치더라도 그러한 자세가 장착되어야 자신감이 나온다. 호주 영주권을 가진 지 오래되었으나 내가 국적은 절대 바꾸지 않는 이유이기도 하다. 가령 필리핀, 중국, 인도 등의 국가에서 이민 온 사람들은 대부분 호주 여권을 갖고 싶어 하는 경우가 많다. 하지만 내 생각은 그 반대다.

**"한국 여권이 더 나은데, 쓸데없이 뭐 하러 바꿔?"**

이런 약간의 건방짐과 자신감이 필요하다. 인종차별은 대개 한쪽이 우월하다는 전제를 깔고 행해진다. 그런데 차별받는 사람이 예상치 못한 당당함이나 심지어 거만한 태도로 대응할 때, 차별하는 쪽은 당황하게 된다. 이러한 반응은 그들의 무의식적인 우월감에 의문을 던져주고 기존의 잘못된 관계 구조를 뒤흔들 수 있다.

# ○ 오리엔탈리즘의 잔재

아시아인은 모두
중국인?

한 3~4년 전쯤 있었던 일이다. 시드니 소재의 한 상점에서 물건을 사고 계산을 하려던 참이었다. 그런데 그날이 루나 뉴 이어 Lunar New Year 하루 전, 그러니까 구정 하루 전날이었다. 호주에서는 설날을 공식적으로 챙기거나 쇠지는 않는다. 그러나 워낙 다양한 배경을 가진 사람들이 함께 살아가는 곳이다 보니 많은 사람이 그날을 알고 있는 편이다. 특히 시드니나 멜버른 같은 큰 도시들의 분위기는 더욱 그렇다. 중국계 이민자 비율이 높은 편이어서 모르는 것보다 아는 게 더 자연스러운 느낌이다. 어쨌든 계산을 하려고 하는데 점원이 이렇게 물었다.

이 질문에 나는 그냥 짧게 '아니.'라고 답하고 계산하고 나왔다. 많은 한국인의 발작 버튼은 '중국인처럼 보이는 것.'이다. 사실 나도 그렇다. 마냥 중국인이 싫다기보다는 너무나도 팽배한 그런 관념이 싫기 때문이다. 우선 'Lunar New Year구정'를 'Chinese New Year중국 설'라고 하는 것부터가 잘못되었다. 그리고 그 사람이 당연히 나를 중국인이라고 인식했다는 것도 충분히 경험을 통해 알고 있었다. 물론, 한국도 설날을 쇠는 게 전통이기는 하지만 나는 그 점원이 그걸 알고 묻는 게 아니라는 것을 알고 있었다.

축구 선수 이강인의 사례를 보자. 그가 스페인에서 활동하던 당시, 소속 팀 감독 하비에르 아기레가 그를 '치노Chino'라고 부르는 장면이 여러 번 영상으로 공개된 바 있다. 감독이 이강인 선수에게 "뭐 하는 거야, 치노!"라고 외치는 장면도 있다. 스페인어에서 '치노'는 문자 그대로 '중국인'을 의미하지만, 일반적으로 동아시아인을 일반화해 부르는 용어로 사용된다. 이후 프랑스로 활동 무대를 옮긴 뒤에도 팬들에게 '가자, 치노!'라는 말을 들었다.

이 문제는 특별한 인물들이나 외국에 거주하는 사람들에게만 해당하는 것이 결코 아니다. 해외 여행 중 '니 하오.'라는 소리를 들은 경험이 있는 분도 많을 것이다. 솔직히 기분이 좋을 이유는 없다. 중국을 비하하려는 의도가 있는 것은 아니다. 다만, 동아시아인과 중국인이라는 단어가 마치 같은 것처럼 쓰이는 그 만연한 어리석음을 지적하는 것이다. 심지어 방송에서도 그렇다. 동아시아 전체를 중국과 동일한 개념으로 인식하는 그 무지함은 정말 답이 안 나오는 발상이다. 모든 동아시아인은 중국인이라는 식의 편견은 아시아인을 차별하고, 그들의 개별적인 정체성을 부정하는 데서 비롯된다. 각기 다른 국적을 가진 사람들이 자신의 고유한 문화와 정체성을 인정받지 못하고 '중국인'으로 일괄적으로 묶이는 상황을 마주할 때, 이는 그들의 정체성을 무시하는 처사다. 상대방을 제대로 이해하려는 노력의 결여에서 비롯된 심각한 결례다.

사실, 나도 어릴 때 비슷한 생각을 한 적이 있다. 대략 여덟 살쯤 됐을 때 나는 모든 서양인이 다 미국인이라고 생각했다. 그때는 미국 외의 다른 나라에 대해서는 알지 못했고, 미국이 곧 '서양'이라는 착각에 빠져 있었다. 그런 생각을 가졌던 나의 어린 시절을 똑똑히 기억하고 있다. 하지만 그 나이 때는 그런 오해가 지극히 자연스러운 일이다. 어린아이는 배워야 할 것이 너무 많고, 세계는 넓기 때문이다. 하지만 문제는 성인이 되어서도 그러한 유아적인 세계관을 벗어나지 못하는 사람들이 있다는 사실이다. 자신이 얼마나 좁은 시야 속에 갇혀 있는지조차 모르는 경우가 많다.

자신의 지식을 넓히고, 타인의 문화와 배경을 이해하는 능력은 어른으로서 당연히 갖춰야 할 기본적 소양이다. 만약 내가 아시아인이 아니라고 치자. 그렇게 가정했을 때, 성인이 되어서도 '모든 동아시아인은 중국인이다.'라고 생각한다면 스스로 그 무식함이 너무 창피해서 고개를 들 수 없을 것만 같다.

<br>

중국풍 피리 소리와<br>쌀 배달 자전거

서구권에서 아시아를 주제로 만든 영상이나 다큐를 보면 자주 눈에 띄는 점이 있다. 그건 바로 시작과 동시에 80년대에나 봤을 법한 큼지막한 자전거가 나온다는 점이다. 대개 녹이 잔뜩 슨 검은색 쌀 배달 자전거다. 늙고 왜소한 남성이 힘겹게 자전거를 몰고, 뒤에는 큰 쌀 포대가 실려 있다. 이때 배경 음악은 중국풍의 피리나 정체를 알 수 없는 현악기 소리가 깔린다. 대략 무슨 느낌인지 감은 오리라 생각한다.

그런데 한국을 다룬 영상에서도 비슷한 장면을 자주 볼 수 있다. 정작 현실의 한국에서는 쉽게 볼 수 없는 장면과 들을 수 없는 노래가 왜 미디어에서는 마치 '한국의 것'인 것처럼 묘사되는지 이해할 수 없다. 그뿐만이 아니다. 한국인으로 설정된 캐릭터가 일본도를 든 사무라이로 나오거나, 베트남 전통 의상을 입은 채 등장할 때도 있다. 호주 전쟁기념관에서는 중국풍 옷을 태극기와 함께 '한국 전통 의상'으로 전시해 논란이 된 적도 있다. 모든 것이 마구잡이로 뒤섞여 있다. 이는 기본적으로 아시아에 대한 관념이 세분화되지 않았기 때문이다. 이를테면 그게 그거 아니냐는 식의 인식이 기저에 깔려 있다.

이는 서양 미디어가 동양을 편협하게 비추는 현상은 오리엔탈리즘Orientalism이라는 문화적 관점에서 설명될 수 있다. 오리엔탈리즘은 서양이 동양을 미지의, 이국적인, 때로는 낯설고 위험한 공간으로 묘사하며 이를 서구적 우월감과 차별적 시각으로 해석하는 방식을 뜻한다.

한국을 다루는 다큐멘터리에 어느 나라 악기인지도 모르는 동양식 피리 소리를 배경 음악으로 사용하는 것도 같은 맥락이다. 특정 문화적 이미지를 단순화해 동양을 하나의 이국적 공간으로 축소해 표현한다. 이러한 편협한 묘사는 동양의 복잡하고 다양한 문화적 특성을 단순화하고, 마치 모든 동양 국가가 동일한 문화적 특성을 공유하는 것처럼 보이게 만든다. 흔히 아시아인과 중국인이라는 단어를 구분 없이 쓰는 것도 같은 심리다.

그런데 만약 이것을 거꾸로 한다면 어떻게 될까? 우리는 영국에 관한 다큐를 만들면서 알프스 산의 소들을 비춰주며 배경 음악으로 요들송을 틀 수도 있을 것이다. 영국과 스위스도 제대로 구분 못 하냐는 핀잔을 들으면 그저 어깨를 으쓱하며 이렇게 말하면 되겠지. '그게 그거 아니야?'

문학 이론가 에드워드 사이드는 저서 『오리엔탈리즘Orientalism』을 통해 '동양은 스스로 존재하지 못한다.'라고 말했다. 이는 서양인들의 왜곡되고 편향된 시각 내에서만 동양이 존재한다는 의미다. 있는 그대로를 받아들이지 않고 삐뚤어진 렌즈를 끼고 모든 것을 바라본다는 뜻이다. 그 결과, 동양은 실제로 어떤 모습인지가 아니라, 서양이 만들어 낸 상상 속의 '동양'으로 소비되고 정의되어 왔다. 이는 단순히 지역적 차이에 대한 오해를 넘어선, 권력 차이의 문제이기도 했다.

하지만 20세기 중반 이후 아시아는 세계에서 가장 다이내믹한 변화를 경험하며 그 어느 때보다 빠르게 성장하고 변화하는 지역으로 떠올랐다. 경제적, 정치적, 문화적 측면에서 아시아는 더 이상 서양이 재단한 틀 안에서만 머물지 않고, 스스로 세계의 중심을 향해 힘차게 나아가고 있다. 이러한 아시아의 부상은 이들이 더 이상 '타자화'된, 수동적인 존재로 남을 수 없다는 것을 의미한다. 구시대적이고 고정된 시각으로 아시아를 바라본다는 것은 급변하는 세계에서 그 변화를 따라잡지 못한다는 뜻이다. 서양이 여전히 낡은 편견과 구시대적 오리엔탈리즘에 사로잡혀 있다면 그 결과는 분명하다. 변화에 뒤처진다는 것은 곧 도태다.

어떤 종류의
아시아인이야?

몇 년 전 한 유튜브 영상에서 본 내용이다. 제목은 〈넌 어떤 종류의 아시아인이니?What kind of Asian are you?〉였다. 해당 영상은 엄청난 조회수를 기록하며 많은 밈을 만들어 내기도 했다. 영상의 내용은 대강 이렇다.

한 아시아계 미국인 여성이 공원에서 운동을 하고 있다. 유럽계 미국인 남성이 조깅을 하다가 멈추고 그녀에게 말을 건다. 날씨가 좋다고 말을 건네고 대화를 하다 대뜸 "어디 출신이야?

영어를 아주 잘하는구나.Where are you from? Your English is perfect.”
라고 말한다. 여성은 샌디에이고 출신이라고 답한다.

그러자 남성은 헛기침을 하더니 “어 디 출 신 이 야 ? WHERE
ARE YOU FROM?”라며 천천히 또박또박 말한다. 여성은 다시 오
렌지 카운티에서 태어났다고 답한다. 남성은 “그전에는?”이라
고 묻는다. 이에 여성이 황당한 표정을 짓는다. “태어나기도 전
에 어디서 왔냐니?”

남성은 다시 “너네 집안 사람들이 어디 출신이냐고?Where
are your people from?”라고 묻는다. 결국 여성은 자신의 ‘증조할머
니’가 한국 출신이라고 답한다. 그제서야 남성은 만족스러운 표
정을 지으며 “아, 한국인이구나.”라고 답한다.

그 후 여성은 반대로 묻는다. “그럼 너는 어디 출신이야?”

남성은 “난 그냥 미국인이야.”라고 답한다.

이에 여성은 “정말이야? 그럼 너 아메리카 원주민이야?”라
고 묻는다.

그제서야 남성은 자신의 조상이 영국 출신이라고 답한다. 이
에 여성은 영국 악센트를 우스꽝스럽게 흉내 내며 남성을 조롱
한다.

이 영상은 서구권에서 동양인이 흔히 겪는 문제를 꼬집어
희화화한 영상이다. 설령 자신이 그 나라에서 나고 자랐다 하
더라도 온전히 그 사회 구성원으로 인정받지 못하는 현실을 풍
자했다. 위에서 설명한 경우처럼 심지어 4대에 걸쳐 미국에
서 살았다 하더라도, 자신의 증조부모가 한국 출신이면 그저
‘KOREAN’으로 인식되는 황당함을 감내해야 한다.

이러한 문제는 꽤 많은 차별로 이어진다. 한국계 뉴질랜드 국회의원 ‘멜리사 리’가 국회 토론에서 ‘한국으로 돌아가라.’라는 말을 듣는 모욕을 당한 적이 있다. 또한 미국 어바인 시의 공청회에서도 유사한 일이 있었다. 한국계 부시장 ‘태미 킴’은 ‘미국이 한국을 도와준 덕분에 당신 같은 사람이 미국에서 잘 살 수 있는 것이다.’라는 모욕적인 말을 들었다. 국회의원이나 부시장도 공식 석상에서 이런 말을 듣는 판국이다. 그러니 일상에는 얼마나 많은 편견이 있을까?

분명 유럽인이라면 문제가 다르다. 가령 유럽계 이민자의 2세가 미국에서 나고 자랐다면 온전히 미국인으로 인정받는다. 그 누구도 그 사람의 ‘미국인 자격’을 의심하지 않는다. 가령 도널드 트럼프를 독일인, 또는 스코틀랜드인이라고 말하는 이는 없다. 그렇기에 특정 인종에게만 강하게 적용되는 어떤 의문은 명백한 구조적인 인종차별이다. 그러한 연유로 아시아인들은 다음과 같은 표현을 별로 달갑게 여기지 않는 경우가 많다.

○ 어떤 종류의 아시안이야?

What kind of Asian are you?

○ 너네 집안 사람들은 어디 출신이야?

Where are your people from?

○ 어디 출신이냐고 묻는데 ‘프롬’을 두 번이나 또박또박 반복하는 것

Where are you FROM FROM?

그리고 이 글에서 우리가 잊지 말아야 할 것이 한 가지 더

있다. 바로 한국에서 태어난 이민 2세를 바라보는 시각이다. 우선, 그들의 부모가 어느 나라 출신이든 한국 국적을 가진 사람은 엄연히 한국인이다. 더구나 그들이 한국 땅에서 태어나고 자랐다면 완전한 한국인이므로 '한국어 잘한다.'는 말 등 외국인 취급은 적절하지 않다는 사실을 잊지 말자. 누군가는 별것 아닌 일에 예민하다고 말할 수도 있다. 하지만 평생 그런 말을 듣고 사는 입장이라면 어떨지, 상대방의 입장을 헤아려 볼 줄도 알아야 한다.

# ○ 세뇌의 결과와 차별적 관념

외국 항공사의
갑질

방송인 홍진경이 자신의 유튜브 채널에 올린 한 영상이 화제가 되었다. 촬영 목적으로 유럽을 방문한 그녀는 비즈니스석에 탑승했다. 식사 시간이 되었고 유럽인 승무원은 다른 승객들에게 에피타이저와 메인 메뉴를 물었다. 하지만 홍진경에게만 바로 메인 메뉴를 물었단다. 일단 거기까지는 참고 넘어갔는데, 메인으로 스테이크를 고르니 스테이크가 없다는 답변을 들었다. 그 후 승무원이 샐러드와 에피타이저 없이 연어만 하나 달랑 들고 오더란다. 이에 항의했더니 승무원은 그냥 무시해 버렸다. 그제야 홍진경은 당장 한국인 승무원을 부르라고 고함을 쳤다.

잠시 후 한국인 승무원이 와서 자초지종을 듣더니 정중히 사과했다. 나중에 알고 보니 스테이크도 있었다. 결국 나중에 그 유럽인 승무원도 와서 사과했다고 한다. 왜 사과했을까? 한국인 승무원은 홍진경이 유명 연예인임을 알았을 테고, 그것을 귀띔해 줬을 것이다. 자칫 큰 문제가 될 수도 있다고 생각하니 그제야 자세를 낮춘 것이다.

몇 년 전, 세계적인 공분을 불러일으킨 사건도 있었다. 유나이티드항공 탑승객 강제 퇴거 사건이다. 시카고에서 루이빌로 가는 유나이티드항공 기내에서 오버부킹항공권 초과 판매이 일어났다. 완전한 항공사 측의 실수였지만 그들은 뻔뻔하게 승객들에게 나갈 것을 종용했다. 몇 명만 자원해서 나가라는 소리였다. 아무도 지원자가 없자 막무가내로 사람들을 선정해 나가라고 지시했다.

당시 동양계 의사 데이비드 다오가 지목되었고, 그는 명백한 인종차별이라며 부당한 요구에 맞섰다. 그는 다음 날 오전부터 예약 환자가 있다고 주장했다. 결국 항공사 측은 공항 경찰을 불러 그를 강제로 끌어내렸다. 그 과정에서 심하게 저항하던 데이비드는 바닥에 내동댕이쳐지고 질질 끌려 나갔다. 당연히 심한 부상을 입었다. 뇌진탕을 포함해 코뼈와 이가 부러지기도 했다. 그는 이 일이 있고난 후 자살 충동까지 느꼈으며 트라우마가 몇 년 동안 지속되었다고 한다. 이후 유나이티드항공은 데이비드가 폭력적인 반응을 보여서 그런 것이라 주장했고, 이는 전 세계적인 공분을 일으켰다.

나는 주로 아시아 항공사들만 이용했기에 저런 노골적인

차별을 경험해 보지는 않았다. 하지만 인종차별로 의심되는 상황은 본 적이 있다. 호주 콴타스 항공을 탔을 때였다. 모든 아시아계 승객이 뒷자리에 모여 있었다. 항상 그런 것은 아닌데 그날은 유독 심했다. 캐빈 전체를 둘러보니 분명 일부러 갈라놓은 의도가 보일 정도로 정확히 앞뒤로 구분되어 있었다. 지금 되돌아보면 그날 분명 의도적인 구분이 있었다고 확신한다.

결국 웬만하면 아시아계 항공사를 이용하는 것이 훨씬 낫지 않겠나 싶다. 그렇게 하는 편이 서비스의 질도 훨씬 높다. 물론 어쩔 수 없이 수준이 떨어지는 항공사를 이용할 때도 있을 것이다. 그렇다면 반드시 마음의 준비를 하는 것이 좋다. 혹여 부당한 일을 당하면 지체없이 스마트폰을 꺼내 들고 촬영해야 한다. 잘하면 상대방을 글로벌 SNS 스타로 만들어 줄지도 모를 일이다. 이제는 더 이상 차별적인 행동들이 아무 문제 없이 넘어가는 시대가 아니다. 세상이 연결된 글로벌 사회에서는 모든 행동이 기록되고, 그 행동의 결과는 곧바로 대중의 심판을 받는다. 이러한 변화를 이해하고 차별에 당당히 맞설 준비가 되어 있어야 한다. 우리가 행동하지 않으면 변화는 오지 않는다.

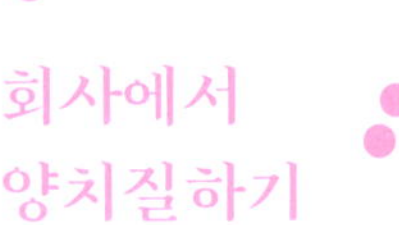

## 회사에서 양치질하기

점심 식사 후 양치질을 하는 것은 한국인에게 매우 일반적이다. 한 조사 결과에 따르면, 40~50퍼센트 정도의 한국 회사원이 직장에서 양치질을 한다고 한다. 왜 그런지 생각해 보니 학교 다닐 때부터 그러한 친구들을 많이 봐왔다. 그냥 그런 문화에서 자랐기 때문에 회사에서 양치질하는 문화도 전혀 특별할 것이 없다. 더구나 한국은 아침, 점심, 저녁 하루 세 번 양치를 강조하는 문화가 있다. 하지만 서구권에서는 아침과 자기 전 두 번으로 가르치는 문화가 일반적이다. 특히 서구권에서는 양치질이 매우 사적인 영역의 행위이며, 공공 화장실에서 이를 닦는다는 것 자체가 더럽다고 여겨진다. 이 관념은 개인의 사적인 행동을 타인에게 보이는 것이 부적절하다는 문화적 규범에 뿌리를 두고 있다.

그렇다 보니 해외에서 조직 생활을 하는 한국인들이 가장 불편해하는 것 가운데 하나가 양치질이다. 외국에 나오면 정말 유별난 행동으로 비치기 때문이다. 화장실에서 양치를 하다가 다른 사람과 마주치기라도 하면 이상한 기류를 느껴야만 한다. 꼭 대놓고 뭐라고 하지는 않더라도 이상하게 생각하는 그 기운이 전달된다. 이는 많은 한국인이 공통적으로 느끼는 부분이다. 외국에서 생활하는 한 한국인이 SNS에 올린 글을 보니 동료 직원에게 이런 말까지 들었다고 한다.

**"너는 지금 발을 닦거나 머리를 감는 것처럼 예의 없는 행동을 하는 거야."**

대부분 외국에서 저런 말을 들으면 주눅들 것이다. 내가 뭔가 잘못하고 있는 건가? 하는 의구심도 들 것이다. 하지만 저

문장을 다시 한번 곱씹어보자. '발을 닦거나 머리를 감는 것처럼'이라는 수식어를 붙여야 한다는 것 자체가 그 행위 자체를 비난할 근거가 부족하다는 의미다. 즉 사안의 옳고 그름의 문제가 아니라 특정 관념 속에 갇혀 있기에 저런 말이 나온다. 이는 미디어, 교육, 의료 시스템 등에서 반복적으로 강조되는 위생 관념을 통해 형성된 세뇌의 결과라 볼 수 있다. 즉 위생에 대한 관념조차도 철저히 자의적이라는 뜻이다.

결국 관념 A와 B는 각기 다른 사회적 환경에서 길러진 인식의 차이에 불과하다. 어떤 문화에서는 공공장소에서의 사적인 행동을 지양하도록 세뇌되고, 다른 문화에서는 개인의 위생을 철저히 관리하도록 교육받은 것이다. 이는 어떤 사회적 분위기가 우리가 당연하게 여기는 행동들에 큰 영향을 미친다는 사실을 보여준다.

이처럼 사소해 보이는 위생 습관에 대한 차이도 단순한 문화적 차이를 넘어 인종차별의 근거가 될 수 있다. 한 집단의 문화를 '우월하다'거나 '열등하다'고 평가하는 과정에서 위생 관념은 문화적 우월성의 상징처럼 사용되기도 하며, 그 결과 특정 인종이나 민족이 부정적으로 묘사될 수 있다. 이러한 차별적 관념은 우리가 인식하지 못하는 사이에 사회적으로 굳어진다. 특정 관념이 세뇌된 결과임을 인식하고, 이를 바탕으로 다양한 문화와 관습을 열린 마음으로 받아들이는 것이 차별을 줄이는 첫걸음이 될 수 있다.

## 아시아인은 소심하고 말이 없다

서구권에 만연한 동양인에 대한 편견 중 또 하나 대표적인 것이 있다. 바로 '소심하고 말이 없다.'는 것이다. 이러한 사고방식에도 큰 오류가 있다. 가령, 한국에 있는 한국 사람들끼리 서로 말이 없는 것이 아니기 때문이다. 또한 동양인들은 자기들끼리만 어울려 다닌다는 생각을 하는 사람들도 많다. 하지만 이 또한 오히려 그들이 먼저 선을 긋고 동양인을 살짝 내려다보고 있지는 않은지 되돌아봐야 할 문제다. 가령 이러한 마인드다.

**"혹시 친해지려면 너희가 먼저 다가와. 그리고 만약 그럴 거라면 싹싹하게 굴어."**

물론 모두가 다 그런 것은 아니지만, 무의식적으로 이러한 생각이 근저에 깔린 사람도 많다. 그리고 상대방 입장에서는 당연히 그러한 프레임에 들어가기 싫은 사람도 많을 것이다. 특정 그룹은 다 말이 없고 소심하다는 프레임을 씌우는 것은 그만큼 단선적인 발상이다.

　예전에 유럽계 기업의 한국 법인을 방문한 일이 있었다. 한국인 직원이 얼추 350명 정도였고, 유럽계 직원은 네 명 있었다. 그 네 명은 시니어 매니저급이었지만 각기 다른 부서에 소속되어 있었다. 그들이 일하는 업무 환경을 보니 말이 거의 없었다. 한 직원과 대화하는 도중 이런 말을 들었다.

　　"저 친구들은 평소에 거의 말이 없고 매일 칼퇴근해요. 부러워 죽겠어요."

　그는 매일 칼퇴근하는 유럽인 직원들이 부럽다는 말에 방점을 찍었지만, 나는 다른 부분을 캐치했다. 즉, 대부분이 한국말을 쓰는 환경에 놓인 몇몇 유럽인 직원들은 상대적으로 말이 없고 조용한 역할을 맡고 있었다. 지극히 당연하고 자연스러운 일이다. 그런데 이러한 모습을 보고 만약 누군가가 이렇게 결론 짓는다면, 생각하는 능력이 부족하다는 말 아니겠는가?

　　"아, 유럽인은 원래 말수가 적고 소심하구나."

　결국 '소심하다'는 판단은 때때로 우리가 다른 문화적 배경을 이해하지 못하고 그 기준을 일방적으로 적용할 때 발생하는 오해일 수 있다. 이처럼 조용한 행동이나 말수 적음이 단순히 소심함으로 연결되기보다는, 다른 환경과 조건에서 발생하는 적응의 방식일 수 있음을 인식하는 것이 중요하다.

조금 다른 시각으로 사안을 바라보자. 몇 년 전, 미국 델타 항공에서 근무하던 한국인 직원 네 명이 동시에 해고된 적이 있다. 업무 중 지속적으로 한국어를 사용했다는 이유였다. 해고 전 그들은 델타 항공 매니저로부터 이런 경고를 받았다고 한다.

"당신들이 한국인 승객과 한국어로 이야기하는 것을 불편해하는 민원이 접수되었다. 한국어를 쓰지 마라."

그런데 그 사건을 더 찾아보면 정말 우스꽝스러운 면이 따로 있다. 그 직원들은 애초에 외국어한국어가 가능하다는 이점을 살려 채용된 사람들이었다. 이쯤 하면 결론은 나온 것 같다. 결국 사람을 조용하고 소심하게 만드는 것은 구조적인 문제다. 즉, 한 개인이 어떤 환경에 노출되어 있느냐가 가장 큰 영향을 미친다. 당연히 집단의 성격적 특징과는 유의미한 관련이 없다.

동아시아인이 눈이 작고 찢어졌다는 것은 가장 대표적인 편견 중 하나다. 어쩌면 동양인에 관한 편견 중 가장 민감한 부분일지도 모른다. 우선 평균적인 관점에서 볼 때 동아시아인들의 눈이 타 지역 이들에 비해 작은 것은 사실이다. 에피칸틱 폴드 Epicanthic Fold를 가진 사람이 많기 때문이다. 에피칸틱 폴드는 상안검위 눈꺼풀과 내안각눈의 안쪽 모서리 사이에 위치한 피부 주름이다. 이 주름은 눈의 안쪽에 위치해 주로 눈을 덮는 형태로 나타난다. 일부 학자들은 추운 기후에서 눈을 보호하기 위해 에피칸틱 폴드가 진화했을 가능성을 이야기하지만, 정확한 이유는 아직 밝혀지지 않았다.

하지만 이것이 모든 동양인에게 공통적으로 나타나는 특징은 아니다. 반대로 다른 인종 중에도 이 주름을 가진 이들이 있다. 결국 이 또한 엄밀히 따지면 개인적 특성의 범주를 넘어서지 않는다. 결국 동아시아인의 눈에 대한 편견도 과도한 일반화와 왜곡에서 비롯된 것이다. 지극히 당연한 말이지만 개인의 외모는 유전적 다양성과 문화적 배경에 따라 크게 달라진다.

눈 크기에 관해 무엇보다 중요한 포인트는 역시 인종 내 변량이다. 조금 유치한 방식이지만, 쉬운 이해를 돕기 위해 한국과 미국의 유명 인사연예인 및 정치인를 다음과 같이 그룹화해 보겠다.

- ○ A: 앤 해서웨이, 아만다 사이프리드, 레이첼 맥아담스
- ○ B: 브래드 피트, 도널드 트럼프, 라이언 고슬링
- ○ C: 장동건, 김민정, 장나라
- ○ D: 김태우, 김제동, 김종국

얼굴 크기 대비 눈 사이즈의 비율을 따진다면 그룹 A의 입장에서는 그룹 B의 눈이 작다고 느껴질 것이다. 가령 앤 해서웨이 입장에서는 브래드 피트의 눈이 작고 찢어진 것이다. 역시 그룹 C의 입장에서는 그룹 D의 눈이 작다. 그리고 그룹 C의 평균은 최소한 그룹 B의 평균보다는 크다고 보여진다. 이처럼 직접적 사례를 드는 순간 편견이 불식된다. 개인의 다양성이 인종 간 변량보다 더 크기 때문이다.

　두 번째로 짚어볼 포인트는 다음과 같다. 그렇다면 큰 눈, 또는 서양형 눈이 외모적으로 더 우월한 개념이라고 볼 수 있는가? 역시 쉬운 이해를 돕기 위해 누구나 알 만한 인물들의 사례를 들어보겠다. 만약 당신이 눈 성형을 한다고 가정한다면 어떤 그룹의 눈을 선호하겠는가? 단, 모든 인물의 나이는 동일하며 완벽히 똑같이 바뀔 수 있다고 가정한다.

○ A: 정우성, 박보검, 차은우

○ B: 톰 크루즈, 조니 뎁, 크리스 에번스

○ C: 잭 블랙, 블라디미르 푸틴, 도널드 트럼프

　결국 대부분의 사람들이 고민하게 될 것은 그룹 A와 B 사이에서일 것이다. 외모의 우월함도 역시 개인차이며, 서양형 눈이 더 낫다는 개념 따위는 애초에 존재하지 않는다. 즉 동아시아인의 눈은 애초에 '피해자 프레임'에 들어갈 문제가 아니었다. 다만 서구권의 몰지각함이 그것을 기형적으로 묘사하는 데 큰 노력을 기울임으로써 인종차별의 대명사로 발전한 것에 불과하다. 특히 이 편견이 어떻게 미디어와 대중문화에서 강화되었는지를 보면, 단순한 개인적 인식을 넘어 사회적으로 형성된 틀임도 분명히 알 수 있다.

　결국 세상 모든 건 무엇을 어떻게 묶고 범주화하느냐에 따라 달라진다. 우리가 인식하는 현실은 종종 복잡한 요소들을 간단하게 분류한 채, 특정 기준을 적용하고 판단하는 과정에서 형성된다.

하지만 그러한 범주화가 늘 객관적이고 정확한 것은 아니다. 범주화는 편의성을 위해 만들어진 도구에 불과하다. 그리고 그 과정에서 다양한 요소들이 배제되거나 과도하게 단순화될 때 우리는 본질을 잃어버리게 된다. 세상을 특정 틀 안에 가두려는 시도는 오히려 더 큰 편견을 만들어 낸다. 그리고 실제로 존재하는 복잡하고 다채로운 개개인의 특성을 무시하게 만든다.

내 이야기가 진리라고 주장하는 것은 아니다. 오히려 내가 말하고자 하는 핵심은 우리가 신뢰하는 고정된 실체나 믿음이 언제든 흔들릴 수 있다는 사실이다. 우리가 알고 있다고 믿는 것들이 사실은 여러 가지 관점에서 다르게 해석될 수 있으며 진리는 한 가지 모습만을 취하지 않는다는 것이다. 어떤 고정된 실체가 있다고 믿는 것은 오히려 우리의 사고를 제한하고, 새로운 관점이나 가능성을 배제하는 결과를 낳을 수 있다. 세상을 바라보는 방식에 있어 유연한 사고와 열린 마음이 필요한 이유는 여기에 있다.

## 몸에서 냄새가 안 나는 민족

고등학교 2학년 때 윤리 선생님이 아직도 기억난다. 50대 정도의 남자 선생님이셨다. 항상 똑같은 정장을 입고 다니셨고, 매우 시니컬한 성격의 소유자였다. 수업 도중 서양의 철학자들이 자주 언급되었는데 그때마다 그분이 입에 올리던 말이 있었다.



학생들은 그 말을 들으면 늘 낄낄거리며 웃었다. 머리로는 말도 안 되는 소리라고 생각했지만, 이와 연관된 무의식적 잔상이 남았음은 분명했다. 지금 와서 돌아보면 참으로 지각없는 교육이었다. 그로부터 얼추 20년이 지나, 유럽계 호주인 지인과 점심을 먹다가 이런 말을 들었다.



그와 관련된 기사를 본 모양이었다. 나중에 찾아보니 실제로 그러한 기사가 꽤 있었다. 가령 구글에서 '한국인의 몸에서 냄새가 나지 않는 이유'를 영어로 검색하면 관련 기사나 연구 자료가 꽤 많다는 것을 볼 수 있다. 왜 딱 꼬집어 '한국인'일까? 호기심이 생겨 좀 더 살펴보았다.

동양인의 체취가 다른 인종에 비해 적다는 건 널리 알려진 사실이다. 예를 들어 미국의 경우, 수많은 사람이 액취증을 겪고 있어 대부분의 공공시설에 샤워실이 설치되어 있다. 또한 체취를 억제하기 위해 데오드란트 사용이 매우 일상화되어 있다. 그런데 아시아인 중에서도 특히 동아시아인의 체취가 더 적고, 심지어 한 · 중 · 일 간에도 미세한 차이가 있다는 사실은 의외

였다. 그러고 보면 데오드란트가 가장 고전했던 국가가 한국이
라는 말도 들어본 것 같다.

한국인이 세계에서 체취가 가장 적은 민족이라는 말은 여
러 연구를 통해 입증된 사실이다. 체취, 특히 겨드랑이 냄새는
아포크린Apocrine 땀샘에서 분비되는 땀이 세균과 결합해 발
생하는데, 우리는 이 아포크린 땀샘의 발달이 유전적으로 적
은 편이다. 이는 주로 'ABCC11 유전자'의 변이와 관련이 있으
며 한국인 대부분이 이 유전자의 변형된 형태를 가지고 있다.
ABCC11 유전자는 G와 A, 이렇게 두 가지 유형으로 나뉜다.
G유전자는 체취를 유발하는 아포크린 땀샘의 활동을 촉진하
는 반면 A 유전자는 이 땀샘의 분비를 억제한다.

전 세계적으로 G 유전자는 아프리카, 유럽, 아메리카 대륙
의 인구에서 흔히 발견되며, 이 지역 사람들은 일반적으로 강
한 체취를 가지고 있다. 반면 A 유전자는 주로 동아시아 인구
에서 발견되며, 이 유전자를 가진 사람들은 아포크린 땀샘의
분비가 적어 체취가 거의 발생하지 않는다. 특히 한국인은 이
A유전자의 보유 비율이 높다. 〈프론티어스 리서치 파운데이션
Frontiers Research Foundation〉 저널에 따르면 한국인의 A형 유전자
보유 비율은 98퍼센트 이상으로 전 세계에서 가장 높았다. 결
론적으로 '한국인은 체취가 가장 적은 민족이다'라는 말은 과
학적으로도 뒷받침이 된음식에서 나는 김치나 마늘 냄새와는 맥락이 다르
다 주장이다.

다소 민감한 주제일 수 있으나 내가 이 이야기를 꺼내는 이
유는 따로 있다. 사실 이 부분은 동아시아인들이 조금 영악했다

면 얼마든지 타 인종을 놀림거리로 삼을 수 있는 요소이기 때문이다. 마음만 먹으면 편견을 조직적으로 퍼뜨려 타 집단 사람들에게 상처를 줄 수 있는 위치에 있는 셈이다. 물론 그렇게 하자는 소리는 결코 아니다. 오히려 반대로 나는 이 점에서 동양과 서양의 차이를 볼 수 있다고 생각한다. 동아시아인들이 이 사실을 타 인종에 대한 부정적 인식으로 크게 발전시키지 않았다는 점이 흥미로운 문화적, 사회적 현상이다.

서양인들은 역사적으로 동아시아인의 작은 눈, 피부색, 신체 구조 등을 희화화하는 경향이 있었다. 특히 잘못된 문화를 경계해야 할 미디어조차 오히려 이러한 인식을 구조적으로 퍼뜨리고 강화하는 역할을 했다. 그럼 거꾸로 동아시아인의 체취가 서양인보다 더 강하다는 과학적 사실이 존재했다면 어떤 상황이 벌어졌을까. 만약 반대의 상황이었다면 동양인은 냄새가 심하다는 편견이 조직적으로 널리 퍼졌을 테고, 나아가 인종적 열등성으로까지 연결되었을 것임이 틀림없다. 그렇지 않은 현실이 천만다행이다.

하지만 동아시아인들은 타 인종의 체취 같은 차이를 차별의 근거로 삼지 않았다. 대신 그 차이를 개별적 특성으로 받아들이는 경향을 보여왔다. 물론 서두에 언급한 것처럼 차별적 발언을 하는 개인이 있기야 하겠지만, 이것이 구조적인 편견과 차별로 확산하지는 않았다는 의미다. 동아시아의 사회가 그동안 훨씬 더 관용적인 태도를 보였다는 건 확실하다. 그러니 동아시아인이 타 인종의 다른 생물학적 특성에 대해 부정적 인식을 비교적 덜 가진다는 점은 그들의 문화적 가치와 관용의 산물이라고 할 수 있다. 인종 간의 차이를 존중하고 서로의 특성을 자연스럽게 수용하는 태도는 다문화 사회의 모범적 예로 평가될 수 있다.

# 5장
# 식민주의의 유산

The Legacy of Colonialism

○

식민주의는 단순히 과거의 역사적 사건에 그치지 않는다. 그 유산은 여전히 현대 사회의 문화적, 경제적, 심리적 구조에 깊숙이 뿌리박혀 있다. 일본이 서구 문화를 모방하고자 했던 마음에는 식민주의에서 기인한 열등의식이 존재했다. 그들은 서구 열강과의 대립 속에서 서구의 방식과 사고방식을 받아들여야 한다는 압박감을 느꼈다. 이러한 서구 문명의 우월성을 내면화한 일본 사회는 자국의 전통적 가치와 문화를 서구에 비해 뒤처진 것으로 간주했다.

이와 비슷한 방식으로 한국 사회도 서구 문화를 높게 평가하는 경향이 있었으며, 이는 오늘날까지도 여전히 영향을 미친다. 이와 같은 태도는 서구 문명에 대한 무비판적인 존중과 동시에 스스로 서구와 비교하며 열등감을 느끼는 심리를 지속시킨다. 과거 서구 열강들이 동아시아를 지배하며 강요한 문화적 우위가 여전히 사회 전반에 깊숙이 스며들어 있다는 방증이다. 따라서 식민주의의 유산은 단지 과거의 문제가 아니라, 오늘날에도 여전히 우리가 극복해야 할 문화적, 심리적 장애물임을 인식해야 한다.

# ○ 차별의 내면화와 타자본위적 세계관

일본이 그토록 집착했던
유럽 따라하기

해외에서 좀 살아본 사람들은 알 것이다. 대개 싱가포르나 필리핀 출신의 아시아인은 원래부터 서양식 이름을 가지고 있는 경우가 많다. 일반적으로 한국인이나 중국인의 경우 영어 이름을 새로 만들어서 사용한다. 그러나 일본인은 절대로 이름을 바꾸지 않는다. 자신들의 일본식 이름을 해외에 나와서도 그대로 쓴다. 거의 열이면 열 그렇다. 예전에 나는 이를 긍정적으로 해석했다.

"일본인들은 자문화에 대한 자부심이 강하고, 그것이 잠재의식 속에 강하게 박혀 있는 것 같다."

수년 전까지만 해도 나는 그렇게 봤다. 그리고 어찌 보면 배울 점일 수도 있겠다고 생각했다. 하지만 조금 더 깊이 생각해 보니 오히려 그 반대일 수도 있겠다는 것이 눈에 보였다.

몇 년 전 일본의 한 인플루언서가 올린 글이 논란을 일으켰다. 서양 사람이나 일본 사람들의 이름에 비해 한국인이나 중국인의 이름이 너무 이상하다는 글이었다. 그는 일본인을 제외한 '다른 아시아인'의 이름은 발음도 우스꽝스럽고 이상하다고 지적했다. 자기 딴에는 우월감의 표현이었겠지만 예리한 사람은 눈치챘을 것이다. 가만히 보면 철저한 타자본위적 세계관에 입각해 있음을 볼 수 있다. 바꾸어 말하면 서양식 이름을 절대적인 기준으로 삼고, 그나마 일본은 거기에 얼추 가까운 느낌이라는 안도감처럼 느껴진다. 그게 아니라면 애초에 '이상하다.'는 관념 자체가 말이 안 된다. 즉, 그러한 심리가 기저에 있다는 것을 알게 되면 일본인들이 자신들의 이름에 자부심을 가지는 상황을 조금 다른 시각으로 볼 필요가 있다.

근대 이후 일본은 그나마 아시아에서는 자기들이 서구권 국가와 가장 유사하다고 여겼다. 그 우월감으로 다른 아시아인들을 깔보던 민족이다. 이름하여 탈아입구. 일본이 그토록 외치던 '탈 아시아 주의'는 아시아에서 벗어나 유럽으로 들어가자는 뜻이다. 심지어 일본 왕실까지도 서구를 모방하려는 데 혈안이 되었다. 복장, 음식, 관례, 의전 등 모든 면에서 영국과 프랑스 등의 국가를 본보기로 삼고 따라했다. 그들은 그렇게 서구 문명의 한 부분처럼 보이고 싶어했다. 거기서 출발한 왜곡된 오만함이라면 그 '자부심'은 딱히 배울 만한 것 같지가 않아 보인다.

1980년대 일본이 가장 잘나가던 시기에는 '이제 유럽과 미국에게 더 이상 배울 것이 없다.'라는 말이 유행했었다. 그 마인드의 기저조차도 애초에 비대칭적 관계 설정을 하고 있다. 역시 유럽과 미국이라는 틀 내에서 벗어나지 못하는 사고방식이었다.

나쓰메 소세키는 일본의 셰익스피어라 불리는 작가다. 일본의 근대 문학을 대표하는 소설가였던 그는 누구보다 날카로운 통찰력을 가졌던 인물이다. 19세기의 일본이 서구권 따라잡기에 여념이 없을 때 소세키는 여러 작품을 통해 이를 비판했다. 그는 서양을 따라가는 일본이 아닌 일본만의 개혁을 해야 한다고 일관되게 주장했다. 100년도 넘은 과거에 이미 전체적인 그림을 보며 자신의 조국을 걱정했다. 과연 천재는 천재였다. 하지만 대부분의 일본인이 그 혜안을 제대로 이해하지는 못한 것 같다.

일본이 서양을<br>동경하게 된 배경과<br>심리

근대 일본이 서양을 동경하게 된 시기는 메이지 유신1868년을 기점으로 한다. 이때부터 문명개화文明開化라는 표어가 널리 사용되었다. 그런데 특이한 점은 그러한 물결이 단순히 외부의 압력에 의한 것은 아니었다. 오히려 일본 사회 내면에서 형성된 복합적인 심리적 갈등과 관련이 있다. 분석심리학적 측면에서 보자면 일본의 서양 동경을 설명할 수 있는 중요한 개념은 집단 무의식Collective Unconscious이다. 집단 무의식은 한 사회나 문화에서 세대를 거쳐 형성되는 무의식적 사고와 정서의 패턴을 의미한다. 일본이 서양을 동경한 것은 단순히 외부의 힘에 굴복한 것이 아니다. 그들 집단 무의식 속에 자리 잡은 이상적 타자에 대한 열망과 관련이 있다.

서양 문명은 일본인들에게 오랫동안 강력한 힘과 지식을 상징하는 이상화된 대상이었다. 서양의 기술적·과학적 진보는 일본인들에게 동경의 대상이 되었지만, 동시에 일본의 자아 정체성에 큰 혼란을 불러일으키기도 했다. 일본은 자신들을 끊임없이 서양과 비교하게 되었다. 그리고 이를 극복하기 위해 서양의 문명을 적극적으로 수용하게 된다. 그러나 이러한 수용의 그림자는 열등감의 증폭으로 그 모습을 드러냈다. 즉, 겉보기에는 서양식 근대화가 성공적으로 자리 잡았지만 내면적으로는 끊임없는 정체성 혼란과 갈등을 유발한 것이다.

그러한 열등감과 괴리감은 곧 자신들의 우월성을 증명하고자 하는 강한 욕망으로 변질되었다. 그것이 일본의 제국주의적 팽창과 아시아 침략으로 이어졌고 이는 서양을 모방하려는 심리적 발현이었다. 다음은 근대 일본의 소설가 나가이 가후의 『악감』이라는 소설에 나오는 한 대목이다.



소설의 주인공은 근대화 시대의 서양화된 일본인이다. 이는 당시 일본 사회 전반에 서양에 대한 동경심이 얼마나 컸는지를 보여준다. 그뿐만이 아니다. 심지어 유대인과 일본인의 뿌리가 같다는 이론, 즉 '일유동조론'을 적극적으로 주장한 일본의 지식인들도 있었다. 그들은 왜 뭔가 좋아 보이는 것만 있으면 자기들과 동일시하려 했는가? 이러한 행동은 자존감 결핍을 보완하려는 심리적 동기로 볼 수 있다. 외부의 강력한 타자를 모방하고 그 집단에 동화되려는 시도는 스스로 가치를 높이고자 하는 심리적 반응이었다. 이는 역설적으로 그들이 겪었던 복잡한 심리적 갈등과 견고하지 못한 자존감을 반영한다. 어찌 보면 외부에서 자신들을 낮춰보는 시각을 내면화해 수용한 결과일 수 있다.

일본을 비하하려는 의도가 아니다. 오히려 이런 부분을 제대로 인식해야 우리가 서구권을 어떻게 바라보는지, 그 시각과 뿌리를 깊이 이해할 수 있다. 예를 들어, 2024년 11월 미국 대통령 선거 이후 일어난 일을 살펴보자. 트럼프 당선인이 한국 대통령과 12분 통화하고 일본 총리와는 5분 통화한 것이 이슈화 되었다. 이에 한국 언론은 긍정적으로 반응했고, 일본 언론은 우려를 표명했다. 양국 모두 '노예 마인드'가 생각보다 깊이 내재되어 있음을 깨닫지 않을 수 없다.

## 전문가는 한국에도 많아

2024년 초, 미국의 유명 작가 겸 유튜버인 마크 맨슨이 한국을 방문한 후 '세계에서 가장 우울한 나라'라고 말했다. 이 발언은 화제가 되어 한국의 포털 메인을 장식했다. 수많은 언론사가 앞다퉈 복사 붙여넣기 하듯 이에 대한 기사를 쏟아냈다. 새삼스럽다. 왜냐고? 한국이 전 세계에서 자살률이 가장 높고 우울증이 심하다는 소리는 십수 년째 귀에 못이 박히도록 들은 말이다. 해당 주제를 누구보다 잘 아는 전문가들도 수두룩하다. 그들은 목에 핏대를 세워가며 지속적으로 경고를 해왔다. 그리고 그 원인이 지나친 경쟁과 스트레스, 타인을 신경 쓰는 문화라는 지적 정도는 중학생도 할 수 있는 수준의 소리다. 그게 뭐 그리 이슈가 될 만한 일인가? 그저 유명한 '미국의 작가'가 한 말이기 때문에?

비슷한 예를 하나 더 들어보자. 2023년, EBS에서 방영한 〈다큐멘터리K 인구 대기획 초저출생〉의 한 장면이 큰 논란을 불러일으켰다. 캘리포니아대학 법대 명예교수인 조앤 윌리엄스가 출연해 한국의 출생률 데이터, 즉 0.78이라는 수치를 보며 놀라움을 감추지 못했다. 그리고 이런 말을 했다.

"Korea is so screwed. Wow. That is, I've never heard of that low a fertility rate."
"한국 완전히 망했네요. 와! 그 정도로 낮은 수치의 출산율은 들어본 적도 없어요."

이 발언은 한국 사회에서 큰 반향을 일으켰다. 처음에는 단순한 외국인의 감상으로 치부되었다. 그러나 시간이 지나면서 관련 뉴스가 계속해 쏟아져 나오자 많은 사람이 관심을 가지기 시작했다. 나 또한 그 가운데 하나여서 영상을 직접 찾아보게 되었다. 그러나 그 장면을 보면 볼수록 한 가지의 의문이 머릿속을 맴돌았다.

> **"그럼, 애초에 한국의 출산율에 대해 잘 알지도 못하는 사람을 왜 찾아간 거지?"**

군이 미국까지 가서 인터뷰를 해야 할 필요가 있었던 걸까? 출산율 문제는 한국 내에서도 깊이 있게 연구되고 있는 주제이다. 또한 미국 대학의 법대 명예교수라 해서 꼭 출산율과 인구 문제에 대한 전문가인 것은 아니다. 그 이유를 납득할 수 없었다. 물론 방송을 제작하거나 기사를 쓰는 입장을 전혀 이해하지 못하는 것은 아니다. 분명 그들은 이렇게 항변할 것이다.

> **"그나마 그렇게라도 해야 이슈가 되는 걸 어떡하라고?"**

국내에 출산율과 인구 감소 문제를 연구하는 전문가들이 있음에도 불구하고 우리는 왜 서구의 지식인에게 이러한 주제를 논의하는 데 우선권을 주는 걸까. 이는 한국 사회 내에서 자국의 전문가들이 제대로 평가받지 못하고 있다는 현실을 보여주는 단편적 예시가 아닐까. 물론 이러한 현상들이 방송국 PD나 기자들의 문제만은 아니다. 대중의 요구와 수준을 반영한 결과라는 점에서 한국 사회 전반에 걸친 현상일 수도 있다.

　　외국의 명문대 교수나 유명 인사의 말을 인용해야 더 큰 주목을 받을 수 있다. 그러니 뉴스가 더 많은 사람에게 전달되게 하려고 언론이나 방송사도 일종의 전략적 선택을 했을 것이다. 하지만 똑같은 말 한마디를 하더라도 서양의 지식인이 해야 영향력이 크다는 사실이 안타깝지 않은가? 물론 그들의 의견에 귀를 기울이는 것 자체가 나쁘지는 않다. 그들이 중요한 통찰을 제공하는 때도 분명히 있을 것이다. 그러나 단지 서양 지식인이라는 이유만으로 그들의 발언에 지나친 무게를 실어주는 건 결코 현명한 선택이 아니다.

# ○ 영혼을 판 대가

서구의 몰락을
재조명하다

독일의 역사학자 오스발트 슈펭글러가 집필한 『서구의 몰락
Der Untergang des Abendlandes』은 1918년에 출간된 책이다. 출간한
지 100년도 훌쩍 넘었지만 여전히 영향력을 발휘하며 널리 읽
히고 있다. 당대에는 비주류적이고 급진적인 의견으로 치부되
기도 했었다. 그러나 오늘날에 이르러서는 그 속에 담긴 통찰
이 얼마나 예리한지 새삼 재조명받고 있다. 슈펭글러는 수백 년
동안 서양 문명의 승리를 이끈 원동력이 이성과 수학적 논리
로 무장한 사고였다고 보았다. 그러나 그는 이 과정에서 서구가
'영혼을 팔고 수학과 과학을 얻었다.'고 말했다. 또한 문명은 생

명체처럼 필연적으로 순환하며 성장한 문명은 반드시 노쇠와 몰락의 과정을 거칠 수밖에 없다고 주장했다. 그리스와 로마 문명이 그러했듯 서구 문명의 몰락도 피할 수 없는 필연적인 결과라는 것이다.

오늘날 우리는 그의 예언이 일부 실현되는 모습을 목격한다. 유럽 대륙이 지닌 에너지는 수축하고 있으며 그 징후는 여러 방면에서 드러나는 중이다. 정치, 외교, 경제적 영향력만 보더라도 그 큰 흐름에는 이견을 제시할 수 있는 사람이 없다. 그리스와 이탈리아는 큰 경제 위기에 휩싸였고, 브렉시트 이후 영국은 가난한 나라로 전락했다는 뉴스가 끊이지 않고 있다. 독일과 프랑스마저도 새로운 패러다임을 제시하는 대신 오래전에 구축된 산업과 브랜드를 붙들고 명맥을 유지하려는 처지에 놓였다. 실질적인 지표를 모두 제쳐 두더라도 유럽 대륙의 '기세가 꺾였다.'는 느낌을 전 세계가 받고 있음은 분명하다.

한동안 '서구화'란 곧 '진보'를 의미하는 것으로 여겨졌다. 그러나 이제는 그 패러다임이 완전히 전환되는 시점에 도달했다. 기계적이고 수학적인 사고의 시대에서 벗어나 이제는 고차원적 사유와 정신적 깊이를 요구하는 시대를 맞이하고 있다. AI기술의 급속한 발전은 인간의 지능 중 과거에 중시되었던 일부 영역을 빠르게 무력화하는 중이다. 다시 말해 수학적이고 과학적인 사고방식이 더 이상 인간의 큰 변별력이 되지 않는 세상이 오고 있는 것이다.

나는 이전 저서『우울한 지성인』에서 이미 '영성 지능'의 중요성을 강조한 바 있다. 여기서 말하는 영성 지능은 SQSpiritual

Intelligence Quotient를 직역한 표현으로 인간의 영적이고 근원적인 지능을 의미한다. 많은 사람이 이 부분을 오해하지만 SQ는 종교나 미신, 무속 신앙과는 전혀 무관하다. 오히려 SQ는 자신의 사고 과정을 제3의 눈으로 바라볼 수 있는 고차원적 사고 능력을 뜻한다. 심리학의 '메타인지' 개념과 일부 겹치는 부분이 있으나 SQ는 메타인지보다 훨씬 더 포괄적인 개념이다. 자신의 사고를 관찰하는 능력에 더해 삶의 의미와 목적을 탐구하고, 자아를 초월한 고차원적 의식에 도달하려는 능력을 포함하기 때문이다. 세계적인 심리학자 켄 윌버도 영성을 '자아를 초월하고 고도의 의식 수준에 접근하는 것.'이라고 통찰했다. 가까운 미래에 우리는 정신 문명이 중심이 되는 세상에 필연적으로 직면하게 될 것이다. AI가 일상에 깊숙이 스며들수록 인간의 고차원적 사고와 정신적 성장에 대한 요구는 그에 상응하여 더욱 커질 것이다.

이러한 맥락에서 100년 전 슈펭글러의 주장을 다시금 조명해 보자. '유럽은 영혼을 팔고 수학과 과학을 얻었다.'는 그의 통찰은 오늘날 더욱 선명하게 다가온다. 이제 그 대가를 치를 시기가 다가온 것일까? 한때 서구 문명의 발전을 이끌었던 원동력이 이제는 그 쇠퇴의 이유가 되고 있는 것은 아닌가? 인간, 국가, 문명, 그리고 자연조차도 결국에는 성장과 쇠퇴의 순환 구조를 벗어날 수 없는 유기적 질서 속에 갇혀 있다는 사실은 어쩌면 너무나도 자명한 진리일 것이다. 우리는 이러한 순환의 사이클 속에서 새로운 시대의 도래를 마주하고 있다. 지금은 그 전환점에 서 있는 순간이다.

바다를 변방 취급한 대가는 역사가 증명한다. 대다수의 역사학자들이 15~16세기 이전까지는 동양 문명권이 서양을 더 앞서 있었다고 평가한다. 헤게모니가 뒤집힌 주된 이유 중 하나가 대항해 시대다. 동아시아 문명권이 해양을 경시할 때 유럽은 해상 진출에 열을 올렸다. 호기심과 용기, 그리고 도전 정신을 기반으로 전 세계를 누비며 탐험했던 개척자들은 국제 질서를 완전히 변화시켰다. 그전까지는 지역적으로 한정된 교역이 주를 이루었으나 대항해 시대 이후 각 문명권과 대륙이 본격적으로 연결되기 시작해 무역이라는 개념이 생겨났다. 상업이 발달하면서 결국 급격한 진보로도 이어졌다. 유럽은 이렇게 주도권을 틀어쥐었다. 이러한 큰 흐름을 보고 있자면 문득 한 가지 키워드가 떠오른다. 호기심이다. 즉, 과거에 서양은 동양을 궁금해하고 더 알고 싶어했으나 동양은 서양에 관심이 없었다. 나는 그것이 본질이라고 본다.

그러나 근현대 사회로 들어와 그 '호기심의 역학'은 뒤집혔다. 서양 문명이 표준으로 자리 잡고 난 뒤 그들은 다른 것을 보고 배울 필요성을 전혀 느끼지 못했다. 반면 일본을 선두로 한 동아시아 국가는 자세를 낮추어 서양 문명을 필사적으로 배우기 시작했다. 수많은 학생이 유학이나 어학연수를 갔고 또 해외 취업이나 연수 등 다양한 방법으로 그들의 문화를 배워 나갔다.

그렇게 보고 들은 정보가 자연스레 본국으로 되돌아와 하나하나 쌓여가기 시작했다. '카피캣'이라는 소리를 듣는 수모를 겪으면서도 하나하나 따라잡기 시작했다.

즉, 과거에 배를 타고 모험을 떠나던 서구 개척자들의 역할과 오늘날 동양인들이 해외에 거주하면서 새로운 문화를 배우고 돌아오는 과정은 유사하다. 드러난 형태는 다르지만 다른 세상을 보고자 하는 모험 정신이라는 관점에서 본질은 정확히 맞닿아 있다. 그래서 나는 지난 수십 년간 동아시아에서 일어난 유학과 해외 취업에 관한 유행이 현대 사회의 '대항해 시대'를 표현하는 것으로 본다.

서양은 자연스레 정체되어 갔다. 반대로 지난한 수모를 겪은 동양에는 서서히 융합의 에너지가 쌓였다. 동양이 서양을 조금씩 따라잡으며 얻게 된 건 양쪽의 장단점을 모두 볼 수 있는 능력이다. 융합적 사고는 이렇게 일어난다. 이제 동양은 스스로 돌아보며 새로운 문화를 배우고, 도입하고, 비교하려고 노력한다. 그중에서도 특히 동아시아는 서양의 장점을 받아들이는 동시에 자신들의 문화를 재해석하기 위해 그러한 흐름을 활용할 줄 안다. 그러나 서양은 다른 것을 보고 배우려는 노력을 하지 않는다. 그러므로 양쪽의 장단점을 보는 눈 역시 생길 리 만무하다. 결론적으로 큰 흐름을 살펴보면 지는 해와 뜨는 해로 대비될 수밖에 없다. 이와 같은 거대한 물결은 정책적 차원의 노력으로 뒤집기가 매우 힘들다.

물론 서구권에도 이러한 변화를 간파한 지식인들은 많다. 예를 들어, 저명한 사회학자 샘 리처드 교수는 자신의 강의 중

아시아에 가서 아시아를 배워야 한다고 강하게 주장한다. 그렇지 않으면 곧 후회하게 될 것이라고 핏대를 세운다. 아마 이런 소수의 지식인은 본인이 속한 사회를 보며 답답할 것이다. 무관심이 정체로, 정체가 쇠퇴로 이어지는 그 흐름이 뻔히 보이니 말이다. 그래서 아예 체념한 사람도 있다. 찰리 멍거는 생전에 한 대담회에서 '앞으로 다가올 아시아의 승리는 어쩔 수 없으니 그냥 받아들일 수밖에 없다.'고 밝히기도 했다. 물론 그러한 아시아의 기세 또한 영원하지는 않겠지만 말이다.

아시아인들이 그렇게
똑똑한데 왜 서양이
승리했나?

한때 쿼라Quora라는 사이트를 자주 애용하던 시절이 있었다. 전 세계적으로 가장 널리 쓰이고 있는 지식 문답 서비스이다. 거기서 '동아시아인들이 그렇게 똑똑하다는데 왜 모든 발명은 다 서양이 했느냐?'는 식의 질문을 본 기억이 있다.

이 질문의 저의는 무엇일까? 동아시아인들의 평균 IQ가 가장 높은 것을 비꼬는 질문이었다. 실제로 꽤 오랫동안 매년 국가별 평균 IQ 조사의 1위부터 6위까지를 한국, 일본, 대만, 싱가포르, 홍콩, 중국이 휩쓸었다. 댓글 창에는 온갖 갑론을박이 벌어졌다. 하지만 딱히 본질을 꿰뚫는 답변은 없었던 것 같다. 그 질문을 다시 한번 곱씹어 보니 일단 잘못된 전제가 하나 눈에 띈다. 지난 몇 세기 동안 그랬던 것이 앞으로도 계속 그러할 것이라는 보장이 없지 않은가?

이언 모리스의 『왜 서양이 지배하는가Why The West Rules』라는 책에서 어느 정도 단서를 찾을 수 있다. 우선 작가는 서문에서 이 세상을 지배해 온 문명의 큰 두 축이 유럽 문명과 동아시아 문명이라는 것부터 인정하고 이야기를 시작한다. 그러한 전제하에서 '왜 서양이 지배했는가?'라는 질문을 '왜 동양이 무너졌는가?'와 동일선상에 놓고 세세한 것을 파고 들어간다. 그는 동양에도 앞선 학문이 있었으나 그들의 전통은 지나치게 보수적이고 계층적이었다고 통찰한다. 특히 '전제주의의 호박에 간혀 서구의 진보적인 궤적을 공유할 수 없었다.'는 표현이 꽤 흥미롭다.

그는 강한 중앙집권적인 문화가 역사의 흐름을 잠시 멈추게 했다고 꼬집는다. 내용을 요약하면 이렇게 말할 수 있을 것 같다. 동아시아인들이 똑똑한 머리는 가졌으나 개척 정신, 실험 정신, 모험 정신에서 뒤처졌고 결국 헤게모니를 빼앗겼다.

사실 인쇄술, 화약, 총, 나침반, 종이 등 꽤 많은 것들이 중국에서 발명되었다. 전북대 이문규 교수는 15세기까지만 해도 서양이 동양의 문명과 과학 수준을 따라올 수 없었다고 한다. 중국에서 발명된 기술이 약 250가지 정도이며 그러한 신문물이 서양으로 건너갔다는 근거를 제시한다. 다만 이후 그 기술들을 세밀화하고 구체화하는 것에는 서양이 탁월했다. 즉, 동서양 기술의 융합, 모험 정신, 유클리드 기하학 이 세 가지가 맞물리면서 과학 기술 진보의 대폭발이 일어났다. 동아시아에도 훌륭한 과학 이론은 있었지만, 지나친 관료주의 문화가 실험 문화를 경시하고 과학의 발전을 막았다. 근현대에 들어와서야 서서히 그 고삐가 풀리기 시작한 것이다. 이를 잘 따져보면 근본적으로 서양 문명이 더 우월하다는 개념은 아니다.

혹시 서양이 수백 년간 이룬 발전을 우리는 수십 년 만에 이루어서 아직 그 수준을 못 따라간다는 자조 섞인 말을 들어본 적 있는가?

귀에 못이 박히도록 들은 말이다. 그러나 어쩌면 사안을 보는 프레임이 완전히 잘못되었는지도 모른다. 우리는 무의식적으로 우리가 열등하다는 렌즈를 낀 채 세상을 바라본다. 토끼가 잠에서 깨어나 느린 거북이를 따라잡은 것은 그저 토끼가 가진 능력일 뿐이다. 꼭 거북이와 같아져야 할 필요는 없다. 오히려 프라크 카나의 저서 『아시아가 바꿀 미래The Future is Asian』를 보면 이런 대목이 나온다. 대강 번역해 보겠다.

"다수의 아시아 국가들은 개혁을 추진하고 있지만, 전통적인 정책을 따르지 않고 있다. 대신, 이들은 이제 서로를 참고한다."

예를 들어 도하는 두바이처럼 세계적인 비즈니스 허브가 되기를 원한다. 인도는 중국을 모방한 경제특구를 만들고 있다. 파키스탄은 인도를 본보기로 삼아 기술 허브가 되기를 목표하고 있다. 이건 우리에게 시사하는 바가 크다. 이제 아시아는 아시아 내에서 본보기를 찾기 시작했다는 점이 그렇다. 이 말인즉 과거 일정 기간의 경향이 영원할 수 없다는 의미다.

# 과거의 영광과 상실감

유럽의 쓸데없는
고집

지난 파리 올림픽에서 논란이 되었던 부분이 있다. 조직위는 친환경 올림픽이라는 가치에 경도되어 '에어컨 없는 올림픽'을 선언했다. 찜통더위에 고생할 선수들은 안중에도 없었다. 그러나 추후 많은 국가의 강한 반발에 부딪혀 휴대용 에어컨이 대량 주문되었다. 한 유럽 전문가는 방송에서 이렇게 말했다.

"우리는 무언가 다르다는 것을 보여주고 싶은 심리다. 사실상
그들의 마음속에는 이런 선진적인 문화를 보고 배우라는 메시지가
숨어 있다."

나도 유사한 시각으로 본다. 확실히 상징성이 강했다고 보인다. 비단 프랑스의 문제만은 아니다. 그러한 기류가 서유럽 전체에 퍼지고 있는 느낌이 드는 건 왜일까. 또 이에 비례해 많은 전문가가 유럽의 내리막길을 지적하고 있다. 유럽 내에서도 그러한 자성의 목소리가 계속 나오고 있다. 과거에 변화를 주도했던 국가들이 이제는 그와 같은 흐름을 꺼린다. 마치 과거의 영광에서 살고 있는 중년 남성 같은 느낌이랄까. 그럼에도 불구하고 여전히 다른 국가를 계몽해 줘야 한다는 강박관념이 있다. 그러니 얼핏 '변화를 주도하는 듯 보이는' 이상한 프레임으로 자꾸 무리수를 두게 된다.

마리오 드라기 전 유럽중앙은행ECB 총재는 유럽연합의 글로벌 경쟁력이 '실존적 위험'에 직면했다고 경고했다. 얼마 전 호주전략정책연구소ASPI가 발표한 핵심기술 추적 지표를 봐도 뚜렷한 변화를 마주할 수 있다.

간단히 한 마디로 요약하자면 유럽은 가파른 변화의 흐름을 따라가지 못하고 있다. 그러다 보니 어떤 일이 일어나는가? 새로운 혁신을 이끌기보다는 규제에 의존하는 경향이 강해졌다. 다른 국가들이 혁신을 통해 새로운 기술을 개발하면 유럽은 규제를 통해 대응한다. 이는 기술 경쟁의 어려움을 피하면서도 쉽게 성과를 낼 수 있는 방법이기 때문이다. 변화하지 않음을 애써 자신들의 우월성으로 포장하기 위해서는 규제를 하고 그것을 선진적인 것처럼 선전해야 한다. 하지만 이런 접근 방식이 장기적으로 유럽의 경쟁력을 더욱 악화시키고 있다는 비판이 나온다.

구글의 전 회장 에릭 슈미트는 한 인터뷰에서 AI 규제에 대한 질문을 받았을 때 의미심장한 답변을 내놓았다. 그는 이렇게 말했다.

"정부는 물론 중국 정부와도 긴밀히 협력하고 있으며, 현재 혼란스러운 유럽을 제외한 대부분의 정부는 올바른 방향으로 나아가고 있다."

그가 굳이 유럽을 콕 집은 이유가 궁금해진다. 정확한 내막은 몰라도 그들이 뭔가 우왕좌왕하고 있음을 지적하는 것은 분명하다. 이는 유럽의 혼란스러운 상황과 더불어 다른 국가들이 혁신을 중심으로 한 미래 대비에 적극적이라는 점을 시사한다. 유럽 입장에서는 따라와 주지 못하는 현실이 과거의 영광과 대비되어 더욱 쉽지 않은 문제로 다가올 것이다. 토니 모리슨의 저서 『타인의 기원The Origin of Others』에는 인종화된 지위를 잃는다는 것은 떠받들린 채 살아온 자신의 차별성을 잃는 것이라는 대목이 있다.

과거의 영광은 성취의 산물로 남아 있기에 그것을 포기한다는 것은 마치 한때 누렸던 자리를 잃는 것과 같은 상실감을 안겨준다. 그러나 한 가지 변하지 않는 사실이 있다. 변화는 피할 수 없는 것이다. 아무리 과거의 성공과 업적이 컸다고 해도 그 자리에 안주하는 순간 발전은 멈춘다. 모든 것은 변한다. 그리고 시간이 흐름에 따라 새로운 도전과 과제 역시 우리 앞에 나타난다. 누군가 과거에 의존하고 그리워하는 사이 세상은 이미 한 발 앞서 나가고 있는 것이다. 세상은 빠르게 변하고 있으며 과거의 방식으로는 미래의 도전에 맞설 수 없다.

## 서구 문명은 하락세인가, 그렇다면 미국은?

동양은 뜨는 해, 서양은 지는 해라는 프레임은 이제 꽤 익숙한 표현이다. 이는 문명의 역사적 발전과 중심의 이동을 비유적으로 표현한 것이다. 이러한 트렌드를 이미 1930년대부터 예견했던 인물이 있다. 영국의 역사학자 아놀드 토인비다. 토인비 역사 철학의 핵심은 '도전과 응답'이라는 개념이다. 문명은 도전이다. 즉, 환경적 변화 등에 성공적으로 적응할 때 발전하며 그러지 못할 때는 쇠퇴한다는 뜻이다. 이 과정은 모든 문명에 적용되며 서양 문명도 예외가 아니라는 것이 그의 주장이었다. 그는 모든 문명을 '출생기', '성장기', '성숙기', '쇠퇴기'의 네 가지 단계로 나누어 볼 수 있다고 생각했다.

　　역사가 순환한다는 관점은 사실상 문명을 하나의 유기체로 보는 것과 같다. 그러한 맥락에서 살펴보면 문명은 저마다 각자의 시간을 갖고 이 사이클을 반복한다. 그리스·로마 제국의 몰락이나 고대 문명의 사례에서 알 수 있듯 아무리 강력한 문명도 영원히 지속되지 않는다는 역사적 교훈에 근거한다. 현재 여러 가지 지표를 보면 유럽 대륙은 성숙기에서 쇠퇴기로 넘어가는 단계에 있다. 물론 그 관점에는 개인차가 있겠지만 적어도 확실한 건 성장 에너지가 넘치는 단계는 지났다는 것이다. 인간의 나이로 비유하자면 중년 이후의 삶이라고 할 수 있다.

　　2024년 4월, 로이터의 한 기사는 유럽의 하락세에 관한 기사를 다루며 첫 문장을 이렇게 시작했다.

**"유럽연합이 계속해서 다른 지역에 비해 축소된다면 주변화될 가능성이 크다."**

　　최근 몇 년 사이에 많은 사람이 유럽의 하락세를 이야기하고 있다. 큰 흐름을 보자면 확실히 유럽은 세상의 가파른 변화에 적응하지 못하고 서서히 밀려나고 있다. 우선 현대 사회에서 가장 중요한 분야인 IT와 인공지능 분야에서 활력이 부족하다. 유럽은 노동 시장의 경직성과 신기술에 대한 낮은 투자 등 구조적인 문제로 인해 더딘 성장을 경험하고 있다. 손진석 기자의 저서 『부자 미국, 가난한 유럽』도 이러한 현실을 여실히 보여준다. 저자는 이 책에서 사회적 제도와 시스템을 보면 그 나라의 현실을 알 수 있다고 지적한다. 현대 유럽 사회에는 많은 소득

보다도 충분한 휴식과 여가를 중시하는 문화가 강하다. 이러한 노동 방식은 삶의 질을 높여줄 수 있지만 동시에 발전과 성장의 속도를 늦추는 요인으로 작용한다. 이런 상황이 지속된다면 어떤 결과가 펼쳐질지 훤히 보인다. 역설적으로 충분한 휴식과 여가를 누릴 수 없는 처지로 전락하게 되는 것이다.

그런데 여기서 궁금증이 생긴다. 그렇다면 왜 미국은 여전히 에너지가 넘치는가? 서구권을 크게 유럽과 미국 두 블록으로 나누어 볼 때 여러 가지 지표상 미국은 여전히 건재하다. 미국 경제는 기술 혁신, 연구개발R&D 투자, 그리고 디지털 및 기술 부문의 리더십을 바탕으로 지속적인 성장을 보여왔다. 나는 이 부분에 대해 조금 생각해 보았다. 결론부터 말하면 따로 떼놓고 봐야 하지 않을까 싶다. 유럽과 미국을 전통적으로 '서양'에 속한다고 묶어서 분류하는 것은 흔한 관점이다. 그러나 미국은 단순히 서양이라는 개념에 유럽과 함께 뭉뚱그려지기에는 그 특수성과 독자성을 가지고 있다.

물론 미국은 건국 당시에 유럽에서 비롯된 기독교적 전통에 많은 영향을 받았다. 그러나 시간이 흐르며 신대륙에서 시작된 독립적인 역사와 발전을 통해 미국만의 독특한 길을 걸어왔다. 유럽이 오랜 역사를 지닌 고대 문명의 연장선이라면 미국은 젊고 역동적인 신대륙으로서 혁신과 개척 정신을 상징해 왔다. 그래서 미국은 유럽과 확연히 다른 면모를 지니고 있다. 그러니 '서양'이라는 하나의 개념으로 미국과 유럽을 묶는 것은 때에 따라서는 적절하지 않을 수도 있다. 이민자들의 다문화적인 배경과 다양한 사상적 융합을 통해 동서양의 요소들도 미국 사회에 자연스럽게 스며들어 왔다. 너무나 많은 문화적 요소가 섞이면서 단순히 '서구 문명'으로만 보기에는 너무 복합적이고 포괄적인 사회가 되었다. 그래서 젊은 에너지와 개방성이 아직도 유효한 나라로 보인다.

## 미국의 융합 정신은 어디서 왔는가?

버락 오바마와 워렌 버핏의 정신적 스승은 미국의 사상가 랄프 왈도 에머슨으로 알려져 있다. 에머슨은 19세기에 활동했던 미국의 사상가로, 그는 미국의 문학과 사상에 큰 영향을 미친 인물이며 초월주의Transcendentalism 세계관의 창시자이기도 하다. 이 이론은 미국의 정신적 성장과 독립된 정체성을 형성하는 데 크게 기여했다. 초월주의는 인간의 내면과 자연, 그리고 이성보다 상위에 있는 직관적 진리의 존재를 강조하는 사상이다. 초월주의 세계관에서는 개인의 직관을 진리의 가장 큰 원천으로 본다. 이성이나 논리적 사고가 아니라 내면의 직관과 영감이 진정한 진리로 이어지는 힘이라는 게 초월주의의 핵심이다. 따라서 각 개인은 사회, 제도, 외부 권위에 얽매이지 말고 오히려 자기 내면에 귀를 기울여야 한다고 강조했다. 한마디로 개인의 자아와 독립성을 강조하는 사상이다.

이는 미국이 유럽의 전통과 영향에서 벗어나 독자적인 국가 정체성을 구축하려던 시기와 맞물려 강한 공감을 얻었다. 이

때부터 미국은 유럽에 의존하지 않고 스스로 성장할 수 있다는 강한 믿음과 공감을 형성하게 된다. 이처럼 미국 건국 초기에 상당한 영향력을 미친 초월주의 사상의 배경에는 독특한 점이 있다. 바로 동양 철학이 상당한 영향을 미쳤다는 점이다. 초월주의는 서양 철학의 흐름이면서도 동양 사상과의 교류와 통합을 통해 발전했다. 특히 초월주의 사상가들은 동양의 철학적 개념, 특히 힌두교, 불교, 주역 등의 영향을 크게 받았다. 이로 인해 동서양 사상을 융합한 독특한 철학적 흐름이 형성되었다.

초월주의자들은 자연과 인간의 조화를 중요하게 생각하며, 자연을 통해 진리를 발견하고 영적 성장을 할 수 있다고 보았다. 에머슨은 자연을 신성한 것으로 바라보았고, 인간이 자연과 하나가 되어야 한다는 동양적 자연관을 주장했다. 그의 제자였던 헨리 데이비드 소로『월든』의 저자로 잘 알려져 있다도 자연과의 조화를 중시했다. 그는 자연이 인간의 정신적 성장을 돕는 중요한 존재이며, 인간은 자연 속에서 진리를 깨달을 수 있다고 보았다. 이러한 흐름 또한 도교와 유교의 자연관과 깊은 연관이 있다. 동양 철학에서도 자연은 단순한 물질적 실체가 아니라 인간과 긴밀하게 연결된 영적 세계의 일부로 인식된다.

초월주의 사상가들은 동양 철학에서 깊은 영향을 받아 서양 철학의 경계를 넘어선 통합적 사고를 추구했다. 이러한 융합은 초월주의를 단순히 서구 철학의 한 갈래가 아닌 동양의 사상적 요소를 흡수한 독특한 사상으로 자리매김하게 했다. 미국이라는 나라의 철학적 기초가 동서양 사상 모두에 뿌리를 두고 있음을 뜻한다. 그렇다면 이런 생각을 해 볼 수 있다. 만약 미국인 중에 동양인을 싫어하는 인종차별주의자가 있다면 이는 무엇을 의미하는가? 아마도 그건 자신의 철학적, 역사적 뿌리조차 모르는 무지 속에서 살아가고 있다는 증거일 것이다. 미국의 철학적 전통이 동서양의 사상을 아우르고 있다는 걸 이해한다면 어떨까. 그들은 타 인종을 배척하는 게 얼마나 자신들의 뿌리를 부정하는 행위인지 알 수 있게 될 것이다.

## 진보주의자들의 모순

인종차별의 다양한 양태 중에서도 특히 역겨운 것은 자칭 진보주의자들에 의해 자행되는 차별이다. 일반적으로 진보주의자들은 평등과 사회 정의를 중시하며 장애인, 여성, 동물권 문제를 옹호하는 경우가 많다. 그러나 때때로 그들이 강조하는 가치와는 모순적으로 인종차별적 태도를 보이기도 한다. 이러한 태도는 그들이 인종 문제에 대한 깊은 이해 혹은 자각이 부족하거나, 특정 인종을 무의식적으로 차별하는 관점을 내면화했기 때문일 수도 있다. 그들 중 일부는 자신들이 진보적이라는 이유만으로 자신이 가진 무의식적인 편견을 자각하지 못한다. 가령 자신이 성평등, 장애인 권리, 환경 문제, 동물권 등을 옹호하기 때문에 차별적인 사고방식에서 벗어나 있다고 믿는 경향이 있다. 이 같은 이중적인 태도가 진정한 진보주의의 가치를 훼손하는 것은 말할 것도 없다.

혹은 소수자를 대변하려는 의도가 너무 지나쳐 오히려 그들의 목소리를 억압할 때도 있다. 2018년 미국의 한 대학에서 발생한 사례를 보면 알 수 있다. 어느 날 유럽계 미국인 진보주의자들은 아프리카계 미국인 학생들의 권리 신장을 강하게 주장하고 나섰다. 그러나 실제 아프리카계 학생들은 이를 원하지 않았고 별로 관심도 없었던 상황이 벌어졌다. 상대 문화에 대한 충분한 이해나 존중 없이 진보적 목소리를 단순히 정치적 목적으로 소비하는 행위였다. 이는 자신들의 의도가 옳다고 믿는 사람들이 오히려 그들이 지지하고자 하는 사람들의 자율성을 침해할 수도 있음을 보여준다. 무엇보다도 소수 인종을 위한다고 하면서도 정작 자신들이 무의식적으로 우월감을 드러내는 안타까운 모습이었다.

이러한 현상을 표현하는 용어로는 자유주의적 백인우월주의Liberal White Supremacy가 있다. 표면적으로는 진보적이고 자유주의적 가치를 추구하면서도, 내재적으로는 자기중심적인 특권을 강화하거나 유지하는 개념이다. 이는 극단적인 인종차별과는 다르다. 인종적 불평등과 차별을 의식적으로 반대하는 척하면서도 무의식적으로는 우월성과 특권을 계속 강화하는 미묘하고 간접적인 형태의 차별이다.

흔히 겉으로는 인종차별에 반대하고 평등을 지지하나 실질적인 정책 변화나 구조적 개혁에 대해서는 소극적이거나 저항하는 태도를 보인다. 혹은 일상생활에서 목격하는 구조적 차별에 대해서는 방관하는 경우도 많다. 그래서 소수 집단의 목소리를 자신들의 관점에서 재해석해 그들의 경험을 대변하려고 하는 오만함을 보인다. 또한 그들이 자주 사용하는 표현 가운데 '내 친구 중에 아시아인이 있는데…'라는 식의 말들이 있다. 이처럼 먼저 방어적인 태도를 보인 뒤 본인이 하고 싶은 말을 이어가는 경우가 많다. 진정한 진보주의자라면 우선 무의식적 편견부터 자각해야 할 것이다. 타인을 도와준다는 시혜적인 관점이 아닌 동등한 파트너로서 상호 협력하는 관계를 형성하도록 노력해야 하지 않을까.

# 6장
# 유해한 남성성과 인종적 증오

Toxic Masculinity and Racial Hatred

○

전통적으로 남성성은 힘과 권력으로 대변되어 왔다. 그러나 신체적인 힘이나 권력의 행사로 자신의 가치를 확인하려는 욕구는 남성성을 왜곡시켰다. 감정적 공감이나 표현은 '유약하다'거나 '여자 같다'는 꼬리표가 붙기 마련이었다. 이 때문에 많은 남성이 자신의 감정을 억누르고 다른 사람들과의 진정성 있는 관계를 형성하기보다는 경쟁적이고 냉소적인 태도를 보이게 되었다. 예를 들어 '상남자'라는 개념은 남자다움의 기준을 폭력적이고 거친 행동으로 한정 짓는다. 이 개념은 남성의 강인함을 신체적인 힘과 폭력적인 행동으로 정의한다. 또 이러한 태도를 긍정적으로 평가하려는 사회적 경향을 만들어 냈다. 특히 힘과 권력을 남성성의 기준으로 삼는 이들 사이에서는 그것들만을 기반으로 자신이 우월하다고 느끼는 경우가 많다. 이는 타인을 약하고 열등한 존재로 보려는 경향을 낳고, 나아가 성별뿐만 아니라 인종차별적인 태도를 뒷받침한다.

이와 같은 문제를 해결하려면 남성성이 더 이상 폭력적이고 권력 지향적인 기준으로 정의되지 않아야 한다. 남성들 또한 감정을 표현하고 다른 사람들과 공감할 수 있는 능력을 기를 필요가 있다. 사회가 요구하는 '강한 남자'라는 이미지를 재정의하고 그 안에 따뜻함과 공감 능력, 협력적인 태도를 포함하는 것이 중요하다. 이를 통해 남성성의 왜곡된 형태를 극복하고 인종차별과 성차별이 상호작용하며 생기는 사회적 문제들을 해결하는 데 한 걸음 더 나아갈 수 있을 것이다.

# ○ 부정적인 롤모델

유해한 남성성과
인종차별

유해한 남성성toxic masculinity은 남성에게 부정적인 행동이나 태도를 강요하는 사회적 규범 및 기대를 말한다. 이는 주로 남성성을 권위적이고 공격적이며 감정적으로 억제된 상태로 정의하는 데서 비롯된다. 우선 유해한 남성성의 가장 큰 특징은 감정 표현을 약점으로 보고 힘과 지배를 통해 자신의 가치를 입증하려 하는 데 있다. 또 다른 사람을 배려하거나 공감하는 능력을 억압하는 경향이 두드러지기도 한다. 유해한 남성성은 권위적이고 지배적인 행동을 이상화하고 다른 사람을 억누르는 걸 남성다움으로 본다. 이는 성차별, 폭력, 인종차별, 전쟁 등 다양한 사회적 문제와 연결될 수 있다. 이 책의 주제는 인종차별이므로 이와의 연관성만 따로 짚어 보고자 한다.

인종차별은 본질적으로 특정 인종이나 민족을 열등하게 보고, 자신의 우월성을 강조하는 행위다. 어긋난 남성성에서 기인한 지배 욕구는 다른 인종이나 소수 집단을 억압하는 방식으로 표현될 수 있다. 이는 대부분 권력을 유지하거나 자신의 불안을 해소하기 위한 방식으로 사용된다. 인종에 대한 고정관념과도 깊이 맞닿아 있다. 남성을 '강함'과 '권력'으로 정의하는 발상은 다른 인종을 '약함'이나 '열등함'으로 보는 이분법적 사고로 확장된다. 이러한 이분법적 사고는 인종차별의 핵심 요소다. 이러한 단순한 사고방식은 인종차별적 관념을 쉽게 받아들이도록 만든다.

그뿐만 아니라 유해한 남성성은 기본적으로 감정을 억제하도록 유도한다. 감정 표현을 약점으로 간주하기 때문이다. 그래서 차별적 언행을 하더라도 이에 대해 죄책감이나 후회를 느끼기보다는 타인의 고통을 과소평가하는 경향이 생긴다. 결국, 유해한 남성성은 사회적 갈등과 불평등을 조장한다. 다만, 이 책에서는 페미니즘적 시각 이외의 좀 더 다양한 방향으로 이 이론을 바라보고자 한다.

영국의 작가 로라 베이츠의 저서 『인셀 테러Men Who Hate Women』에는 유해한 남성성에 대해 이야기하는 것이 남성을 비난하는 것이 아니라, 오히려 남성을 변호하는 것이라는 의견이 있다. 일리 있는 통찰이라고 본다. 즉, 유해한 남성성에 대한 논의는 남성을 공격하려는 데 그 목적이 있지 않다. 남성적 특질 자체에는 당연히 긍정적인 측면도 있지만 이것이 과도하거나 왜곡되었을 때의 부작용을 설명하는 것이다. 이를 제대로 인식하는 것은 오히려 남성들이 사회적 규범과 세뇌의 피해자로부터 벗어나 더 성숙하고 균형 잡힌 인간으로 성장할 수 있도록 도울 수 있다.

또 한 가지 짚고 넘어가야 할 문제가 있다. 여기서 말하는 '남성'이란 단순히 생물학적인 의미에서의 남성만을 가리키는 것이 아니라는 것이다. 본질적으로 접근하자면 오히려 인간 내면의 남성적 에너지를 의미하는 것에 더욱 가깝다. 이 개념을 분석심리학에서 말하는 아니마Anima와 아니무스Animus로 설명할 수 있다. 아니마와 아니무스는 심리학자 칼 융이 제안했다. 모든 인간의 심리 속에는 자신의 성별과 반대되는 이성성이 있는데, 바로 이것을 의미하는 개념이라고 할 수 있다. 더 자세히 말하면 모든 사람은 내면에 남성성과 여성성을 모두 지니고 있으며 아니마는 남성의 심리 속에 있는 여성적인 면, 아니무스는 여성의 심리 속에 있는 남성적인 면이다.

따라서 유해한 남성성은 남자에게만 해당하는 것이 아니라 모든 인간이 지닌 특질이다. 가령 어떤 여성 대통령이 권력욕에 취해 있으며 전쟁을 불사해서라도 지속적인 영토 확장을 꿈꾼다고 가정해 보자. 이는 내면에 왜곡된 남성적 에너지가 과도하다는 뜻이다. 이는 남녀 모두 자신이 가진 감정적, 이성적 측면을 균형 있게 수용하고 표현하는 것이 중요함을 뜻한다. 유해한 남성성은 이 통합을 방해하며 인간이 자기 자신을 온전히 이해하고 표현하지 못하게 만든다.

# 그놈의 상남자병

한때 메이저리그에서 활동했던 야구 선수 박찬호가 방송에서 이런 고백을 한 적이 있다. 그는 선수들과 샤워실에서 씻다가 비누로 등을 좀 밀어달라고 부탁했다. 그러자 모든 미국 선수가 기겁을 하더니 그 순간 이후로 게이 취급을 받았다고 한다. 확실히 서양에서는 '게이'로 보이는 부분에 매우 민감하다. 드라마나 영화를 보더라도 그 단어가 상당히 많이 언급되는데, 이는 대중이 그만큼 예민하게 신경 쓰는 부분이라는 방증이다. 그러다 보니 남성들 사이에서는 남자다움을 증명해 보여야 한다는 무언의 압박도 더 심하다. 조금이라도 호모섹슈얼로 비칠 만한 여지를 주는 행동은 금기사항이다. 그런 문화에 익숙지 않았던 박찬호 선수가 곤경에 빠졌던 상황으로 추측된다.

그런데 가만히 생각해 보면 그 기준이라는 게 참 우습다. 샤워할 때 비누로 등을 좀 밀어달라고 한 것이 그렇게 기겁할 만한 행동이라면 UFC 등의 이종 격투기 경기는 대체 뭔가? 속된 말로 건장한 남자 둘이서 꼭 끼는 하의만 한 장씩만 걸치고 땀을 뻘뻘 흘리며 바닥그라운드에서 뒹군다. 그건 또 지극히 남자다운 거란다. 격투기를 비하하고자 하는 의도는 없다. 다만 사안이 무엇이든 어떤 기준과 관점에서 보느냐가 모든 것을 결정할 뿐이라는 말이다.

서구권에서 흔히 볼 수 있는 것 중 하나가 비가 와도 우산을 안 쓰는 모습이다. 비가 와도 대강 후드만 뒤집어쓰거나, 그냥 비를 맞는 문화가 있다. 이것의 기원 역시 마초이즘이다. 우산을 쓰는 것이 남자답지 못하고 나약한 행동이라는 인식이 팽배하기 때문이다. 뭐랄까, '상남자 병'이 문화로서 자리 잡았다고 해야 할까. 문제는 이러한 그릇된 남성상에 대한 인식이 '쿨한 것'으로 둔갑되어 몰지각한 행동으로 이어지는 경우도 허다하다는 점이다.

한 예로 시드니의 한 전철역에서 이런 장면을 목격한 적이 있다. 10대 중후반으로 보이는 남학생 둘이 산악자전거를 타고 전철역 계단을 오르락내리락하고 있었다. 많은 사람이 지나다니는데도 아랑곳하지 않고 그 짓거리를 이어 나가다가 결국 지나가는 여학생을 치고 말았다. 사람들이 몰려들어 쓰러진 여학생을 살피는데, 그들은 그냥 웃으며 자리를 떠버렸다. 대개 이런 아이들이 또래 친구들 사이에서는 쿨하다거나 상남자라는 평가를 받는다. 문득 이런 생각이 들었다. 아둔하고 몰지각한 것이 멋진 남성성으로 착각되어서는 안 될 것이라고 말이다.

거친 행동을 남자답고 쿨하다고 여기는 시각은 종종 부정적인 본보기를 재생산할 수 있다. 이는 폭력, 공격성, 그리고 자기중심적인 태도를 정당화할 수 있으며 사회적으로 해로운 행동을 모방하게 만들 수 있다. 남성성은 단지 거친 행동이나 강압적인 태도에 한정되지 않는다. 진정한 남성성은 다양한 방식으로 표현될 수 있으며 부드러움, 배려, 그리고 공감 역시 강력한 남성성을 나타낸다. 상식이 통하는 사회라면, 남성들이 자신만의 방식으로 감정을 표현하고, 존중하며, 책임감 있는 행동을 할 수 있는 환경을 지향해야 한다. 무엇보다도 진정한 '쿨함'은 남의 권리를 존중하는 데서부터 출발한다. 그리고 애초에 이러한 상식이 통하는 사회였다면 인종차별을 크게 걱정할 필요도 없었겠지만 말이다.



앞서 마이크로어그레션에 대해 살펴보았다. 이번 장에서는 약간 변형된 형태의 마이크로어그레션을 짚어 보겠다. 사실 이것을 딱 떨어지게 표현할 단어는 아직 없지만 굳이 하자면 이렇게 표현하고 싶다.

### "만만할 때만 나오는 용기"

덩치가 작은 아시아인들은 저 오지랖의 표적이 되는 경우가 비교적 더 많다. 한 가지 사례를 들어보겠다. 시드니에서 전철을 타고 이동 중에 본 사건이다. 휠체어를 탄 유럽계 호주인 여성이 아들뻘로 보이는 남성과 함께 있었다. 여성은 딱 봐도 70대 이상이었고 남성은 40대 초반 정도로 보였다. 그런데 누군가 그 옆을 지나가면서 휠체어 바퀴 부분을 조금 툭 하고 건드리고 지나갔다.

휠체어와 부딪힌 남성을 묘사하자면 이랬다. 베트남계로 보였으며 옷차림은 남루했다. 나이는 50대 후반 이상이고, 키는

150센티미터 중후반 정도였다. 문제는 그 남성이 자기가 휠체어를 건드린 줄도 모르고 그냥 지나가면서 발생했다. 아들로 보이는 유럽계 남성이 그 동양인 남자를 세게 잡더니 고함을 지르고 주먹으로 얼굴을 때리는 시늉까지 했다. 그의 논리는 간단했다. 어떻게 휠체어를 건드리고 그냥 갈 수 있느냐는 것이었다.

한마디로 그는 그 자리에서 할 수 있는 최대한의 화를 분출했다. 작은 동양인 남성은 영어도 못 하는 듯 보였다. 아무 말도 못 하고 그냥 벙찐 표정으로 가만히 있었다. 그렇게 몇 초간 상대의 감정 쓰레기통이 되어주었다. 그런데 만약 그가 엄청나게 덩치가 크고 인상도 험상궂은 젊은 남성이었다면 어땠을까? 짐작하건대 똑같은 행동을 했더라도 아무 문제가 없었을 것이다. 그가 별것 아닌 일에도 온갖 욕을 먹어야 했던 이유는 딱 하나다. 무한히 만만해 보였기 때문이다. 그러니 상대는 정의의 사도로 빙의했다. 평소에는 없던 용기가 그제야 눌려있던 스프링처럼 튀어 나왔을 것이다. '휠체어를 보호한다.'는 쉽게 건드릴 수 없는 개념을 빌어 만만해 보이는 사람에게 누적된 화를 정화하려는 욕구다. 사실 매우 유아적인 정신 수준이다.

그러나 한편으로는 당하고만 있는 사람도 문제가 없는 것은 아니다. 사실 많은 아시아인은 인종차별을 당하고도 어쩔 줄 몰라 하거나 그 자리를 피하려고 하는 경우가 많다. 불만을 표출하더라도 매우 소극적으로 한다. 그러니 이런 표현이 있는 것이다.

"아시아인은 사회의 샌드백이다."
"Asians are like the punching bags of society."

나는 이런 상황이 너무나 안타깝다. 그러한 관념이 수백 년간 쌓이고 쌓여 지금의 상황을 초래했다. 아시아인은 함부로 건드려도 된다는 듯한 이미지는 어쩌면 우리 스스로가 만든 걸지도 모른다. 인종차별을 당한 유튜버들의 영상을 보더라도 신사적으로 대응하는 경우가 많다. 차별을 당해도 참거나 소극적으로 항의한다. 혹은 상대방이 선을 넘는 장난을 치는데 아무 말도 하지 않고 그저 웃으면서 받아주는 모습도 눈에 많이 띈다. 인격적으로 훌륭한 모습을 보이는 것이 이기는 것이라는 정신 승리적 메시지를 던지는 사람도 있다. 개인적으로 나는 그런 사고방식에 동의하지 않는다. 반드시 강한 경고를 해야만 한다.

## 단호한 대응의 필요성

한 번은 길을 걷고 있는데, 신호 대기 중이던 차에서 욕설이 들려왔다. 옆을 보니 20대쯤 되어 보이는 남성 세 명이 타고 있었는데 그들은 웃고 있었다. 인종차별을 하며 즐거워하는 것은 가끔 볼 수 있는 모습 중 하나다. 그만큼 그들의 정신 체계가 동물성에 지배 당하고 있다는 의미다. 나는 한 치의 고민 없이 손에 들고 있던 테이크아웃 커피를 차 옆 유리에 세게 던지며 자신 있으면 나오라고 외쳤다. 그제야 실실 웃으며 시비를 걸던 그들의 표정이 극도의 당혹감으로 바뀌었다. 결국 그들은 아무 말도 못 하고 얼이 빠진 채 자리를 떠났다. 그렇게 강하게 반응할 줄은 전혀 예상하지 못한 듯했다. 아마도 그들이 이전에 만났던 아시아인들에게서는 그런 반응을 본 적이 없었을 것이다. 그런데 주변에서 이를 지켜보던 사람들의 반응이 어땠는지 아는가? 나를 향해 고개를 끄덕이거나 엄지척을 보내며 인정하는 표정을 지어 보였다. 한마디로 멋있다는 의미였다.

솔직히 이런 호전적인 반응이 자랑스럽다고 할 수는 없지만, 이게 현실이라는 점을 말하고 싶다. 안타까운 사실이나, 인간 본성에는 약해 보이는 사람을 더 괴롭히고 싶어 하는 어두운 측면이 있다. 미성숙한 정신의 소유자일수록 이러한 그림자가 그들의 행동을 더 많이 지배한다. 반면 강한 자에게는 꼼짝도 못 한다. 여기서 말하는 '강함'이란 신체조건이라기 보다는 강한 기세를 의미한다. 그뿐만 아니라 문화적 관점 차이도 인종차별 문제와 깊은 연관이 있다. 각 문화권에서 사람들의 행동과 반응을 해석하는 방식이 다르므로 특정 행동이나 태도가 인종차별적인 인식으로 이어질 수도 있다. 예를 들어 '양반처럼 구는 태도'의 경우 한국에서는 자제력과 예의의 표현으로 받아들여지나 다른 문화권에서는 의사소통이 부족하거나 겁을 먹었다는 의미로 해석될 수 있다. 특히 유럽이나 남미와 같은 문화권에서는 감정을 표현하는 문화가 강하다. 그래서 갈등이나 불만을 숨기지 않고 직설적으로 표현하는 것이 때때로 정직이나 용기로 여겨질 수 있다. 즉, 지나치게 얌전하거나 감정을 억제하는 태도가 '무기력' 또는 '바보 같아 보인다.'는 평가를 초래할 수 있다.

인종차별은 명백한 불법이며 그 어떤 이유로도 정당화될

수 없다. 차별을 당한 사람은 자신이 누구인지, 그리고 어떠한 대우를 받아야 하는지에 대한 기본적인 권리를 부정당한 것이다. 그러니 인종차별에 맞설 때 드러내는 호전성은 단순한 공격적인 태도가 아니라 자기 보호의 도구가 될 수 있다. '나는 너에게 차별을 받을 만큼 하찮은 존재가 아니다.'라는 강한 자기방어는 차별하는 이들에게도, 차별을 목격하는 주변 사람들에게도 강력한 메시지를 전달한다. 그러한 사례가 많이 쌓이고 축적되어야만 '아시아인은 약하고 만만하다.'는 관념이 줄어들 것이다. 즉, 전쟁을 원하지 않는다면 전쟁을 철저히 준비해야 한다는 셈이다. 이는 분명한 모순이나 어쩔 수 없는 인간 세상의 현실이다.

## 캣콜링이 문화 차이라고?

당신은 문화적 지능이 높은 편인가? 한 가지 테스트를 해 보자. 가령 인도인이 손으로 음식을 먹는 것에 대해 어떻게 생각하는가. 혹시 더럽다거나 미개하다는 생각을 가지고 있는가? 그렇다면 피자나 샌드위치는 손으로 먹어도 괜찮은가? 혹시 은연중에 잘못된 관념을 받아들이고 있지는 않은가? 바야흐로 세계화 시대를 사는 만큼 문화적 상대성을 잘 이해할 필요가 있다. 문화차이를 인지하고, 이해하며, 포용적인 관점으로 상황에 맞게 적절한 반응을 보이는 능력이 필요하다. 문화 지능은 단순히 다른 문화에 호의적인 정도만을 뜻하는 것이 아니라 본질적으로 다른 가치를 포용성 있게 받아들이는 능력을 말한다. 하지만 반드시 고려할 점이 있다. 모든 문화가 평등하다는 건 세상의 모든 무지성까지 받아들여야 한다는 뜻이 아니기 때문이다.

호주에서 살다 보면 가끔 볼 수 있는 장면이 있다. 차 안에는 술에 취한 청년들이 타고 있고, 그들은 지나가는 사람들에게 고함을 지르고 막말을 퍼부으며 재미있다고 낄낄거린다. 특히 주말 저녁에 심하고 여성들에게 성희롱적 발언도 퍼붓는다. 이런 것도 존중받아야 할 문화인가? 조금 더 들어가 보자. 한 유튜브 방송에서 '캣콜링'을 주제로 이야기하고 있었다. 캣콜링은 남성들이 길거리를 지나가는 여성을 향해 성희롱 발언을 하거나 휘파람을 부는 등의 행위를 뜻한다. 한국에서는 보기 힘든 장면이지만 서구권에서는 가끔, 그리고 남미 쪽에서는 아주 흔하게 볼 수 있는 장면이다.

정작 일대일로 다가가서 정중히 상대방의 전화번호를 물어볼 용기는 없다. 그래서 그룹으로 있을 때 불특정 다수의 여성에게 성희롱 행위를 한다. 그렇게 터프한 척하며 우월감을 표현하지만 심층적으로 들어가 살펴보면 회피형 행동이다. 즉, 상대방에게 용감하게 다가가 상황을 직면할 용기가 없기 때문에 무책임하게 성적 표현을 던지는 것이다. 특히 캣콜링은 대면 상호작용 없이 다소 거리가 떨어진 상태에서 행해진다. 즉 상대방과 직접적인 소통을 피할 수 있는 안전한 거리가 있고, 거부나 실패에 대한 상처를 입지 않아도 된다. 사실상 완전히 겁쟁이 마인드이며 유아적인 발상이다. 터프함의 탈을 쓴 유약함이다. 다

만 이 '간단한 메커니즘'을 이해하는 것이 누군가에게는 무리
일 것이다. 그게 문제다.

심지어 어떤 나라에서는 여성들이 오히려 캣콜링을 더 기
다리기도 한단다. 남미 출신의 한 여성은 방송에 나와 자신의
나라에서는 캣콜링을 더 많이 받는 여성이 인기가 많다는 신호
라고 밝혔다. 그래서 여성이 그것을 자랑스러워하는 문화가 있
다고 했다. 할 말이 없다. 캣콜링은 문화차이와 관련된 문제가
아니라 성적 괴롭힘의 일종이다. 이는 명백한 성적 대상화와 관
련된 행동이며, 성별에 기반한 힘의 불균형과 관련된 문제다.
본질적으로 타인의 권리를 침해하는 부적절한 행동이다. 무지
의 상태에 있는 일부 여성들이 그것을 자랑스러워한다고 해서
그것을 어엿한 문화라고 부를 수는 없다.

미개한 것은 그저 미개한 것일 뿐이다. 어찌 문화차이라는
이름으로 모든 걸 뭉뚱그릴 수 있겠는가? 어쨌거나 우리는 이
대목에서 유해한 남성성과 무지, 나아가 차별적 언행이 얼마나
밀접한 연관이 있는지 다시 한번 확인할 수 있다.

# ○ 진정한 강인함과 품격

덩칫값을
못하면

어느 날 저녁 무렵 집 뒷마당에서 고양이 한 마리를 발견했다. 당시 살던 집에는 사람 키보다 더 높은 펜스가 설치되어 있었다. 고양이의 점프력이 뛰어나다고는 하나 그 높은 담장을 어떻게 넘었는지는 아직도 의문이다. 내가 가까이 다가가자 도망가지 않고 슬며시 다가왔다. 머리를 쓰다듬어도 가만히 있는 걸 보니 분명 사람이 키우던 고양이었다. 나는 이웃집을 돌아다니며 고양이의 집을 수소문했다. 그러나 결국 보호자를 찾는 데 실패했다. 다음 날 수의사를 찾아가 마이크로칩 검사를 했으나 칩도 심겨 있지 않았다. 우선 예방주사를 맞히고 집으로 데려와

돌보기로 했다. 고양이용 사료와 간식, 작은 장난감과 화장실도 구매했다. 이것저것 해서 대략 250달러약 22만 원 이상 들었다.

그로부터 약 2주쯤 지났을 때, 누군가 노크를 해서 문을 열어보니 20대 정도로 보이는 유럽계 호주인 커플이 서 있었다. 내게 고양이를 키우냐고 물었다. 이유를 물었더니 자신들이 고양이를 잃어버렸다고 말했다. 길을 지나다가 우리 집 창틀에 앉아 있는 고양이를 봤는데, 아무래도 자기가 잃어버린 고양이 같아서 찾아왔다고 했다. 핸드폰에 저장되어 있던 고양이 사진도 보여줬다. 확인해 보니 내가 보호하고 있던 고양이가 그들의 반려묘가 맞았다. 이름은 맥스였다. 나는 당연히 돌려보내겠다고 했다. 대신 예방주사를 맞힌 것과 고양이 용품을 산 비용을 내라는 조건을 걸었다. 그리고 영수증도 보여줬다. 어찌 보면 당연한 요구이니 그들도 흔쾌히 동의했다.

하지만 그들은 지금 현금을 가지고 있지 않으니 고양이부터 먼저 달라고 요구했다. 나는 딱 잘라 거절한 뒤 돈부터 먼저 들고 오라고 했다. 그 부분에서 서로 몇 차례 옥신각신했다. 바로 옆 블록이라고 했으니 갔다 오는데 길어야 3분이면 될 텐데 왜 그러느냐고 물었다. 그러자 덩치 큰 남자가 나를 쏘아붙였다.

"우리가 간 사이에 네가 고양이한테 무슨 짓을 할지 어떻게 알아?"

어처구니가 없었다. 분명 그의 발상은 인종차별적인 관념에서 기인한 것이 분명했다. 아마 그의 머릿속에서 나는 못 먹는 것이 없는 미개한 중국인 남성쯤으로 여겨졌던 걸까? 도대체 무슨 생각을 했기에 저딴 말이 나왔는지 지금도 의문이다. 나는 문을 닫으며 가서 돈을 가지고 오든 말든 알아서 하라고 했다. 그러자 황당한 일이 벌어졌다. 그 남자는 그 자리에 서서 엉엉 울기 시작했다. 정말로 몸을 벌벌 떨며 크게 울고 있었다. 여자친구로 보이는 여성이 그를 토닥이며 달랬고 혹시 온라인으로 송금해도 되냐고 물었다. 나는 좋다고 답했다. 그렇게 그 자리에서 송금된 것을 확인하고 고양이와 새로 산 고양이 용품을 모두 건네주었다.

이런 친구가 어디 가서 센 척할 것을 생각해 보면 참 한심스럽다. 약간의 정신적 스트레스만 받아도 와르르 무너질 가벼운 터프함이지만 평상시에는 잘 드러나지 않으니 말이다. 여기서 알 수 있는 한 가지 확실한 것이 있다. 덩치나 외적인 상징이 어떤 사람의 강인함이나 잠재력을 나타내는 척도는 아니라는 거다. 진정한 강인함은 외부로 드러나는 힘이나 권력에서 오는 것이 아니다. 자신을 통제하고 내면의 불안과 두려움을 극복하는 능력에서 비롯된다. 정신력은 어려움 속에서도 품위를 유지하며 자신을 조절할 줄 아는 능력이다. 어떤 역경에도 굴복하지 않고 오히려 그것을 이겨내는 용기와 인내가 진정한 남성성을 보여준다.

인종차별은 대개 타인을 외적인 모습이나 배경으로 판단해 그 차이를 억압하거나 경시하는 데서 비롯된다. 하지만 정신적으로 성숙한 사람일수록 남을 억압하거나 자신을 과시하는 것에서 남성성을 찾지 않고 내면에서 진정한 강인함을 발견한다.

그들은 다름을 두려워하거나 배척하지도 않는다. 오히려 그 차이를 존중하고 서로의 다양성을 통해 더 나은 사회를 만들어 간다.


## 고급스러움의 이면


한 온라인 기사에서 이런 대목이 눈에 띈다.

**"녹색의 잔디 코트 위에 흰색 옷을 입은 테니스 선수의 모습은 럭셔리 그 자체"**


테니스라는 운동은 고급스러운 이미지로 널리 알려져 있다. '테니스 룩'이라는 키워드도 큰 인기를 끌면서 럭셔리해 보이고 싶은 사람들의 심리를 자극한다.

귀족 스포츠 또는 신사의 스포츠라 불리는 테니스는 과거 유럽의 귀족이나 성직자들이 즐기던 놀이였다. 19세기 후반에 접어들며 영국의 중산층 사이에서 널리 퍼졌다. 그러다 보니 격식과 품격이 강조된다. 가령 윔블던 규정을 보면 선수들의 경기 복장을 매우 까다롭게 제한한다. 상·하의 경기복, 양말, 운동화, 헤어밴드, 속옷 등 모든 의상의 색깔이 흰색으로 된 경기복을 입어야 한다. 땀이 많이 나더라도 최대한 눈에 띄지 않는 것을 중요시 여기던 전통이 지금까지 이어져 내려왔다.

하지만 테니스 경기를 보다 보면 그 문화가 현대 사회의 의식 수준을 너무 못 따라가는 것은 아닌가 하는 생각도 든다. 가령 볼키즈 문화가 그렇다. 그들은 공을 수거하고 새로운 공을 선수들에게 전달하는 일을 한다. 빠른 경기 진행을 위해서 필요하다는 부분은 충분히 납득이 간다. 하지만 선수들의 눈치를 살피다 그들이 필요하다 싶을 때 얼른 달려가 물병이나 타월을 가져다 바치는 것은 좀 의문이다. 목마를 때 물을 마시고 땀이 날 때 닦는 것까지 누가 수발을 들어줘야 하는가? 이는 유럽 상류층의 특권의식에서 기인한 문화다. 구시대적인 문화를 지금도 고급스럽다고 인식하는 것이 맞는 건지 의문이다.

더구나 볼키즈를 함부로 다루는 일부 교만한 선수들의 모습은 눈살을 크게 찌푸리게 한다. 경기가 잘 안 풀리면 그들에게 화풀이를 하기도 한다. 대표적으로 스페인 선수 페르난도 베르다스코 사건이 있다. 중국 선전에서 열린 테니스 경기에서 중국인 볼키즈에게 온갖 짜증을 다 퍼붓는 장면이 전파를 탔다. '왜 수건을 빨리 안 갖고 오나? 영어도 못하냐?' 등 어린 학생에게 온갖 막말을 해대고 마구 고함을 질러 댄다. 놀란 아이는 어쩔 줄 몰라 하는 표정을 짓는다. 지극히 무례한 갑질과 하대를 넘어선 명백한 인종차별이기도 하다. 이는 스포츠가 추구해야 할 공정함과 품위에도 정면으로 위배되는 행위다. 특히 그 아이에게는 평생의 트라우마로 남을 수도 있는 일이다.

물론 모든 선수가 그런 것은 아니지만, 유사한 장면을 꽤 많이 찾아볼 수 있다. 그런데 왜 세상은 이런 질 떨어지는 행위를 해도 그들을 마치 귀족 떠받들듯이 하는가? 테니스를 잘 치는

'기능' 하나가 고귀한 사람이라고 인정받을 만한 충분한 요건이 될 수 있는가? 이는 대중문화와 스포츠 미디어가 운동선수들의 성과를 지나치게 우상화한 결과다. 지극히 가벼운, 즉 피상적인 면만 따지는 사회의 부작용이다. 오히려 뛰어난 능력은 더 큰 책임을 동반하며 이는 곧 더 높은 수준의 도덕성과 타인에 대한 존중을 요구하는 것이다.

일본의 인문학자 고모리 요이치의 저서 『사고의 프런티어 2: 인종차별주의思考のフロンティア: レイシズム』에는 과거 인도나 아프리카에서 지배자로 군림하던 유럽인들을 비꼬는 대목이 있다. 저자는 그들의 이해나 관심, 행동 등이 아무리 비속하다 하더라도 이후 모두 근대적 귀족으로 격상되었다고 지적한다. 그러니까 조금 풀어서 설명하자면, 본국에서는 격이 떨어지고 언행이 저속했던 유럽인들이 다른 나라에 가서 귀족 행세를 하며 살아갔다는 의미다. 그런데 이는 단순히 그들만의 문제는 아니다. 어떻게 자연스레 고귀한 척을 할 수 있었겠는가? 바늘 가는 데에는 실도 따라가기 마련이다. 비유럽인들이 스스로 자세를 낮추어 그들을 떠받들고 귀족으로 극진히 모셔 주었기 때문이다.

이제는 품격과 고급스러움에 대한 새로운 개념이 필요하다. 비록 테니스를 콕 집어 예로 들었지만, 사실 다른 모든 분야에서도 재정립되어야 할 가치이기도 하다. 겉으로 보여지는 '고급스러움'이 품격을 대변할 수 없다. 인간적인 성숙함과 높은 정신적 소양, 그리고 사회에 대한 책임감이 곧 진정한 품격의 척도가 되어야 한다.

# 동양인은 모두 키가 작다는 관념

'그들은 키가 작다.' 서구권에 만연하게 퍼진 아시아인의 대표적 고정관념 중 하나다. 미국에서 큰 인기를 끌었던 드라마 〈빅뱅 이론〉의 한 장면에서도 그러한 대사가 나온다. 아시아인을 언급하며 '그들은 전부 다 키가 작다.'라는 대사가 있다.

내가 실제로 겪은 일화도 있다. 예전에 잠깐 알던 유럽계 호주인 여성과 대화를 나누는 과정에서 들은 말이다. 그녀는 자기 남편이랑 일본 여행을 계획 중이라며 내게 자랑을 했다. 2주 동안 도쿄와 오사카를 방문할 예정이라 생각만 해도 들뜬다는 내용이었다. 그런데 자기 남편이 걱정하는 부분이 하나 있다고 했다. 무슨 말인가 하니, 지하철이나 버스 등 대중교통이 너무 작으면 어쩌나, 본인이 탈 수나 있을까, 대략 그런 고민을 한다는 것이었다. 어처구니가 없었다. 그녀의 남편을 만나본 적이 있는데, 신장이 얼추 180~182센티미터 정도였다. 일본에 본인보다 더 큰 사람들이 얼마나 많은데 저런 걱정을 할까? 실소가 나오는 대목이다. 그녀가 내게 말해준 이 이야기에 악의는 담겨 있지 않았다. 아시아가 싫었다면 일본 여행을 준비하며 들뜨지는 않았을 테니 말이다. 다만 본인이 이런 말을 하면서도 이것이 인종차별이라는 인식조차 하지 못하는 상태였다. 즉 무지다.

몇 년 전 방영되었던 예능 〈윤식당〉의 일부 장면도 논란이 된 적이 있다. 식당에 방문한 한 커플이 배우 이서진을 보고 혼혈일 것이라고 말하는 장면이다. 제작진은 이를 교묘하게 칭찬처럼 표현했고 결국 뭇매를 맞았다. 완전한 인종차별적 발언이었기 때문이다. 그들의 생각에는 동양인은 작고 못생기고 이목구비도 또렷하지 않아야 한다. 그런데 그게 아니니 혼혈이라는 식의 발상이었다. 무의식적으로 '유럽인의 피가 조금 섞이니 저 정도는 되겠지.'라고 여긴 것이다.

한 유튜버의 영상에서도 비슷한 장면이 있었다. 와인 애호가이자 한국인인 그는 매우 또렷한 이목구비를 가지고 있으며 키는 190센티미터가 넘는다. 그가 프랑스의 한 식당에서 밥을 먹다가 옆 테이블의 손님과 대화를 나누는 장면이었다. 그리고 그 프랑스인은 이런 말을 한다.

"너는 한국인 같이 생기지 않았네."

이 상황을 관통하는 맥락도 위의 사례들과 같다. 평균이라는 것에 경도되어 개별성을 인지하지 못하는 지극한 무지다. 모든 아시아인이 작을 것이라는 그 편협한 인식이 이렇게 만연하다. 서울대학교 강사 오근창의 논문『인종주의란 무엇인가?』에 주목할 만한 대목이 있다.

"인종주의는 그 자체로는 위험한 것이 아닐지언정 거짓이라는 점에서 문제적인데, 이는 인종적 본질에 의해 통합된 인종적 집단이 존재하지 않기 때문이다."

이 논문에서 지적하는 바는 사실 너무나도 당연한 것이다.

이를 좀 더 쉽게 설명하자면 이렇다. 아시아인은 서양인에 비해 눈이 작고, 키가 작으며, 피부색이 어둡다는 등의 논리가 있다. 그러나 아시아인 중에는 서양인보다 눈이 크거나, 키가 크거나, 피부 톤이 더 밝은 사람들이 많다는 것이 현실이다. 즉, 이러한 관념이 본질적으로 도덕적인지 여부를 떠나 애초에 완전히 거짓이라는 것이 핵심이다.

## 현실을 마주할 마음조차 없다

오래전 캐나다에서 겪었던 일이다. 당시 업무차 캐나다에 있는 한 소도시를 방문했다. 광산업으로 먹고사는 도시였고 관광객이 갈 만한 곳은 아니었다. 나와 다른 한국인 한 명이 함께였다. 일을 마치고 식사를 하기 위해 다운타운으로 향했다. 길을 걷는데 확실히 작은 도시임이 느껴졌다. 우리 외에 동양인은 한 명도 찾아볼 수 없었고, 드문드문 사람들이 신기하게 쳐다보는 시선이 느껴졌다.

한 식당에 들어가기 전 한 무리의 여성들과 마주쳤다. 20대쯤으로 보였으며 총 네 명이 있었다. 그중 한 명이 먼저 우리를 보더니 자신의 친구들에게 이렇게 외쳤다.

"Look at those little guys!"
"저 작은 친구들 좀 봐!"

아주 상기된 톤이었다. 아마도 우리가 신기했던 모양이다. 그런데 나중에 돌아와서 생각해 보니 좀 이상했다. 내 키는 175센티미터 정도이며 같이 갔던 동료는 키가 184센티미터 정도로 꽤 큰 편이었다. 160센티미터 초중반 정도 되는 여성이 우리에게 '작은 친구들'이라니 이상하지 않은가? 이는 무엇을 의미하는가? 즉, 실제 키가 얼마인지는 애초에 중요하지 않았다는 뜻이다. 그냥 지나가는 동양인을 보니 '작다.'는 수식어가 자동으로 나온 것이다. 여기서 핵심은 애초에 '현실을 제대로 직시할 마음'조차 없다는 점이다.

그렇다면 말이 나온 김에 국가별 신장을 한번 살펴보자. 아래 자료는 위키피디아에 올라온 2024년 9월 기준의 국가별 평균 신장 자료를 인용했다. 편의상 남성 평균 신장만 보도록 하겠다.

대강만 보더라도 인종 내 변량이 인종 간 변량보다 훨씬 더 크다는 것을 볼 수 있다. 그러니 '어떤 인종이 작다.'라는 개념은 애초에 말이 안 된다. 우선, 한국 남성의 평균 신장이 이란이나 멕시코보다 더 크다. 심지어 유럽의 일부 국가, 프랑스, 스페인, 포르투갈 남성의 평균 신장보다 오히려 더 크다는 것도 눈에 띈다. 그러나 네덜란드나 독일의 경우는 확실히 평균 신장이 도드라진다.

같은 아시아라도 동남아와 동북아 사이에 큰 차이가 난다. 미국과 호주의 경우 다양한 인종이 섞인 국가의 특성 때문에 유의미한 데이터를 추측할 수는 없겠다. 어쨌든 결론은 하나다. 특정 인종을 향해 '그들은 전부 다 작아.'라는 식의 발상은 무식

| | 국가 | 남성 평균 신장(cm) |
|---|---|---|
| 1 | 한국 | 174.6 |
| 2 | 중국 | 172.6 |
| 3 | 일본 | 171.8 |
| 4 | 말레이시아 | 166.3 |
| 5 | 베트남 | 168.1 |
| 6 | 네덜란드 | 181.2 |
| 7 | 미국 | 175.3 |
| 8 | 호주 | 175.6 |
| 9 | 독일 | 178.9 |
| 10 | 프랑스 | 174.1 |
| 11 | 스페인 | 174 |
| 12 | 이탈리아 | 176.5 |
| 13 | 포르투갈 | 173.9 |
| 14 | 인도 | 174.4 |
| 15 | 인도네시아 | 164 |
| 16 | 이란 | 173.4 |
| 17 | 멕시코 | 172 |

함을 드러내는 것에 불과하다. 모든 것이 뻔히 다 드러난 세상에서 아직도 자기들만의 작은 세계에 갇혀 세상을 바라본다면 그것은 무지를 넘어선 무식이라 할 수밖에 없다.

○ **폭력성과 도전 정신**

그는 왜 교육감을
밀쳤을까?

몇 달 전 화제가 되었던 사건이다. 미국 위스콘신 소재의 한 고등학교에서 졸업식이 진행 중이었다. 학생들이 학사모를 쓰고 졸업장을 받은 뒤 학교 이사회, 교장, 교육감 등의 관계자들과 돌아가면서 악수를 하고 있었다. 그런데 한 여학생이 교육감과 악수를 하려고 하기 직전에 일이 벌어졌다. 그 여학생의 아버지가 갑자기 단상 위로 올라왔다. 그리고 교육감을 강하게 밀치면서 소리를 질렀다.

**"내 딸은 당신과 악수를 할 수 없다."**

○ **폭력성과 도전 정신**

그 교육감은 아프리카계 미국인이었다. 그리고 얼마 뒤, 이런 사건도 화제가 되었다. 우버 차량에 탑승한 한 여성이 갑자기 운전사의 얼굴에 대고 후추 스프레이를 뿌렸다. 그러고는 피부색이 갈색이어서 스프레이를 뿌렸다며 그 이유를 밝혔다.

그 우버 드라이버는 인도계 남성이었다. 안타깝지만 세상에는 아직도 이런 사람들이 있다. 현실적으로 이런 사람들은 좋게 타일러서 계몽할 수도 없다. 정신 체계가 온전히 동물성에 의해 지배받고 있으므로 계몽할 수 없기도 하고, 한다 해도 너무 오랜 시간이 걸릴 것이다. 인종차별의 역사는 깊다. 특히 서양의 제국주의가 절정에 달했던 과거에는 말도 못했다. 아프리카 출신의 사람들은 노예였고, 인간 취급을 받지도 못하던 사회였다. 과거 종교적 이념에 근거하여 자행되었던 수많은 학살과 전쟁들도 바로 이러한 일차원적인 신념과 대립 항쟁적 관점에서 기인했다.

그런 상황에서도 극소수의 지성인은 그런 것을 끊임없이 비판했다. 물론 서구권에도 그런 지각 있는 인물들이 분명히 있었다. 그나마 그들의 노력 덕택에 비정상의 사회에서 덜 비정상인 사회로 아주 천천히 조금씩 개선되어 왔다. 그러나 아직도 차별과 무지는 만연하다. 냉정하게 그리고 속 시원하게 말 하자면, 지금의 세상은 인종에 따른 구분이 아니라, 인간이냐 짐승이냐 이 두 가지로 나뉘는 세상인 것 같다. 더 이상 말 같지도 않은 '백인 vs 유색인종'의 대결 구도가 아니다. 인간성과 비인간성 사이의 싸움이 문제의 핵심이다.

오늘날 세계 곳곳에서는 인종에 상관없이 공감, 연대, 정의를 실현하려는 사람들이 있는 반면, 폭력, 억압, 탐욕으로 다른 이들을 해치는 사람들도 존재한다. 인간성을 잃은 이들은 자신의 이익을 위해 타인을 희생시키고, 공동체를 파괴한다. 그들은 결국 짐승과 다를 바 없으며, 그러한 이들이 넘치는 사회는 지속 가능하지 않다. 반면, 인류의 공존을 위해 노력하는 이들은 인종적 차이를 넘어 인간성의 본질을 지키고 있다. 그들은 타인의 아픔에 공감하고, 불평등에 맞서 싸운다. 이런 이들이야말로 진정한 인간이라 할 수 있다.

## 강한 공격성과 발전, 동전의 양면

철학자 에리히 프롬은 유럽이 왜 그토록 많은 전쟁을 했는지 고찰했다. 그리고 그 원인을 칼뱅주의에서 찾았다. 그것이야말로 나치 이데올로기나 수많은 종교 전쟁의 근간이라고 봤다. 그가 제시한 접점은 크게 두 가지였다.

1 자신 혹은 자신이 속한 집단이 신성을 독점한다고 믿으면 타자를 틀렸다고 여기게 된다. 그러한 맹목적인 믿음은 다른 집단에 대한 깊은 증오와 경멸을 드러낸다.
2 인간은 끊임없는 노력을 해야 한다는 교리가 있다. 위대한 교리 앞에 정작 개개인은 한없이 작아진다. 자신이 너무 보잘것없는 존재라는 괴로운 무력감이 생긴다. 바로 이 무의식적 결핍을

　이 주장은 인간 심리의 구조와 종교적 이데올로기가 어떻게 결합하여 폭력적 행동을 촉진할 수 있는지를 조명한다. 그런데 여기서 흥미로운 점은 그가 '폭력성'과 '도전 정신'을 연관 지은 대목이다. 일부 납득이 가는 부분도 있다. 일반적으로 폭력성은 파괴적이고 억압적인 힘으로 여겨지지만 한편으로는 변화와 혁신을 추구하는 실험 정신과도 연결될 수 있다. 사회학자 알리 라탄시는 저서 『인종주의는 본성인가Racism』에서 1492년을 상징적인 해라고 하며, 그 이유를 문명화된 기독교 세계 밖으로 정복과 약탈을 나가기 시작했기 때문이라고 본다. 저자는 인종주의의 원형 격인 '공격'과 함께 '근대'가 시작되었다고 통찰한다.

　역시 새로운 도전 정신과 호전성의 뿌리가 하나라는 관점이 드러난다. 비교적 평화가 유지되던 동아시아에 비해 유럽은 허구한 날 서로 치고받고 싸우고 전쟁하는 것이 일상이었다. 가톨릭과 프로테스탄트 사이의 갈등, 동방 정교회와의 긴장 등 다양한 종교적 대립이 있었다. 그리고 각자의 이익을 극대화하려는 욕망에 따라 행동했다. 19세기부터 등장한 민족주의는 유럽의 전쟁 역사를 더욱 복잡하게 만들었다. 서로 경제적으로나 군사적으로 우위를 차지하려는 강한 욕망을 가지고 있었다. 유럽인들은 자신들의 정체성은 물론, 영토까지도 확장하고자 하는 성향을 보여왔다.

이러한 성향은 끊임없는 전쟁으로 이어졌다. 그러다 보니 자연스레 군사적 혁신의 중심지가 될 수밖에 없었다. 치열한 경쟁 속에서 죽고 사는 문제를 매일 마주하다 보니 전사적인 실험 문화가 발달했다. 유럽이 금융 강국으로 거듭난 배경도 그 뿌리를 캐보면 역시 무리한 전쟁과 맞닿아 있다. 끊임없는 다툼으로 국가 부채가 심해지니 국제적인 부자 가문으로부터 돈을 빌리고 국채를 발행했던 역사가 그러하다. 강한 공격성과 빠른 발전, 그것은 우월함이라기보다는 오히려 동전의 양면이었다.

# ○ 고도의 공감 능력과 연결성

세상을 천국으로　●
만들겠다는 사람들

●

체코를 대표하는 작가 밀란 쿤데라는 이런 말을 남겼다.

**"이 세상을 지옥으로 만드는 사람들은 이 세상을 천국으로 만들어야만 한다는 신념을 가진 사람들이다."**

어떠한 관념이나 신념에 쉽게 경도되는 사람들, 즉 '정신적 지능'이 낮은 사람들을 꼬집은 말이다. 사람은 자신의 신념이나 관념, 가치를 통해 세상을 이해하고 삶의 방향을 설정한다. 그러나 특정 가치에 지나치게 빠져들면 오히려 편향된 시각을 가지게 되고, 이는 잘못된 판단을 하게 하는 위험을 내포한다. 그들은 현실이 다차원적이고 복잡하며 다양한 관점과 상황을 고려해야 올바른 결론에 도달할 수 있다는 사실을 깨닫지 못한다. 참고로 여기서 말하는 '정신적 지능'이란 시험을 잘 치르는 능력 따위와 전혀 상관없는 부분이다. 가령 아래와 같은 사람들을 예로 들어보자.



어떤 사회나 집단이 깨어나지 못한 상태에서는 이들을 엘리트 혹은 똑똑한 사람이라 부른다. 이는 지각 범위가 좁고 사유 체계가 단선적이기 때문에 눈에 보이는 것 혹은 숫자나 수치로 증명되어 드러나는 것 외에는 볼 줄을 모르기 때문이다. 기본적으로 '똑똑함'을 재는 기준 자체가 저차원적이고, 그러다 보니 '의식 수준'이나 '정신적 지능' 등 더 고차원적인 개념을 전혀 파악하지 못한다.

고정된 신념에 지나치게 얽매이면, 사람은 사고의 유연성을 잃는다. 유연한 사고가 가능하지 않기에 사안을 다면적으로 보지 못한다. 제3의 눈으로 자신을 바라볼 능력이 없고, 어떤 사안을 볼 때 전체적인 인과적 질서도 보지 못한다. 이처럼 정신적 지능이 낮다면 '시험을 잘 치르는 기능' 따위는 아무런 의미가 없다. 오히려 왜곡된 엘리트 의식이 더 큰 사회적 갈등만 불러일으킬 뿐이다. 그러한 사례는 역사 속에서도 빈번하게 나타났다.

인종차별주의는 다양한 문화를 받아들이고 존중하는 태도 대신 자기의 배경이나 문화적 신념에만 빠져든 사고에서 비롯된다. 그렇게 자기 신념을 중심으로 세상을 바라보게 된다. 자신의 신념이 곧 자아가 되기 때문에 이를 부정하는 것은 자신을 부정하는 것으로 인식한다. 사고가 이렇게 굳어지면 차별을 합리화할 방법을 찾는다. 자신의 편견을 증명하는 사례만을 찾고 이를 근거로 차별적 태도를 정당화한다. 이렇게 그들의 신념은 더욱 확고해지고, 결과적으로 인종적 혐오나 폭력을 촉발할 수 있다. 과거에 수많은 전쟁이나 학살, 박해가 그렇게 자행되었다. 그러나 정작 자신들은 '세상을 더 나은 방향으로 만드는 것.'이라고 믿는다.

## 공감의 무게를 짊어진 이들의 아픔

소설가 한강은 노벨 문학상을 받은 직후 '러시아, 우크라이나, 또 이스라엘과 팔레스타인에서 전쟁이 치열해 날마다 주검이 실려 나가는데 무슨 잔치를 하겠느냐'고 말했다.

한강 작가가 스스로 영예를 자축할 수 없다며 밝힌 이유는 전 세계에서 벌어지는 끔찍한 전쟁과 폭력에 대한 공감 때문이었다. 이러한 행동은 작가가 세상의 고통과 불평등을 깊이 느끼며, 자신의 목소리를 통해 그 고통에 공감하고 있다는 것을 분명히 보여준다. 이는 단순한 동정의 차원이 아니다. 인간 사회의 한 구성원으로서 어떠한 책임감을 지녀야 하는지 깊이 자각하게 만드는 물음에 가깝다. 물론 다소 삐딱하게 바라보는 사람들은 이를 겉멋에 불과하다고 말할 수도 있다. 하지만 내가 관찰한 한강이라는 작가는 더 깊은 차원의 공감 능력을 지니고 있으며, 모든 형태의 폭력을 혐오하는 인물임이 분명하다. 세간의 반응은 어김없이 좌우 이념 대립의 렌즈를 끼고 사안을 바라보나, 나는 그것도 본질이 아니라고 생각한다. 단순히 좌파 이념에 경도되어 일방적으로 어느 편을 드는 부류의 사람과는 분명히 구분된다. 그녀의 과거 작품이나 발언들을 보면 그 진정성이 어디에서 기인하는지 대략 유추할 수 있다.

작가는 한 인터뷰에서 『채식주의자』를 쓰던 당시만 하더라도 고통과 폭력이 난무하는 인간 사회에 대한 혐오를 품었음을 밝혔다. 부커상 수상 소감에서도 '필사적으로 인간이 되기를 거부하는 여성을 묘사하고 싶었다.'고 밝혔다. 상처받은 영혼이 보이는 특성이 여실히 드러난다. 그러다 보니 나무나 꽃 등 생각이 없는 듯 보이는 대상이 그저 부럽다는 생각이 들 수밖에 없다. 그들의 세계에는 고통이 없을 것이라는 감정의 투사다. 그 후 그녀는 시간이 흐르면서 결국 인간 사회를 포용하는 자세로 한 단계 성숙했음을 드러냈다. 그래서 '11년 전에 쓴 책이 내가 쓴 것 같지 않다.'고 정신적인 이질감을 표현하기도 했다.

전형적인 영적 진전의 단계를 거쳤음이 한눈에 보인다. 무지한 인간 사회에 던져진 고차원적 영혼이 온갖 혼란과 정신적 고통을 겪다가 결국 에고의 반항을 놓아버리고 세상을 포용하는 자세로 돌아서는 것이다. 그리고 가장 혹독한 겨울을 지나 다시 봄의 세계로 돌아올 때, 인간의 공감 능력은 자연스럽게 고도화되기 마련이다. 어두운 그림자의 본질을 누구보다 잘 알기 때문이다. 더 짙은 어둠을 인식한 자가 결국 더 밝은 빛을 보게 되는 법이다.

한강 작가는 아우슈비츠나 홀로코스트를 다룬 영화를 보면 토하거나 며칠씩 아프다고 말했다. 프랑스 작가 베르나르 베르베르도 자신은 절대 뉴스를 보지 않는다고 밝힌 바 있다. 뉴스에 나오는 충격적인 장면이 내면에 오래 남아 고통을 주기 때문이라는 이유다. 대개 공감 능력이 높은 이들은 죄책감과 같은 자기반성적 감정을 강하게 느끼는 특성이 있다. 가령 어딘가에서 고통받는 인간, 동물, 자연 등에 대해 보통 사람들보다 더 깊은 슬픔과 고통을 느낀다. 이처럼 공감 능력이 아주 높아지면 단순한 감정 표현을 넘어 세계적 현상에 대한 깊은 이해로 이어진다.

일례로 채식을 하는 비율도 높아진다. 동물들의 고통이 너무 생생하게 가슴을 파고들기 때문이다. 몇 년이 걸리든 그 무의식적인 거부 반응의 과정을 최소한 일정 기간은 거치게 마련이다. 그 과정을 아는 사람에게는 소설 『채식주의자』 속 주인공의 기괴한 꿈이 지극히 자연스럽게 느껴진다. 나 또한 수년간 채식을 했지만 가끔은 고기를 반드시 먹어야 할 때가 있었다.

그럴 때면 시뻘건 고깃덩어리가 뒤덮인 길을 걸으며 계속 토하는 꿈을 꾸고는 했다. 무의식적 죄책감이 극에 달한 것이다. 하지만 이러한 변화는 특정 종교의 규율을 따르거나 채식을 이념으로 받아들인 사람들의 그것과는 또 차원이 다르다. 그렇기에 무턱대고 남에게 채식을 강요하지도 않는다. 아무나 그 감정을 느끼고 이해할 수 없다는 것도 너무 잘 알기 때문이다. 이것이 고차원적 공감 능력의 기저이다.

영혼의 감수성이 높으면 어떤 일이 일어나는가? 자타의 경계가 점점 희미해지고, 세상 전체와의 감정적 연결성을 크게 느낀다. 그래서 타인의 아픔을 자신의 고통이나 죄책감, 자기 처벌 의식으로 치환하는 경향이 강하다. 그러다 보니 감정의 억압이 더 심하고 우울증이나 신경증 등에는 더 취약한 면모를 보이기도 한다. 이는 진정성의 순도가 매우 높은 사람에게서 볼 수 있는 전형적인 특성이다. 저명한 정신의학자 데이비드 호킨스 박사의 저서 『놓아버림Letting Go』에서도 '가장 경건하고 악의 없는 사람들이 오히려 죄책감으로 인해 만신창이가 되기 쉽다.'는 통찰이 소개된다.

아디야 샨티의 저서 『깨어남에서 깨달음까지The end of your world』에도 유사한 대목이 있다. 사람의 정신이 깨어날수록 진실을 더 깊이 자각하게 되고, 그로 인해 혼란스러운 세상을 바라보며 더욱 고통스러운 내적 갈등을 겪게 된다고 말한다. 위대한 종교를 창시한 인물이나 돌연변이 급 천재 작가, 사상가, 예술가 가운데 그런 모습을 보인 사람이 많다. 아마 소설가 한강도 그러한 감정을 느끼는 단계에 접어든 것으로 추측한다.

자타의 경계가 흐려진 사람일수록 '내 것에 대한 집착'이 덜하다. 가령 내 친구, 내 가족, 내 차, 내 가방, 내 자리, 내 땅, 나를 둘러싼 경계 등에 대한 집착이 약해지는 것이다. 이런 이유로 일차원적인 수준의 공감 능력은 오히려 낮아 보일 수도 있다. 예를 들어, 친구가 명품 가방을 새로 샀는데 그 가방이 망가져 슬퍼할 때, 그런 일에 함께 징징거리며 동조해 주는 식의 공감은 이들에게 익숙하지 않다. 그래서 공감 능력이 극도로 높은 사람들이 오히려 인간 사회에서 차갑고 무심하다고 오해받기도 한다. 즉, 그들의 공감 능력은 일반인의 이해 범위를 완전히 뛰어넘을 정도로 높기 때문에 잘 이해받지 못하는 것이다.

우리가 인종차별이라는 주제를 고찰할 때 이러한 심리적 메커니즘을 잘 이해할 필요가 있다. 그래야 표면적이고 형식적인 차원을 넘어 진실과 본질을 볼 수 있다. 결국, 공감의 깊이와 폭이 커질수록 자신과 타인 간의 경계가 점점 흐려지며, 모든 인간이 본질적으로 연결되어 있음을 더욱 체감하게 된다. 인종이 다르더라도 고통은 똑같이 공유될 수 있기에, 차별이나 혐오의 언어나 행동이 타인의 삶을 훼손하는 폭력임을 쉽게 이해하게 되는 것이다. 그러한 감정적 연결성은 특정 인종이나 민족을 넘어 인류 전체로 뻗어 있어, 차별과 혐오가 자신에게 가해지는 일처럼 느껴지기도 한다. 그렇기에 인종차별이나 지구촌 곳곳에서 벌어지는 전쟁과 폭력 등의 문제도 개인에게 매우 중대한 문제로 다가온다. 이제 우리는 '전 세계적으로 전쟁이 치열한데 무슨 잔치를 하겠느냐.'는 말의 뜻을 좀 더 깊이 이해할 수 있다.

# 7장
# 저항과 역인종차별

Resistance and Reverse Racism

○

'역인종차별'이라는 개념은 기존의 권력관계가 변화하면서 나타나는 새로운 형태의 차별을 다루는 중요한 주제다. 이 문제는 주로 과거에 차별을 경험한 사람들이 자신의 억울함과 상처를 다른 집단에 투사하는 방식으로 드러난다. 바꾸어 말하면 자신들이 겪었던 부당한 대우와 불평등에 대한 반작용으로, 새로운 방식의 복수심을 표출한다는 의미다. 이러한 감정의 투사는 전혀 관계없는 사람들에게까지 확장될 수 있다. 그 결과 특정 집단에 대한 불만과 감정이 제삼자에게까지 영향을 미쳐 그들을 부당하게 차별하는 형태로 드러날 수 있다.

인종 내 인종차별 현상도 주의 깊게 살펴봐야 할 문제다. 이는 같은 인종이나 민족 내에서 발생하는 차별을 의미하며 사회경제적 배경, 국가나 계층 간의 갈등, 출신 지역이나 언어 장벽 등 다양한 원인으로 발생한다. 예를 들어 같은 아시아계 미국인이라 하더라도 영어를 잘 구사하는 이들이 그렇지 않은 이들을 경시하거나 차별하는 행위가 이에 해당할 수 있다. 이러한 차별의 반복은 그 자체로 새로운 형태의 갈등을 조장하며, 과거의 상처를 치유하기보다는 더 많은 갈등을 만들어 낼 수 있다. 결국 모든 형태의 차별은 사회를 분열시키고 사회적 결속을 방해하는 요소임을 인식해야 한다.

# ○ 맥락 없는 언행



이제 중국의
세상이야

몇 년 전 한 유럽계 호주인 기자가 자신의 SNS에 글을 올렸는데, 그 내용이 논란을 불러일으켰다. 그는 시드니 중심가에 있는 한 바에 들어가서 맥주를 마시고 있었다고 한다. 그런데 그가 술을 마시던 바는 중국인이 운영하는 가게였고, 당시 그곳에 있던 손님들 역시 대부분이 중국계였다. 어느 순간 여러 명의 중국계 남성이 그에게 다가왔다. 그리고 그 가운데 한 명이 어깨동무를 하더니 이렇게 말했단다.

**"어이, 친구. 서양의 시대는 갔어. 이제 중국의 세상이야."**

가만히 혼자 맥주를 마시고 있는 사람에게 무슨 뜬금없는 행동인가? 철저히 피해의식에서 기인한 행동일 뿐이다. 이른바 역인종차별이다.

일본에서도 비슷한 맥락의 사건이 있었다. 한 유럽계 미국인 커플이 일본을 여행하고 있었고, 그들은 식사를 하기 위해 음식점에 들어갔다. 그런데 그곳의 사장이 일본에 왔으면 일본어를 하라고 계속 윽박질렀다. 심지어 그는 영어를 못하는 것도 아니었다. 그는 이런 논리를 펼치며 일본어 사용을 강요했다.



그리고 일본어를 안 쓸 거면 나가라고 했다. 이 사건이 유튜브에 올라오자 큰 논란이 일었다. 개인적으로 그 일본인 사장의 심정을 어느 정도 이해는 한다. 아마 뭔가 당한 일이 있는 듯하다. 해외여행 중 인종차별을 겪었거나 유사한 트라우마가 있으니 저런 과격한 반응이 나왔으리라 추측된다. 사람들은 자신의 기억이나 경험에서 오는 감정에 의해 행동을 결정하는 경우가 많다. 특히 피해자가 되어 느낀 경험은 방어기제로 작용해 그 부분만큼은 다른 이에게 과민하게 반응할 수 있다.

무라카미 하루키의 에세이집 『샐러드를 좋아하는 사자サラダ好きのライオン』를 보면 그러한 상황이 소개된다. 그가 미국에 가면 혼란스러운 경우가 'Soup or Salad?'라는 질문이란다. 수프와 샐러드 중 어떤 것을 원하냐는 질문인데, 아무리 들어도 '슈퍼 샐러드'로 들리기 때문이다. 그리고 그는 '정말로 귀찮다

는 듯한 표정으로 빨리 말하는 경향.'이라는 말을 덧붙이며 미국 점원들의 특징을 묘사한다.

물론 다 그렇다는 것은 아니지만 그런 사람도 많다는 뜻이다. 그들은 관광객들이 자신들의 말을 알아듣는지 아닌지는 신경도 쓰지 않는다. 혹여 영어를 못하기라도 하면 벌레를 보듯하는 사람도 있다. 그런 경험을 해 본 사람이라면 응당 자신이 느꼈던 상처를 같은 방식으로 타인에게 적용하고, 그로써 내면의 억울함을 표출하려는 충동이 일 수 있다. 즉, 자신의 홈그라운드에서 일본어 쓰기를 강요했던 사장의 속내는 분명 이러했을 것이다.

### "영어 쓰는 게 무슨 벼슬이야?"

심정적으로는 충분히 이해가 가는 부분이다. 그러나 이는 차별 행위를 직접적으로 하는 사람에게 대응하는 것과는 다른 문제다. 아무 상관 없는 타인에게 자신의 억눌린 감정을 전가하는 어리석은 행동이다. 물론 '우리도 미국에 가면 영어를 쓴다.'는 논리 자체에는 어느 정도 타당한 면이 있다. 사실 이는 권력 관계의 문제이기 때문이다. 하지만 여기서 문제가 되는 것은 그가 자신의 억울함과 불만을 그와 관련 없는 외국인 관광객에게 맹목적으로 강요했다는 점이다. 이 상황은 정당한 대응을 벗어난 감정의 투사다.

이런 맥락 없는 언행은 다른 이에게 불필요한 적대감을 불러일으킬 뿐이다. 이는 부당한 역차별이며 같은 아시아인이라고 두둔해 줄 수 있는 행동이 아니다. 차별과 억압의 반복은 또 다른 차별을 낳는다. 억눌린 감정이 있다면 건설적이고 생산적인 방식으로 풀어나가야 한다. 그리고 애초에 미러링을 적재적소에 활용하고 자기표현을 부족함 없이 했다면 감정을 많이 억눌러야 할 필요도 없었을 것이다.

## 강약약강, 한국 사회의 인종차별

인종차별은 어느 나라에나 일정 부분 존재하지만 사실 한국도 남 이야기를 할 때는 아니다. 스웨덴의 경제학자들이 각국의 인종차별 정도에 관해 연구한 내용이 워싱턴 포스트에 기사로 실린 적이 있다. 전 세계 약 80개국을 대상으로 조사했는데, 한국은 '심각한 수준'으로 분류되었다. 어쩌면 당연한 결과일지도 모른다. 한국 사회는 전통적으로 집단주의적 성향이 강한 문화다. 이는 대체로 공동체의 조화와 단결을 중시하는 긍정적인 면도 있지만, 동시에 다양성에 대한 배척으로 이어질 수도 있다. 심지어 같은 한국인 사이에서도 미세한 차이를 크게 느끼며, 조금만 달라도 배타적으로 대하고 낙인을 찍는 경향이 있다. 그러니 외국인에 대한 편견과 인식은 오죽할까?

　2019년 외교부 통계에 따르면 해외에 사는 한국 교민 수는 약 750만 명이며, 이들은 180여 개국에 거주하고 있다고 한다. 대한민국 인구를 대략 5,000만 명 정도로 설정해서 단순 계산을 하면 비율상 약 13퍼센트 정도의 한국인한국계이 전 세계에 널리 퍼져서 사는 셈이다. 이는 인구 대비로 따졌을 때 지구상 그 어떤 민족보다도 해외 거주자교민 비율이 많다. 이처럼 국제사회는 수많은 한국인을 품어주었다. 한국인들은 해외에서 교육, 직업, 경제 활동 등 다양한 분야를 아우르며 자리잡았고 국제사회는 그들을 받아들이고 협력하며 성장해 왔다. 특히 국가 간에 신뢰와 공감대가 형성되려면 정부 차원의 교류뿐만 아니라 반드시 수많은 민간 차원의 교류가 필요하다는 건 두말할 필요도 없는 자명한 사실이다.

그뿐만 아니라 지난 수백 년간 해외에서 다양한 삶의 방식을 경험하고 공부한 사람들이 한국으로 돌아왔다. 그들이 새로운 기준을 구축하고 국가 구성원 전체의 수준을 많이 끌어올리는 데 큰 도움이 되었다는 것은 아무도 부정하지 못한다. 그렇다면 한국 역시 외국인들을 품어주고 그들이 한국 사회의 일원으로 자리 잡을 수 있도록 지원해야 마땅하지 않을까? 만약 한국이 국제사회의 포용력을 배제하고 외국인을 차별한다면 그보다 더 이기적인 논리는 없을 것이다. 우리 민족이냐 아니냐 혹은 어떤 인종이냐는 식의 좁은 프레임이 아니라 전체의 흐름을 봐야 한다. 그러한 전체론적인 세계관을 인정하지 못할 때 물이 고여 썩게 된다. 맥락을 파악하는 데 있어 오해가 없기를 바란다. 물론 무작정 이민자 수를 늘려야 한다는 뜻이 아니다. 여기서 중요한 것은 '얼마나'가 아니라 '어떻게'를 고려해야 한다는 것이다.

우리가 반드시 기억해야 할 점이 한 가지 있다. 이제 세상은 인종 간의 구분이 유효하지 않은 세상으로 변해가고 있다는 사실이다. 앞으로의 세상에서 인종은 두 가지로만 나뉠 것이다. 차별을 하는 자와 차별을 하지 않는 자. 후자는 더 높은 의식 수준을 지닌 사람들이다. 단언컨대 이들은 글로벌 사회의 구성원으로서 다양한 문화를 포용하고 서로 협력하며 상생을 추구할 것이다. 반대로 차별을 일삼는 자들은 저급한 의식 수준을 가진 이들이다. 그들의 행동은 전 세계적 흐름 속에서 점차 설 자리를 잃을 것이다. 결국 인종으로 남을 차별하는 것은 자신이 낮은 위치의 인종이라고 자처하는 셈이다.

### ● 차별하는 사람은
### ● 당해도 할 말 없다

정작 자신이 인종차별을 당하면 화를 내는 인종차별주의자들의 행동은 매우 모순적이다. 그들은 근본 없는 우월감을 지키기 위해 특정 인종을 비하하고 차별한다. 그러나 정작 본인이 차별의 대상으로 여겨지거나 그 우월성이 도전받을 때는 불공평함을 호소한다. 이러한 이중적 태도는 그들의 마인드가 얼마나 불합리하고 편협한지를 명백히 드러낸다. 이 모순적인 행동은 차별 자체의 허구성을 더욱 부각한다. 우리는 가끔 온라인 상에서 이런 식의 표현을 꽤 많이 볼 수 있다.

**"흑인과 히스패닉이 차별을 더 심하게 한다."**

물론 이는 통계적으로 뒷받침할 수 있는 사실이 아니다. 이 또한 하나의 편견이다. 그러나 '그런 사람들도 있다는 점.'은 분명하다. 이들 커뮤니티는 미국을 비롯한 서구 사회에서 오랫동안 구조적인 인종차별을 경험해 왔다. 차별을 경험한 특정 집단은 그 경험으로 인해 또 다른 집단에 부정적인 태도를 보일 수 있다. 그러나 설사 자신이 당했다 한들, 그 고통을 아무 상관 없는 타자에게 똑같이 행한 다는 건 결코 정당화될 수 없는 일이다. 이것은 차별을 행하는 당사자에게 직접적으로 반사를 적용하는 미러링과는 완전히 다른 개념이다.

그렇다면 우리의 현실은 어떠한가? 내가 과거에 싱가포르에서 직장 생활을 하던 시절은 2012~2013년 경이었다. 이미 당시만 하더라도 동남아시아 전역에 이러한 관념이 꽤 많이 퍼져 있었다.

"한국인들의 인종차별이 제일 심하다. 그들은 서양 사람들에게는 고분고분하고, 동남아시아인은 막 대한다."

전형적인 강약약강 유형이다. 아마 대다수의 한국인이 이런 말을 한 번쯤 들어봤을 것이다. 자성의 목소리도 꽤 있었기 때문이다. 이러한 말을 접할 때 그냥 '그렇구나.'하고 지나가서는 안 된다. 정말 수치스러운 발상이라는 걸 자각하는 것이 중요하다. 19대 국회의원2012~2016 중에 이자스민이라는 인물이 있었다. 필리핀 출신의 이민자로 한국의 국회의원으로 당선되기까지 했던 신화의 주인공이다. 당시 이자스민에 관한 기사가 뜨면 인터넷 댓글 창이 난리도 아니었던 것이 기억난다. 입에 담지도 못할 인종차별적 발언이 넘쳐났다. 한국 사회 내에서의 차별과 편견을 적나라하게 보여준 사건 중 하나였다.

그렇다면 만약 그런 차별적 발언을 해대던 한국인이 외국에 나가서 차별을 당한다면 편을 들어줘야 하는가? 이는 매우 복잡한 윤리적 문제를 제기한다. 원칙적으로는 차별은 어떤 경우에도 정당화될 수 없다. 또한 누구에게나 평등한 인권이 보장되어야 한다. 그러나 마음 같아서는 차별을 당해도 싸다고 말해주고 싶다. 자신이 차별당했을 때는 징징거리면서 정작 타 집단에 속한 사람을 차별하는 행위는 인종차별 중에서도 가장 저차원적인 형태가 아닐까.

이러한 이중적 태도는 인종차별의 고질적 문제를 더욱 심화시킨다. 그래서 개인이나 사회가 인종차별을 바라보고 대하는 태도에 있어서 질적인 변화가 요구된다. 차별에 대해 민감하게 반응하면서도 타인을 존중하는 성숙한 태도가 중요하다. 물론 이는 아주 복잡하고 미묘한 문제다. 심지어 때로는 그 기준이 혼란스럽기도 하다. 이것이 바로 내가 이 책을 쓴 이유다. 사회 구성원 개개인이 이를 인식하고 변화할 때 비로소 진정한 포용을 실현할 수 있을 것이다.

# ○ 근간을 흔드는 방법



누군가 층간 소음에 관해 SNS에 올린 글이 있었다. 그는 새벽이면 하루도 빠짐없이 술 파티를 여는 윗집 때문에 3년간 고생했다고 한다. 조용히 해달라는 부탁을 수십 번 해봤지만 한 번도 개선된 적이 없었다. 어느 날 새벽 두 시쯤에 어김없이 윗집에서 시끄러운 소리가 들려왔다. 화가 폭발한 그는 두 시간 동안 고함을 지르며 야구 방망이로 천장과 벽을 계속 두드렸다. 그리고 그날 이후로 더 이상의 층간 소음은 없었다. 너무 안타깝지만 이것이 현실이다. 애초에 대화가 통했다면 그럴 일이 없었을 것이다. 문제는 인간 사회의 속성이다. 사람의 의식은 모두 개별적이어서 천차만별의 인식 층위가 존재한다. 서로 간에 지각 능력이나 의식 수준의 격차가 크면 대화는 아무런 역할을 하지 못한다. 대화를 해도 사실상 서로 다른 말을 하고 있기 때문이다.

인종차별도 마찬가지다. 애초에 그런 마인드를 가지고 있다면 신사적인 대응도 쇠귀에 경 읽기밖에 안 된다. 어떤 편견이나 고정관념에 악의나 비하가 담겨 있을수록 전염성이 더 강하다. 저급한 동기가 고귀한 동기보다 더 강한 에너지를 뿜어내기 때문이다. 이는 원초적인 욕망에 의해 동기부여가 되기에 그렇다. 피해자 입장에서의 호소도 어떤 인간 부류에게는 전혀 먹히지 않는다. 그런 자들에게 먹히는 유일한 방법은 그저 똑같이 당해보는 것이다.

미러링mirroring은 상대방의 행동, 말투, 표정, 제스처 등을 의도적으로 따라 하거나 반영하는 것을 의미한다. 주로 심리학에서 사용되는 개념으로, 상대방과 유대감을 형성하거나 친밀감을 높이기 위한 전략으로 활용된다. 하지만 최근에는 누군가 부정적인 행동을 했을 때 그에 맞서 똑같이 부정적인 행동을 되돌려주는 걸 의미하는 뜻으로도 널리 쓰인다. 이런 맥락에서의 미러링은 상대방에게 자신이 한 행동을 자각하게 하려는 의도로 사용된다. 이를 인종차별적 개념에 적용하자면 이런 예시를 들어볼 수 있다. 묻지도 않고 나를 중국인 취급하는 사람이 있다면 나 역시 묻지 않고 러시아인 취급을 하며 능청을 떠는 식이다. 화를 낼 필요도 없다. 개인적인 경험에 의하면 무지성은 무지성으로 받아야 가장 효과적이다. 너무나도 저급한 방식이지만 안타깝게도 그게 현실이다.

　계속해서 피해 호소만 한다면 결국 피해자의 입장만 지속될 뿐이다. 이러한 상황은 개인이 문제를 해결하기보다는 외부에 의존하게 만드는 결과를 초래한다. 만약 프랑스에서 인종차별을 경험했다 치자. 이때, 지성 있는 프랑스인들이 자기 목소리를 대변해 주리라 생각하며 기다리는 식의 사이클이 반복된다. 이러한 기다림은 힘을 소모하게 만든다. 그리고 기다리는 동안 부정적인 불만이나 감정이 더욱 쌓여갈 수도 있다. 이때 그들이 시혜적인 관점에서 동정을 베풀어 주면 피해자는 그것에 감사하는 모습을 보이기도 한다. 그러나 이는 근본적인 문제 해결과는 거리가 멀다. 지금까지 우리는 이 프레임 내에서 문제를 해결해 왔다. 그러나 오히려 이러한 방식은 인종차별이 끊이지 않게 만드는 근본적인 이유에 더 가깝다는 걸 깨달아야 한다. 단순히 피해의식에 머무르지 말고 적극적으로 목소리를 내는 용기가 필요하다. 이런 변화가 이루어져야만 비로소 사회적 인식이 개선되고, 더 이상 동정에 의존하지 않는 건강한 관계를 구축할 수 있을 것이다.

## 미러링은 호전적인 방식인가?

동양과 서양 간에 인종차별적 편견이 왜 일방성을 띠는지 아는가? 간단하다. 우선 서양인은 동양인에 관한 특징을 자의적인 관점에서 짚어낸다. 그리고 그것을 구조적인 편견으로 발전시키는 데 주저하지 않는다. 즉, 자체적으로 필터링이 되지 않는다. 반면, 동양의 문화는 조금 다르다. 가령 '서양인은 냄새가 심하다.'라는 편견은 한국 사회에서 모두가 다 들어봤을 법한 특징이다. 하지만 우리는 어느 정도 자체 정화를 한다. 이것을 구조적인 편견과 차별로 연결하지 않는다.

물론 신사적인 태도라는 관점에서는 그것이 나을지 모른다. 하지만 피해자 입장이 되는 프레임에서 벗어나지 못한다는 한계가 있다. 상처를 입고 발만 동동 구른다고 문제가 해결되지 않는다. 그래서 인종차별주의적 편견에는 미러링을 해야 한다. 가해자의 입장에 있던 사람이 언제든 피해자가 될 수도 있다는 깨달음이 사회 전반적으로 퍼져나가는 것이 매우 중요하다. 그리고 이를 가능하게 하려면 먼저 우리부터 피해자 프레임에서 벗어나야 한다.

가령 서양인들의 외적 특징에서 우리가 크게 부풀려 상징화할 수 있는 포인트는 무엇이 있는가? 가령 심한 주근깨, 붉은 피부, 겨드랑이 냄새 등의 키워드가 있을 수 있겠다. 누군가 나에게 눈을 찢어 보이는 행위를 한다면 어떻게 반응할까? 두 손가락으로 코를 막는 등의 행위라면 어떨까? 이는 냄새body odor가 심하다는 것을 함의한다. 그것이 상대방의 심기를 건드린다면, 그냥 농담인데 왜 그렇게 심각하게 받아들이냐고 말하여 극단적인 상황으로 치닫지 않도록 주의한다.

만약 동양인에게 닌자, 재키 찬 등의 발언을 한다면, 그 국가에 따라 비슷한 방식을 적용하면 될 것이다.

○ **러시아계―푸틴**

○ **아프리카계―오바마**

○ **이탈리아계―피자, 스파게티**

○ **미국인―트럼프 등**

각 나라의 특징이 떠오르지 않는다면 굳이 특정 국가를 적용할 필요도 없다. 예를 들어, 독일인에게 스파게티라고 해도 된다. 상대방이 '나는 이탈리아 사람이 아니다.'라고 하면, '그거나 그거나 다 똑같은 거 아니야?'라는 식의 무지성의 논리로 대응할 수 있다. 결국 내 마음대로 지어내고 능청스럽게 말장난을 하면 된다는 뜻이다.

이러한 방식이 지나치게 호전적이라고 비난하는 이도 있을 것이다. 하지만 전쟁이 싫으면 전쟁 준비를 더 열심히 해야 하는 이유를 생각해 보자. 그것은 호전적이어서가 아니라 상대방의 공격성을 방어할 유일한 방법이기 때문이다. 그래도 정 내키지 않는다면 이 표현 하나만 기억해 두어도 좋다. 상대의 눈을 '똑바로' 쳐다보며 "Is this racism? 이거 인종차별이야?"라고 직설적으로 묻는 것도 도움이 된다. 보통 이런 경우 상대는 뜨끔함을 느끼고 방어적인 태도를 보인다.

질서를 바로잡으려면 일시적인 혼돈과 저항은 필연적이다. 인종차별주의자들에게 똑같이 차별을 돌려주는 문화를 만들어야만, 결국 그 뿌리가 잘릴 것이다. 고름이 터져나와야 그 후에 악순환이 끊긴다. 내재된 갈등이 표면화되어 겉으로 표출되어야 그 사안의 본질로 들어갈 수 있다. 다시 강조하지만 인간 세상의 속성에 저급한 측면이 있다는 것은 어쩔 수 없는 현실이다. 애초에 모두가 지성으로 말이 통하는 사회였다면 이런 고민을 할 필요도 없었을 것이다. 단언컨대, 적극적인 미러링이야말로 문제의 근원을 건드리고 근간을 흔드는 가장 좋은 방법이다. 그래야 300년 걸릴 일을 30년 내로 앞당길 수도 있다. 갈등은 변화가 찾아오기 전 반드시 직면해야 할 과도기적 긴장 상태라는 것을 기억해야 한다. 아무런 대책 없이 단순히 평화만 주장하는 것은 회피에 불과하다. 피해자의 입장에서 상대방이 속한 사회의 자정 작용에 기대기만 하는 소극적인 태도는 이제 그만 멈춰야 한다.

## 가르치려는 태도에 지쳤다

얼마 전 유럽연합이 인도와 중국과 무역 갈등을 겪고 있다는 기사를 봤다. 경제를 다루는 책이 아니니 기사 내용을 구구절절이 소개하는 것은 의미가 없겠다. 다만 본질만 짚어 보자면 유럽의 막무가내식 리드가 더 이상 먹히지 않는다는 소리다. 인도는 인도대로, 중국은 중국대로 칼을 갈고 있다. 과연 무엇이 그들을 화나게 했는가?

시진핑 주석이 한국에 국빈 방문을 했을 때의 일이다. 당시 서울대에서 특별 강연을 했는데, 강연 장소가 공과대학의 글로벌공학교육센터였다. 보통 세계적인 VIP의 학교 방문 시 문화관에서 강연하는 게 전통인 것을 고려하면 이례적이라고 한다. 이에 서울대 측은 청화대 공대 출신의 시 주석이 '국가를 움직일 공학도들 가까이 가고 싶다.'는 뜻을 전해와 강연장을 이렇게 선정했다고 밝혔다. 시진핑 주석의 통치 방식에 대한 논란은 많지만, 적어도 한 가지 확실한 것은 있다. 그의 통치하에서 많은 이공계 출신이 주요 요직에 등용되었고, 중국의 과학 기술은 급속도로 성장했다는 점이다. 결국 64개 첨단 기술 분야 중 53개 분야에서 중국이 1위를 차지하는 현실에 이르렀다. 특히 중국의 AI 기술은 미국을 제외한 그 어떤 국가도 감히 견줄 수 없는 수준에 이르렀다.

시진핑 체제가 과학과 공학에 사활을 걸고 있는 이유는 무엇일까? 잘 알려져 있듯 4차 산업 혁명의 '퍼스트무버 이점first mover advantage'을 가져가겠다는 목적이다. 그런데 그 목표의 본질을 알려면 중국인들의 가슴 깊은 곳에 어떤 감정이 억눌려 있는지를 이해해야 한다. 호주의 역사학자 클린턴 페르난데스의 저서 『서브임페리얼 파워Sub-Imperial Power』에 이런 대목이 나온다.

"A second reason for popular support is China's 'never again' attitude to Western imperialism."
"그가 대중적인 지지를 받는 이유는 '다시는 과거의 서구 제국주의와 같은 일이 반복되지 않게 할 것'이라는 식의 태도다."

결론적으로 시진핑이 아무리 서구권에서 욕을 먹어도 중국

내부에서는 큰 지지를 받는 이유가 여기에 있다는 거다. '서구 제국주의에 두 번 다시는 수모를 당하지 않겠다.'는 중국인의 강력한 의지 말이다. 이는 중국인의 내면 깊숙한 곳에 깔린 근원 심리다.

그렇다면 인도의 정서는 어떨까? 인도의 저명한 역사가이자 유력 정치인인 샤시 타루르는 유럽연합-인도 간 갈등을 다루는 한 칼럼에서 이렇게 썼다.

"인도인들은 그들의 선생질에 지쳤다. 인도가 화가 난 가장 큰 이유는 유럽이 끊임없이 인도에게 일방적으로 설교하려는 태도 때문이었다."

나는 개인적으로 중국이나 인도를 높이 평가하려는 사람은 아니다. 지금껏 이 책을 읽어온 사람이라면 알겠지만, 일방적으로 어느 한쪽의 편을 드는 사람도 아니다. 하지만 적어도 서구권의 헤게모니를 뛰어넘으려는 그들의 시도는 흥미롭게 바라보는 입장이다. 물론 아직은 힘이 부족한 것이 사실이다. 그러나 서구 중심의 국제 질서에서 벗어나려는 이들의 노력은 단순히 기존의 시스템에 대한 반발이 아니라, 더 나은 대안을 찾기 위한 창조적 시도로 해석될 수도 있다. 물론 이에 동의하지 않는 사람들도 있겠지만, 적어도 그들은 현실에 순응하기보다는 벽을 부수려고 대단히 노력하고 있지 않은가? 최소한 그런 기세만큼은 인정할 만하다.

# ○ 문화적 차이점과 맥락

같은 인종 내<br>인종차별

나는 유럽에 본사를 둔 글로벌 기업의 시드니 법인에서 오래 근무했었다. 유럽 기업이다 보니 아무래도 유럽 출신의 직원이 많았고, 거기다 온갖 나라 출신의 사람들이 모여 사는 시드니라는 도시의 특성이 더해졌다. 한 오피스에 근무하는 직원들의 출신 국적만 따져봐도 수십 개에 이를 정도였다. 심지어는 한 호주인 동료가 '마치 UN에 있는 것 같다.'라고 농담을 하기도 했다.

다양성을 중시하는 조직이 그렇지 못한 조직보다 성공할 확률이 높다는 건 이미 수많은 연구 결과로 기정사실화되었다.

그만큼 긍정적인 측면이 많다. 그러나 역시 인간이 모여 있는 조직이라면 사소한 잡음이 없을 수는 없다. 특히 나는 그 조직에서 인사팀장 직책을 맡았던 적도 있었으니 사람들을 유심히 관찰하는 것이 일상이었다. 내가 흥미롭게 여겼던 부분은 같은 인종 내에도 인종차별 문제가 불거질 수 있다는 점이다.

우선 호주인 동료와 네덜란드인 동료의 갈등을 예로 들어 보자. 둘 다 유럽계다.

○ **호주인 A의 입장: 네덜란드인은 쓸데없이 너무 까다롭고 성질이 급하다.**
○ **네덜란드인 B의 입장: 호주인은 너무 느긋하고 일을 할 기본 자세조차 안 되어 있다.**

기본적으로 서로 이런 프레임을 가지고 불평하는 일이 반복되었다. 가령 네덜란드 직원이 일 처리를 재촉하면 호주인 직원은 뒤에서 이런 식으로 비아냥거렸다.

**"또 저놈의 거지 같은 더치Dutch, 네덜란드인 기질이 발동되는구나."**

이처럼 개인 간 갈등에도 불구하고 꼭 '특정 국가 사람들의 성향'을 일반화해 말하는 일은 생각보다 자주 목격된다.

또 한 번은 이탈리아 출신의 지인이 유럽계 호주인에게 인종차별을 당했다고 불만을 쏟아냈던 적도 있었다. 처음에는 그 상황이 잘 이해가 가지 않았다.

그러나 이야기를 좀 더 듣다 보니 그렇지가 않았다. 본인은 어릴 때 부모님을 따라 호주로 이민을 왔고, 자라면서 많은 인종차별을 당했다고 했다. 일상의 모든 것을 이탈리아와 관련지어 놀림 받았다. 이는 '온전한 자신'으로서 대접을 충분히 받지 못했다는 뜻이다. 그 말을 듣고 보니 대충 그 맥락이 이해가 갔다. 설사 상대방이 농담을 한 것이라 하더라도, 평생 그런 말을 들으며 살다 보면 예민해지고 짜증이 날 수도 있다. 사실 알고 보면 같은 유럽계 인종이라 하더라도 앵글로색슨계WASP는 아일랜드계, 이탈리아계, 러시아계 등을 무시하고 이를 한 단계 낮은 유럽인으로 인식하는 경향이 은근히 퍼져 있다. 19세기와 20세기 초에는 이러한 경향이 매우 심했고, 지금은 많이 줄었지만 여전히 그 잔재는 남아 있다.

과거 재일교포들이 일본인들에게 얼마나 무시와 차별을 받았는지를 떠올려 보면 이해가 쉽다. 결론적으로, 인종차별은 인종 간의 차별에만 국한되지 않고 같은 인종 내에서도 여러 요인에 의해 발생할 수 있다. 좁은 세계관을 갖고 살아가는 사람들은 기본적으로 어떤 대상을 바라보는 시각이 고착화되어 있다. 그들은 세상을 바라볼 때 끊임없이 대비점을 찾는다. 뭔가 다른 점을 찾아내려는 성질이 마치 오토 파일럿처럼 세팅되어 있고, 사소한 차이도 크게 인식한다. 이러한 사고방식은 사람들 사이에 불필요한 갈등과 불평등을 유발하므로 이를 인식하고 개선하려는 노력이 필요하다.

'소수자minority'라는 표현은 특정 사회나 국가에서 인구 혹은 권력 구조 측면의 소수 집단을 지칭할 때 사용한다. 가령 미국에서 동양인을 '소수자'라고 부르는 이유는 인구 비율이 상대적으로 적고 주류 문화나 권력 구조에 소속되지 않은 집단이기 때문이다. 그렇다면 그 논리가 반대의 경우에도 적용될까? 가령 한국에 사는 프랑스인, 혹은 일본에 사는 독일인은 '소수자'라고 불리는가? 일반적으로 그렇지 않다. 인구 비율로 보면 소수이지만, 사회적 맥락이 달랐기 때문이다. 근대 이후 동양에서 서양인은 경제적, 사회적인 특권층으로 여겨지거나 주류 사회에서 비교적 높은 지위를 차지했다. 그래서 단순히 인구 비율을 기준으로 그들을 '소수자'라고 부르는 문화가 없었다.

즉 소수자라는 용어는 철저히 일방성을 지녔다. 그 단어 자체는 중립적이지만, 쓰여온 맥락은 사실상 '하위 집단'으로 인식하게 만드는 효과를 주었다. 이는 분명히 인종차별적 요소가 내재되어 있다는 뜻이다. 그래서 최근에는 지식인들 사이에서 대안적 표현을 쓰는 트렌드도 있다. 가령 '소수자' 대신 '대표성이 낮은 집단underrepresented group'이나 '소외된 집단marginalized group' 같은 표현이 많이 사용된다. 이 표현들은 특정 집단을 단순히 수적인 소수로 정의하지 않으려는 노력을 반영한다. 그러나 역시 근본적인 문제를 건드리지는 못하고 있다. 결국 말장난에 불과하다는 지적을 피해갈 수 없다.

앞서 '소수자'라는 단어는 애초에 중립성을 띠고 있으나 그 맥락이 잘못되었다는 점을 지적했다. 즉 소수자라는 표현에 인종차별적 요소가 없으려면 출신 국가와 인종에 상관없이 쓰여야만 한다. 그게 핵심이다. 가령 한국에 사는 유럽인도 소수자로 정의하고 그 단어를 써야 한다. 애초부터 그러한 균형이 맞았다면 논란이 될 필요도 없었다. 한국에서 '다문화 가정'이라는 용어를 쓰는 것도 마찬가지다. 주로 동남아시아, 중국, 또는 다른 아시아 국가 출신 이주민과 결혼한 가정을 지칭할 때 사용되는 경우가 많다. 반면 서양인과 결혼한 가정은 '다문화 가정'이라는 표현을 잘 사용하지 않는 경향이 있다. 이 역시 문화적 위계와 서구 중심주의에 기반을 두고 있다. 일반적으로 서구인과의 결혼이 더 긍정적이고 세련된 것으로 여겨지는 관념이 있다. 이러한 이중적 인식 때문에 눈에 보이지 않지만 사실상 누구나 인지할 수 있는 미묘한 선이 존재한다.

또 다른 예로 '외국인 거주자Expat'와 '이민자Immigrant'의 차이도 있다. 미묘하지만, 그 차이에도 사회적, 인종적 요소가 얽혀 있으며, 사용되는 방식에 따라 인종차별적 뉘앙스를 내포할 수 있다. 원래 '외국인 거주자'를 뜻하는 'Expat'은 자국을 떠나 외국에 임시로 거주하는 사람을 지칭한다. 주로 직업적인 이유로, 특히 고급 인력이 외국에 체류하는 경우이다. 반면 '이민자'를 뜻하는 'Immigrant'는 주로 한 나라에서 다른 나라로 영구적으로 이주하거나 장기적으로 정착하려는 사람들을 지칭한다. 적어도 표면적으로는 그렇지만 이 또한 현실적인 사용법은 조금 다르다. 'Expat'은 주로 서구 출신의 해외 거주자들을 묘사할 때 사용되는 경향이 있다. 예를 들어, 미국인, 영국인, 프랑스인이 아시아, 아프리카, 중동 등지에 거주할 때 'Expat'이라고 부른다. 반면 'Immigrant'는 주로 비서구권 출신, 즉 해외에 거주하는 아시아, 아프리카, 라틴 아메리카 출신의 사람들을 지칭한다.

이처럼 같은 상황을 놓고도 서구권 출신과 비서구권 출신을 미묘하게 구별하는 관습은 없어져야 할 제국주의의 잔재이다. 엄연히 인종차별적 뉘앙스가 내포된 용어들을 아무런 자각 없이 쓰는 것은 지양해야 한다. 그리고 이왕 쓸 거라면 아무 편견 없이 써야 한다. 가령 우리도 그들을 당당히 소수자라고 부르는 것이 맞다. 내가 책의 서문에서도 밝혔듯이 인종차별을 당하지 않으려면 우선 알아야 한다. 알아야 바꿔야 할 것들이 눈에 보인다. 차라리 아무것도 모르는 게 마음 편할 수는 있지만 그래도 우리는 생각하는 사람들이 아닌가? 특히 이 책을 읽고 있는 독자라면 분명 그러할 테니 말이다.

## 미국과 서양을 동일시하는 경향

꽤 많은 이들이 '미국'과 '서양'을 동일시하는 듯하다. 일상 속의 대화 또는 온라인상의 댓글 분석을 하다 보면 정말 많이 느낀다. 물론 이는 한국인들만의 문제는 아니다. 특정 국가가 어떤 지역을 과잉 대표하는 경향은 세계 곳곳에 있기 때문이다.

마치 많은 서양인이 동아시아와 중국을 동일시하듯이 말이다. 그러나 한국의 경우 그것이 좀 더 도드라진다. 일단 미국이라는 국가의 상징성이 더 클 수밖에 없기 때문이다. 한국전쟁 이후 미국의 군사적, 경제적 지원을 받으며 빠른 경제 성장을 이루었고, 이로 인해 미국과의 관계는 더욱 특별하게 부각되었다. 미국식 민주주의와 시장경제 모델은 한국이 급격히 현대화하는 데 중요한 역할을 했다. 특히 미국식 영어와 그들의 대중문화는 한국의 일상에 깊이 뿌리내려 있으며, 이것이 서양 전체의 이미지를 대변하는 경향을 강화했다.

어디 그뿐인가. 해외에 거주하는 한국 교민 수는 약 750만 명에 달한다. 이 중 미국에 거주하는 한국 교민은 약 250만 명이다. 전체 교민의 대략 3분의 1 수준이다. 이에 더해 유학이나 취업 등 다양한 이유로 미국에서 살다가 한국으로 돌아온 사람의 수를 누적 합산해 보자면 실로 어마어마한 수치가 나올 것이다.

한마디로 해외 경험의 측면에서는 미국에서의 경험이 주류다. 이로 인해 한국인들의 의식 속에서 미국에서의 경험이 곧 해외 경험이라는 인식이 깊게 자리잡았다. 자연스레 그 외 국가들의 문화적 차이점이 흐려지게 되었다.

간단히 몇 가지 관념만 예로 들어보자.

**1 외국에 가면 팁을 내야 한다**

**2 외국은 의료비가 터무니없이 비싸다**

**3 외국은 치안이 나쁘다**

약간의 해설을 하자면 이렇다.

1 팁은 유독 북미에서만 일반적인 문화이다. 일단 호주에서는
이런 문화가 전혀 없다. 또한 많은 유럽인들도 이런 문화에
익숙하지 않다. 한 여행사에서 영국인 3,000명을 대상으로
설문 조사를 했다. 놀랍게도 57퍼센트의 영국인들이 미국에 팁
문화가 있다는 것을 모른다고 답했다. 그리고 더 텔레그래프(The
Telegraph)에 영국인 여행객들이 미국의 상인들을 기분
나쁘게 한다는(팁을 주지 않아서) 기사가 실린 적도 있다. 영미권
내에서만 하더라도 문화 차이가 크다는 뜻이다. '외국'이라는
하나의 동질적인 개념은 없다.

2 미국의 의료비는 매우 높고, 보험 제도나 의료 접근성 문제로
인해 많은 사람들이 고통을 겪고 있다고 알려져 있다. 그러나
역시 모든 국가의 의료비가 비싼 것은 아니다. 여러 국가에서
효율적이고 저렴한 의료 시스템을 운영하고 있으며, 일부 국가의
경우 기본적인 의료 서비스는 모두 무료로 제공된다. 가령 공공
의료 시스템은 호주가 대표적이다. 개인적인 경험을 공유하자면,
나는 호주 영주권자이고 '메디케어 카드'를 가지고 있다. 의사와의
상담은 물론이고 기본적으로 CT나 초음파 검사 등도 모두 무료다.
스페셜리스트의 레퍼런스가 있으면 MRI도 무료다. 항간에 떠도는
말처럼 외국에서는 정밀 검사를 하려면 몇 개월을 기다려야
한다는 식의 말도 터무니없는 소리다. 전부 며칠 내로 가능하다.
급하다고 호소하면 당일에도 모두 가능하다. 다 직접 해봤다.

3 한 글로벌 데이터베이스 업체는 90개국의 치안 수준을 조사했다.

일반적으로 한국인은 중국인과 단일한 개념으로 묶이면 기분 나빠한다. 대상을 세밀하게 구분하지 못하는 타자의 무지를 거북하게 여기기도 한다. 물론 충분히 그럴 수 있다. 나도 그렇기 때문이다. 하지만 그렇다면 우리는 타 집단을 얼마나 잘 알고 세밀하게 나누고 있는지 스스로 돌아볼 줄 알아야 하지 않을까. 미국과 서양, 또는 외국을 동일시하는 것은 다른 국가들에 대한 고유한 이해와 차별화된 시각을 희석한다. 또 세상의 복잡성과 다면성 역시 간과하게 만드는 생각이다. 즉 어떤 해외 정보를 하나 접하고 '외국은 어떠하다.'라는 식의 발상이나 일반화가 너무 단순한 생각은 아니었는지 다시 한번 생각해 볼 필요가 있다.

## ○ 선구안적인 안목과 영성 지능

여행 유튜버들이 받는
차별들

나는 개인적으로 여행 유튜브 채널을 많이 보는 편이다. 구독자
가 적은 여행 유튜버의 영상도 챙겨 볼 정도다. 그들이 많은 나
라를 다니며 보고 느끼는 과정에서 나도 배우는 점이 있지만 한
가지 아쉬운 점도 있다. 흔히 외국인, 특히 서양인들과의 상호
작용하는 모습을 보면 기가 죽거나 저자세로 나가는 장면을 꽤
많이 찾아볼 수 있다. 예를 들면 상대방이 말하는 걸 듣고만 있
다든지, 계속 맞장구만 치고 무조건 맞다고 동의해 주는 식이
다. 간혹 인종차별을 당해도 제대로 대응하지 못하거나, 또 명백
한 마이크로어그레션을 전혀 알아차리지 못하는 경우도 있다.

어떤 유튜브 채널을 통해 유럽의 B&B형 숙소에 묵으려다 퇴짜 맞는 한국인의 사례를 봤다. 분명 어플에는 예약할 수 있다고 적혀 있어 찾아갔으나 호스트는 그 유튜버를 한번 훑더니 방이 없다고 답했다. 할 수 없어 발길을 돌리는데 숙소 안에서 식사하던 유럽인들이 그 유튜버를 일제히 쳐다봤다. 본인도 뭔가 기분이 싸하다고 카메라에 대고 말은 했지만 정작 상대방에게는 한 마디 말도 못 하고 돌아 나왔다. 기에 눌려서 그런 것이다. 만약 나였다면 그 상황에서 절대로 그렇게 '착하게' 굴지는 않았을 것이다. 중고차를 살 때도 잘 알면 알수록 호구 잡히지 않는다. 인종차별도 똑같다. 잘 알면 알수록 자신 있는 에너지가 나오기 때문에 당할 확률이 현저히 줄어든다. 설사 당하더라도 그 상황에 알맞은 적절한 대처가 가능하다.

우리 솔직해져 보자. 무의식적으로 상대를 약간 내려다봐야 여유가 생기는 것은 정말 어쩔 수 없는 인간의 속성이다. 반면 상대를 나보다 높게 인식하면 자연스레 주눅 든다. 말로 표현하니 가혹해 보이지만 사실 너무 당연한 일이다. 쉬운 비유를 들어보자. 만약 평범한 사람이 대통령과 독대하며 식사한다면 어떤 에너지가 흐를까. 아마 너나 할 것 없이 긴장할 것이다. 이때 상대적으로 더 여유로운 대통령을 교만하다고 비난할 수는 없다. 모두 자신의 무의식에 따라 행동할 뿐이다. 이 원리를 그대로 적용해 보면 인종차별을 뒤집는 원리도 알 수 있다. 지금까지 동양인들이 서양인들과의 교류에서 비교적 주눅 들었던 것은 일반적으로 집단 무의식 때문이다. 즉, 은연중에 자신을 약간 낮춘 셈이다. 하지만 무의식적으로 각인된 인종 간의 높낮이는 잘못된 세뇌의 결과일 뿐, 애초에 존재하지도 않고 그럴 이유도 없다.

다만 문제는 사안의 본질을 깊이 이해할수록 그런 것들이 더 잘 드러난다는 점이다. 그렇게 잘못 세워진 틀이 하나씩 허물어지면 상대방이 높아 보이지 않고 자연스레 눈치도 덜 본다. 그러면 내가 하고 싶은 말과 행동이 자연스럽게 튀어나온다. 만약 상대방이 뻔뻔하다면 더 능글맞게 대응할 여유도 생긴다. 기가 죽어 아무 말도 하지 못하면 그 악순환은 반복될 뿐이다. 이는 무턱대고 교만을 떨고 건방지게 행동하라는 말이 아니다. 상대를 훤히 꿰뚫고 있으면 자연스레 생기는 오묘한 에너지가 있다. 그저 그 에너지에 내 행동을 자연스레 맞추면 되는 문제라는 뜻이다. 더 깊고 더 넓은 생각을 해야 하는 이유가 그것이다. 국제 무대에서 이렇게 생각하고 행동하는 아시아인들이 '아주 많아져야' 집단적 정념이 바뀔 수 있다. 오직 그렇게만이 수백 년간 축적되어 온 아비투스habitus의 뿌리가 뽑힐 수 있다.

지금껏 서구권에서는 오리엔탈리즘이라는 이름 아래 자기들 마음대로 아시아를 규정하고 왜곡하는 어처구니없는 세계관이 힘을 받았다. 하지만 더 이상 힘 없이 휘둘리고 피해자 입장만을 취해서는 안 된다. 예를 들어, 삼성 폰을 쓰고 도요타 자동차를 타고 다니면서 아시아를 비하하는 일부 사람들을 보라. 얼마나 몰지각한가? 혹시 그런 사람을 만나게 된다면 철저히 아래로 내려다보는 시선을 장착해 보라. 마치 주인이 하인을 내려다보듯 말이다. 그러면 그들의 부적절한 언행에 대해 '항의'라기보다는 '꾸짖을 수 있는' 마음가짐을 갖출 수 있을 것이다.

세계적인 심리학자 하워드 가드너는 1983년 그의 저서 『지능이란 무엇인가Frames of Mind: The Theory of Multiple Intelligences』를 통해 인간의 다중지능multiple intelligences 이론을 소개했다. 인간의 기본 지능을 최소로 분류하더라도 아홉 개의 독립적인 지능이 있다는 이론이다. 이 이론은 현재 전 세계적으로 심리학과 교육 분야에서 널리 활용되고 있다.

1 논리-수리 지능 (Logical-Mathematical Intelligence)

2 언어 지능 (Linguistic Intelligence)

3 공간 지능 (Spatial Intelligence)

4 음악 지능 (Musical Intelligence)

5 신체-운동 지능 (Bodily-Kinesthetic Intelligence)

6 대인관계 지능 (Interpersonal Intelligence)

7 자연친화 지능 (Naturalistic Intelligence)

8 자기이해 지능 (Intrapersonal Intelligence)

9 실존 지능 (Existential Intelligence)

가드너 박사가 말하고자 하는 핵심은 뚜렷하다. 그는 '북 스마트Book Smart'라는 개념에 의문을 제기한다. 즉, 책으로 배울 수 있는 지식만을 기준으로 똑똑함을 규정하는 건 인간의 놀라운 잠재력을 놓치는 행위라는 거다. 수학 문제를 잘 풀거나, 외국어를 잘 습득하고, 무언가 잘 암기하는 것 등, 학교에서 흔히 말하는 '똑똑한 사람'이라는 개념이 얼마나 단순하고 피상적인지 지적한다. 한마디로 구시대적인 영재 관념에 사로잡힌 사회에 일침을 가했다.

그의 이론에 개인적인 생각을 덧붙이자면, 다음과 같다. 당장 먹고사는 것만이 목표였던 시대에는 시험이라는 도구를 통해 천편일률적으로 인재를 구별했다. 그러다 보니 IQ 중심 지능인 1~3번에 포커스를 맞추고 기계를 찍어내듯 인재 양성을 할 수밖에 없었다. 그것이 '좋은 일꾼'을 양성하는 최고의 길이었기 때문이다. 어느 정도 사회가 먹고살 만해진 뒤 자연스레 관심은 감성 지능EQ 중심으로 확장되었다. 이 단계에서 4~5번 지능의 중요성도 재조명받기 시작한다. 그리고 인간 지능HQ을 대변하는 6~7번은 그 중요성에 있어 시대를 불문하고 어느 정도 대접은 받아왔다.

하지만 문제는 나머지다. 영성 지능SQ의 영역에 가장 가까운 8~9번은 상대적으로 늘 등한시되었다. 이 영역의 지능이 높은 사람들은 사회적으로 이상한 사람으로 취급받기 일쑤였다. 조금 더 자세히 말하자면, 극과 극의 대접을 받았다. 예컨대 위대한 종교의 창시자, 시대적 사상가, 작가로 추앙받기도 하고 미친 사람으로 여겨지기도 했다. 이들은 근원을 따지는 데 몰두하기 때문에 겉으로 드러나는 것만 중시하는 사회와 동떨어져 보일 수 있다. 그러므로 이 수치가 아예 극도로 높아져 겉으로 드러난 추종자가 많아지기 전까지는 평균적인 사람들에게 무시당하는 경우가 대부분이다. 즉, 살아생전 적어도 천만 분의 일 정도가 되지 않는 이상 이 영역의 지능이 매우 높은 것은 현실적으로먹고사니즘 득보다 실이 더 많다고 볼 수 있다.

인간 사회가 미성숙한 경우 이 영역의 중요성을 쉽게 인지하지 못한다. 하지만 인간 존재의 본질과 세상의 의미를 깊이 탐구하는 것은 인류의 정신적 발전에 큰 기여를 할 수 있는 매우 근본적인 힘이다. 근현대 한국 최고의 지성인으로 평가받는 이어령 박사 역시 인간 지성의 종착역은 '영성 지능'이라고 강조한 바 있다. 이처럼 단편적인 사고에서 벗어나 인간의 다면적 지능을 깊이 이해할 때 '똑똑함'의 의미를 깨달을 수 있다. 인간의 잠재력을 더 넓게 바라보는 새로운 시각은 그렇게 열린다.

특히 인종차별과 같은 문제를 해결하는 데 영성 지능은 결정적인 역할을 할 수 있다. 인종차별은 본질적으로 인간에 대한 이해 부족과 서로 다른 정체성에 대한 두려움에서 비롯된다. 그러나 자기이해 및 실존 지능이 높은 사람들은 인간으로서의 고유한 가치를 깊이 이해하기에 표면적인 차이보다는 3장에서 설명했듯 '본질적인 유사성'에 더 집중한다. 또한 그들은 각 개인의 존재가 우주적 맥락에서 서로 연결되어 있음을 자연스럽게 인식한다. 그렇기에 자기 이해와 타인에 대한 깊은 공감을 통해 차별을 무너뜨리고, 모든 인간이 본래 가지고 있는 존엄성을 인식할 수 있도록 돕는다. 이러한 사람들이 주도하는 사회는 인종, 문화, 정치, 종교 등의 차이를 넘어 더 큰 인간적 가치를 실현할 수 있을 것이다.

# 8장
# 인종적
# 트라우마

Racial Trauma

○

인종차별을 당한 경험은 평생에 걸쳐 인생 전반에 영향을 미칠 수 있다. 더 나아가 어떤 이들은 자신이 받은 부당한 대우가 가치와 능력에 대한 평가라고 내면화하기도 한다. 특히 어린 시절에 구조적인 차별을 경험했다면 세상이 자신을 공정하게 대우하지 않을 것이라 믿게 된다. 이로써 그들은 사회적 불의에 맞서 싸우려는 의지가 약해지고 자기표현에 두려움을 가지게 될 수 있다. 또한, 외부의 시선에서 비롯된 무의식적인 수치심이나 열등감은 자신도 모르는 사이 내면을 억눌리게 만든다. 그 결과 사람들은 자신을 비하하거나 다른 사람들의 평가에 지나치게 의존하는 경향을 보인다.

이처럼 인종적 트라우마는 단순히 과거의 차별적 경험에 그치지 않고 불안정한 자아 형성으로 이어진다. 과거의 발언이나 사건들은 무의식 속에서 억압되어 행동과 감정에 영향을 미치며, 그로 인해 개인은 자신에 대한 부정적인 시각을 강화하게 된다. 이러한 트라우마는 시간이 흐름에 따라 계속 재생산되며 세대 간에 이어지는 악순환을 만들어 낸다. 한국 사회가 외국의 인정이나 평가에 지나치게 의존하는 현상을 떠올려 보면 알 수 있다. 사실상 열등의식에서 비롯된 이러한 기저 의식은 외부의 칭찬과 비난에 민감하게 반응하는 '취약한 자아'를 형성하게 한다. 따라서 우리는 이러한 차별적 경험을 극복하고 진정한 자부심을 형성할 수 있도록 방법을 모색해야 한다. 이러한 트라우마를 치유하는 과정은 과거의 경험을 넘어 사회적 고정관념과 내면의 불안감을 해소하는 길이기도 하다.

## ○ 심리적 영향



어린 시절의
트라우마

'중국인과 일본인의 더러운 무릎Chinese, Japanese, dirty knees'라는 표현을 들어본 적 있는가? 이 표현은 미국에서 자주 불렸던 인종차별적 노래 제목이다. 주로 놀이터에서 자주 불렸으며 아시아계 어린이를 조롱하는 가사를 담고 있다. 가령 '저 중국인과 일본인의 더러운 무릎을 봐.' 식의 내용이 있다. 아시아인을 더럽고 비위생적이라는 고정관념현실을 알고 나면 아이러니긴 하지만과 연결한 것이다. 미국 아이들은 이 노래를 부르면서 눈을 찢는 제스처를 취하고는 했다. 20세기에 미국에서 어린 시절을 보낸 많은 아시아인에게 이 노래는 트라우마로 기억된다고 한다.

어린 시절에 경험하는 인종차별은 성장에 어떤 영향을 미칠까? 이에 따른 연구로는 제인 엘리엇의 '파란 눈·갈색 눈' 실험이 널리 알려져 있다. 1968년에 마틴 루터 킹 주니어의 암살 이후 차별과 인종차별에 대한 교육을 위해 고안한 실험이다. 이 실험의 목표는 편견이 얼마나 쉽게 생길 수 있는지, 그리고 그것이 사람들에게 미치는 영향을 학생들에게 직접 경험하게 하는 것이었다. 엘리엇은 눈 색깔에 따라 파란 눈을 가진 학생과 갈색 눈을 가진 학생을 분류하고, 첫째 날에는 파란 눈을 가진 아이들이 우월하다고 말하며 특별한 혜택을 주었다. 반대로 갈색 눈을 가진 아이들은 열등하다고 간주되어 차별을 받았다. 차별적인 대우는 교실 내에서의 지시, 놀이 시간, 학습 기회 등에서 차별을 포함했다.

얼마 뒤 서로 역할을 바꾸어 다시 실험을 진행했다. 그리고 그들의 행동이 어떻게 변하는지를 관찰했다. 즉각적인 차이가 드러났다. 특혜를 받는 집단의 아이들은 교만하고 공격적으로 변했으며, 그렇지 못한 집단의 아이들은 위축되고 자신감을 잃었다. 문제는 그 실험이 종료된 후였다. 한 번 차별을 경험한 학생들은 자신감이 떨어지고 학업 성적도 저하되는 경향을 보였다. 이 실험은 윤리성 논란을 일으키기도 했으나 어쨌든 편견이 얼마나 쉽게 학습되고 내면화될 수 있는지를 생생하게 보여주었다.

어렸을 때부터 불합리한 대우를 받은 아이들은 세상이 자신을 공정하게 대우하지 않을 것이라는 냉소적인 태도를 형성할 가능성이 크다. 이는 아이들이 스스로 포기하게 만들고, 더 나아가내가 하고 있듯 사회적 불의에 맞서 싸울 의지마저 약화시킬 수 있다. 특히 구조적인 차별을 경험한 아이들은 이처럼 불공정한 현실 속에서는 목소리를 내도 소용없을 거라고 느껴 자기표현에 대한 두려움을 가질 수도 있다. 한마디로 어린 시절에 경험하는 구조적인 차별은 평생 지속되는 큰 트라우마로 남을 수 있다는 뜻이다.

다시 '중국인과 일본인의 더러운 무릎.'이라는 노래를 되짚어 보자. 혹시 '한국인'은 빠져 있으니 다행이라고 느끼는 사람이 있는지 모르겠다. 만약 누군가 이런 식의 관념을 가지고 있다면 이제는 뜯어고칠 때라고 지적하고 싶다. 사실 오랜 세월 외국에서 살다 보면 한, 중, 일 갈등이 너무나도 편협하게 보인다. 마치 유치원생들끼리 아웅다웅하는 듯 말이다. 아시아인에 대한 구조적인 차별을 없애기 위해 함께 손을 맞잡아도 모자랄 때다. 적어도 이 부분에 관해서만큼은 서로 긴밀히 협력해 목소리에 힘을 키워야 한다. 미래 세대에게 이런 아픔을 또 주지는 말아야 한다.

강아지를 입양할 때<br>느꼈던 수치심의 근원

책의 서문에서 무의식적으로 억눌린다는 것이 어떤 개념인지를 잠깐 짚었다. 무의식적인 억압은 우리가 의식적으로 다루기 어려운 심리적 갈등이나 불쾌한 감정 따위를 무의식 속으로 밀어 넣는 과정이다. 하지만 억눌린 감정이나 기억은 완전히 사라지지 않고, 우리의 행동과 감정에 간접적인 영향을 주며 때로는 불안, 스트레스, 죄책감, 수치심, 두려움 등 다양한 심리적 현상으로 나타날 수 있다.

내가 호주에 살면서 느꼈던 왠지 모를 수치심을 공유해 본다. 나는 두 마리의 강아지를 입양했다. '오스트레일리안 켈피'라는 견종이고, 수컷 '루피'는 2015년, 암컷 '포비'는 2016년에 각각 다른 브리더로부터 입양했다. 오래전 일이지만 당시 내가 느꼈던 그 묘한 불편한 기분을 아직 기억한다. 입양 전 누가 나한테 뭐라고 한 것도 아닌데 왠지 모르게 좋은 사람처럼 보여야 할 것 같았던 그 기분말이다. 마음속 깊이 자리 잡은 아주 미묘한 수치심이 내 행동을 살짝 어색하고 과장되게 만들고 있었다. 심지어 그 심리의 기저가 무엇인지도 스스로 잘 알고 있었다.

"나는 한국인이다. 한국은 개를 먹는다고 널리 알려진 나라다."

사실 그 사람들은 내가 한국인인지도 몰랐거니와 관심도 없었다. 개를 입양하러 갔는데 굳이 어느 나라 출신이냐고 물을 이유는 없으니까 말이다. 정작 그들은 아무 말도 하지 않는데 괜히 내 마음속에 이런 소리가 울렸다.

"혹시 내가 개를 먹으려고 산다고 오해하는 것은 아니겠지?"

그 작은 자격지심이 성가셨다. 나는 누구보다도 동물을 사랑한다. 몇 년 전부터는 동물권을 이유로 소고기나 돼지고기도 먹지 않는다. 개고기는 단 한 번도 먹어본 적이 없다. 하지만 내 의지와는 상관없이, 그 집단 무의식 속에서 나온 감정이 나에게 영향을 미쳤다. 내가 아무리 동물권을 존중한다고 해도, 문화적 배경 속에서 내가 한국인이라는 이유만으로 불편한 감정을 느꼈다. 그 감정은 나도 모르게 내 행동에 영향을 미쳤고, 나는 그 불편함을 넘어서기 위해 좋은 사람임을 증명하려고 은근하게 애썼다.

이때 나는 그 불편함의 근본적인 원인을 깨달았다. 그것은 바로 무의식적인 수치심이었다. 한국에서의 문화적 배경이 호주에서는 오해를 불러일으킬 수 있다는 사실을 알았기 때문이다. 하지만 그것은 무의식에서 올라오는 감정이었다. 나는 그것을 의식적으로 통제할 수 없었다.

그 수치심이 내 깊은 내면에서 올라와, 내 행동을 이끌어가고 있었던 것이다. 나는 이를 통제하고 싶었지만, 무의식의 힘은 매우 강력하고, 그것은 내 의식적인 노력만으로는 쉽게 변화시킬 수 없다는 사실을 느꼈다.

그 당시 내가 겪었던 불편함은 단지 내 개인적인 심리적 갈등이 아니었다. 그것은 내가 속한 문화와 사회, 그리고 집단 무의식의 영향을 받았기 때문이다. 이처럼 의식적으로 다룰 수 없는 감정들이 무의식 속에 숨어 있으며, 그것들이 우리의 행동과 마음에 미치는 영향은 자명하다. 그 보이지 않는 위력이 얼마나 무섭고 강력한지 잘 이해하는 사람이라면 자신이 타인에게 미칠 영향력에 대해 깊이 고민해 볼 것이다.

과거에는 한국을 잘 모르는 외국인을 만나면 묘한 안타까움을 느끼고는 했다. 국격이 올라가기 전에는 한국에 맥도날드나 스타벅스가 있다는 사실에 놀라는 외국인도 많았다. 그때는 그런 반응이 답답하게 느껴졌다. '한국이라는 나라가 얼마나 발전한 곳인데, 게다가 세계적인 기업들이 얼마나 많은데 이런 것조차 모르는 사람들이 있다니…' 하면서 말이다. 특히 남한South Korea 과 북한North Korea을 구별하지 못하는 외국인들이 많았던 것도 큰 충격을 주었다. 외국에서 살다 보면 가장 많이 마주하는 오해 가운데 하나가 바로 남한과 북한을 혼동하는 것이다. 물론, 이런 착각은 최근까지 겪을 정도로 여전하다.

　　과거에는 그런 경험을 할 때마다, 한국이 아직 세계적으로 제대로 자리 잡지 못했다는 생각에 아쉬운 마음이 들었다. 또한, 한국이 더 많이 알려지고 국제사회에서의 인식이 더 높아져야 한다는 책임감을 느끼기도 했다. 돌아보면 불과 몇 년 전까지만 해도, 한국을 소개할 때는 주로 한국의 대기업이나 유명인을 언급하며 설명하는 것이 일반적이었다. 그 당시 한국 유학생들이 외국 친구들에게 가장 자주 했던 질문들이 생각난다. 가령 이런 식이다.

"두유 노 삼성?, 두유 노 LG? 두유 노 지성 팍?, 두유 노 흥민 손?
　두유 노 BTS?"

왜 이런 우스꽝스러운 질문들을 던졌을까? 한편으로는 이런 질문들이 외국인에게는 다소 어색하고 과장된 대화로 느껴졌을지 모르겠지만 그 안에는 분명한 이유가 있다. 바로 인정 욕구다. 한국인으로서 내 조국을 인정받고 싶은 마음, 그리고 우리나라가 얼마나 중요한 나라인지 알리고 싶어 하는 강한 열망이 담긴 질문이었던 거다. 그러니 외국인들이 한국의 기업이나 유명 인물들을 알고 있을 때 우리가 느끼는 감정은 안도감과 자부심이었다. 또 그들이 한국에 대해 무지하다는 사실을 마주하면 우리는 그 부족함을 채워주고 싶어 하는 본능적인 반응을 보이기도 했다.

그러나 지난 십수 년간 다양한 국적 출신의 수많은 사람을 만나며 느낀 것이 있다. 지금도 한국을 잘 모른다면 그것은 그냥 그 사람이 한 개인으로서 무지하다는 뜻이다. 현재 우리는 모든 정보가 공유되는 시대를 살고 있다. 아직도 한국을 모를 정도라면 그냥 세상 돌아가는 일에 전혀 관심이 없는 사람이라고 보면 된다. 또한 한 나라가 아무리 널리 알려진다고 하더라도 그 정보를 개인이 받아들이고 흡수하는 데는 한계가 있을 수밖에 없다. 모든 사람이 같은 수준의 국제적 인식을 갖추고 있는 것도 아니다. 각국 사람들이 접하는 정보나 관심사의 범위는 개인의 배경, 교육, 경험에 따라 매우 다르기 때문이다. 즉, 한국이 모두에게 인정받아야 할 필요가 전혀 없다.

유럽계 호주인 지인 중 앤드류라는 친구가 있다. 부모님이 영국 출신이고 본인은 호주에서 나고 자랐다. 그와 처음 만났을 때 나눴던 대화가 아직도 기억난다. 이런저런 이야기를 하다 내가 한국인이라는 사실을 밝혔는데 그는 이렇게 대답했다.



처음 만나는 자리에서의 그 익살스러운 대답은 나를 피식 웃게 만들었다. 그렇다. 분명 세상 돌아가는 일을 제대로 아는 사람들도 많다. 사실 앤드류의 대답은 아주 대단한 게 아니라 정상적인 수준이라고 봐야 맞다. 그도 그렇게 말하지 않았는가? 본인은 멍청한 사람이 아니라고. 우리나라를 좀 알아달라는 식의 마인드, 그러한 억울한 프레임은 더 이상 가지지 않아도 되지 않을까 싶다. 한국은 최소한 누군가에게 인정받아야만 안도감을 느낄 정도의 수준은 넘어선 것 같다.

유튜브로 세상을
배우지 마라

내가 제일 싫어하는 콘텐츠 중 하나가 소위 '국뽕' 유튜브 채널이다. 널리 알려져 있듯, 국뽕은 '국가'와 '히로뽕'의 합성어로 애국심이 차오르는 감정을 표현한 신조어다. 유튜브에서 흔히 볼 수 있는 이러한 콘텐츠는 일반적으로 한국의 성취나 역사를 과장되게 찬양한다. 그리고 마치 대한민국이 세계 최고의 나라라는 식의 메시지를 반복적으로 전달하는 내용을 담고 있다. 하지만 그 애국심이 지극히 왜곡된 애국심이라면 일종의 망상이라고 봐야 한다. 더구나 내면의 열등감에서 기인한 국뽕 콘텐츠는 유해하다고 볼 수밖에 없다.

매우 흔한 패턴 몇 가지만 살펴보자. 가령 한국을 좋아하는 어떤 할리우드 배우를 조명한다. 그 사람이 방송이나 SNS를 통해 한국에 관해 언급한 내용을 가지고 한국 문화에 심취했다거나, 한국과 사랑에 빠졌다는 식으로 크게 왜곡한다. 그 패턴을 보면 대개 상대방의 조그만 반응에 병적으로 집착한다. 가령 배우 엠마 스톤이 K-POP을 자주 듣는다고 발언한 쇼츠 영상이 퍼졌고, 이후 한국 팬들의 엄청난 사랑을 받았다. 하지만 2024년 아카데미 시상식에서 양자경에게 인종차별을 했다는 논란이 일자 엠마 스톤을 욕하는 분위기로 전환되었다. 처음에는 황송함에 어쩔 줄 몰라 하다가 조그만 사건에 큰 실망으로 바뀌는 그 분위기는 무엇을 의미하는가? 그들의 반응과 리액션 하나하나에 목을 매며 휘둘리고 있다는 소리다.

그 외에도 영국 여왕이 한국 영주권을 신청했다느니, 톰 크루즈가 다쳤는데 한국에 와서 치료를 받는다느니 하는 온갖 가짜 뉴스가 넘쳐난다. 또한 한국이 IT 강국이라는 점을 강조하기 위해 이런 근거를 들기도 한다. 유럽에서 좀 살아보니 사람들이 듀얼 모니터를 쓰는 것도 신기해하더라, 간단한 키보드 단축기도 쓸 줄 모르더라 하는 식이다. 유튜브에는 이런 말도 안 되는 소리들이 홍수를 이루고, 이러한 정보가 마치 '한국이 세계 최고'라는 절대적 증거인 양 제시된다. 조금만 상식을 가지고 보면 편집증이 심하거나 세상 돌아가는 상황을 전혀 모르는 사람이 만든 영상이라는 걸 알 수 있다. 실제로 이런 류의 스토리를 믿는 사람들이 있다는 것이 문제다. 특히 외국에 나가 본 적이 없는 학생들이라면 그 정보의 진위를 판단할 수 없을 것이다.

또 하나의 트렌드는 이런 것이 있다. 가령 어떤 한국인이 외국의 오디션 프로그램에 나온 영상에는 흔히 이런 류의 제목썸네일이 달린다.

○ **한국인 참가자, 대놓고 무시하던 미국 심사위원 10초 후 참교육**
○ **독일 갓 탤런트에서 조롱받던 한국인, 연주 시작하자마자 뒤집힌 오디션장**

이런 식의 제목들과 영상들이 자국민들의 자존감을 높인다고 엄청난 착각을 하고 있다. 극도의 무지다. 무엇이 문제인지 감이 오는가? 그 이면에 담긴 심리를 풀이해 보면 이렇다.

**"가만히 있으면 조롱받아야 마땅한데, 뭔가를 보여주면 우리도 인정받을 수 있다."**

얼핏 애국심을 고취하는 듯하지만, 오히려 무의식적 수치심을 깊이 심어주는 '지극히 유해한' 문화 풍토다. 그것이 국뽕의 실체다. 자국에 대한 자긍심을 진정성 있게 형성해야 하는데 그러지 못하게 한다. 오히려 외부의 인정과 비교에 과도하게 의존하게 만든다. 이는 곧 외국의 인정이 없으면 불안해지고, 외부로부터 부정적인 평가가 들어오면 쉽게 상처받는 취약한 심리구조를 형성하게 되는 요소다. 자국에 대한 자부심은 외부의 칭찬이 아닌 현실을 직시하고 문제를 개선하려는 노력 속에서 형성되어야 한다. 그래야 진정으로 당당할 수 있다.

아주 오래전 대한민국에 유학 열풍을 몰고 왔던 책이 있다. 홍정욱의 『7막 7장』이다. 내가 그 책을 읽었던 시기는 중학교 때였다. 교실 뒤편의 조그만 책장에 꽂혀 있던 그 책은 당시의 나를 완전히 매료시켰다. '외국에서 산다는 것은 어떤 것일까?' 그 막연한 의문을 품기 시작했던 것이 그때쯤이었던 것 같다. 당시에는 홍정욱이라는 인물이 마치 신적인 존재로 보였다.

하지만 지금의 시점에서 다시 돌아보면 분명 우스꽝스러운 면도 있다. 제아무리 똑똑해도 그 책은 20대 초반의 학생이 쓴 책이었다. 자아도취를 주체할 수 없는 나이이기도 하다. 한 가지 기억나는 대목은 그가 고등학교 초우트 로즈마리 홀 재학 중 마리화나를 입에 대었다는 내용이었다. 그리고 자신이 다른 미국인 학생들과 비교적 잘 어울렸던, 즉 꽤나 '쿨한' 학생임을 인정받았기에 그 무리에 잘 속할 수 있었음을 드러내기도 했다. 아주 오래전 읽었던 책이지만 강렬한 인상을 받았던 대목이기에 비교적 또렷이 기억한다. 즉, 툭 까놓고 말하자면 본인은 '일반적인 동양인' 학생들과는 달랐기에 현지 학생들과 잘 어울릴 수 있었다는 자랑이었다.

한국은 여전히 그런 경향이 남아 있다. 서양인들과 잘 어울리고 그들과 친구가 되는 것이 마치 자랑인 듯 여겨지는 문화 말이다. 그러한 의식이 비교적 많이 줄어들었으나 여전히 남아 있기도 하다. 가령 유럽 무대에서 활동하는 한국의 축구 선수가 현지 선수와 친한 관계를 맺으면 희한한 모습이 눈에 띈다. 마치 그들이 우리나라 선수에게 시혜를 베풀어 주는 듯이 받아들이는 축구 팬들도 있다. 즉, 그들에게 인정받고 그들 무리에 섞인다는 것이 자랑스럽게 여겨진다는 관념이 뿌리 깊이 박혀 있다.

사실 이러한 관념과 인종차별은 밀접한 연관이 있다. 스스로가 이미 심리적으로 낮은 위치를 선점하고 들어간다면, 당해도 참는 수밖에 없다. 가령 손흥민, 이강인, 황희찬은 물론이고 그 이전 세대였던 박지성이나 안정환 등 수많은 한국인 축구 선수들이 외국에 가서 인종차별을 받았던 근본 이유를 한 번 따져보자. 대개 우리는 인종차별적 행위를 하는 사람에게 나쁘다고만 손가락질한다. 하지만 그것만이 문제는 아니다. 유럽의 주요 축구 리그는 글로벌 무대에서 가장 명망 있는 리그로 손꼽힌다. 따라서 많은 아시아 선수가 바라는 꿈의 무대이기도 하다. 이러한 리그에서 뛰는 것은 단순한 직업적 성취를 넘어, 자신의 나라와 지역을 대표하며 국제적인 인정을 받는 일로 여겨진다. 이미 기울어진 운동장이다. 그래서 선수들은 자신의 자아존중감을 유지하기보다 스스로 억누르며 서구 사회의 기준에 맞추고 순응하려 한다. 당연히 종종 발생하는 차별이나 구조적인 차별도 견뎌내야 한다는 암묵적인 압박감을 느낀다. 자신이 동경하던 '그들의 시스템' 내에서 살아남아야 하기 때문이다.

이는 하나의 예시일 뿐 단지 축구계의 현실만을 반영하는 것이 아니다. 가령 실리콘밸리를 동경하는 IT 엔지니어나 프랑스를 찬양하는 예술가 등 모두 그 본질은 같다. 결국 이는 뿌리 깊이 박힌 서구 중심주의와 권력 구조에 대한 무의식적 복종의 표현이나 다름 없다. 그러한 기저 의식을 지닌 채 외국에 나간다면 인간관계의 상성에서 제대로 된 균형을 이룰 수가 없다. 쉽게 말해 지고 들어간다는 의미다. 그들과 잘 어울리기 위해 무조건 맞춰줘야 한다는 프레임을 절대로 가질 필요가 없다. 특정 문화를 우러러보거나 동경할 필요도 없다.

이러한 '당연한 저항'을 억압하는 조직에 속해 있다면 애초에 미련을 가질 필요도 없다. 아닌 것은 아니라고 당당히 외치고, 수틀리면 언제든 내 나라로 돌아가도 문제없다는 자신감도 있어야 한다. 어떻게든 그 시스템에 붙어 있어야 하고 견뎌내야 한다는 강박은 반드시 사람을 소극적이게 만든다. 인종차별이 싫다면 우선 그것부터 자각해야 한다. 가장 중요한 것은 나 자신이다. 먼저 나 자신을 높이 평가해야 남들도 나를 높이 평가한다.

<br>

## 인어공주 논란과 PC주의

개인적으로 PC주의정치적 올바름적 발상을 좋아하지 않는다. 논리적 사고가 습관이 된 사람이라면 아마 공감할 것이다. 가령, 미국의 한 정치인이 'Merry Christmas메리 크리스마스'라는 표현을 쓰면 안 된다고 주장하는 기사를 본 적이 있다. 크리스천이 아닌 사람들을 차별할 소지가 있다는 이유에서였다. 심지어 영미권 지식인들 사이에서는 'Ladies and Gentlemen레이디 앤 젠틀

맨'이라는 표현도 없애야 한다는 목소리가 있다. 성별을 구분하는 용어를 쓰면 안 된다는 논리다. 특정 가치에 너무 경도되다 보니 균형 잡힌 판단을 하지 못하는 경우가 많다. 나는 이전 저서에서도 이런 말을 한 적이 있다.

**"진보 집착적 사고와 진보는 엄연히 다르다."**

최소한의 균형 잡힌 사고를 하는 사람이라면 위에 열거된 사고방식의 우스꽝스러움을 단박에 알 수 있다. 하지만 내가 여전히 고민하는 부분이 있다. 바로 영화나 드라마 캐스팅과 관련된 'PC주의' 논쟁이다. 디즈니의 2023년 판 〈인어공주〉는 이런 논쟁의 한가운데에 놓였다. 아프리카계 배우 할리 베일리가 에리얼 역을 맡으며, 팬들의 반발은 극심했다. 비판의 핵심은 크게 두 가지로 요약된다.

**1 아프리카계 가수 겸 배우가 어떻게 에리얼 역을 맡을 수 있는가?**
**2 원작을 훼손했다. 도저히 몰입이 안 된다.**

이는 지나치게 앞서 나간 사례로 비판받았다. 덩달아 PC주의를 조롱하는 밈도 온라인상에 넘쳐났다. 그리고 이는 〈인어공주〉의 흥행 실패로 이어졌다. 하지만 곰곰이 생각해 볼 부분이 있다. 이 문제를 반드시 PC주의라는 프레임 안에서만 바라봐야 할까? 할리 베일리가 오로지 정치적 올바름이라는 가치 때문에 캐스팅되었다고 누가 100퍼센트 확신할 수 있을까? 오히려 롭 마샬 감독은 이렇게 밝혔다.



디즈니가 '이념'에 매몰되었다고 비난하는 사람들에게 묻고 싶다. 자신들 역시 '반대 이념'에 매몰되었을 가능성을 생각해 보았냐고 말이다. 즉, 할리 베일리의 캐스팅을 무작정 비판하는 것도 균형을 잃은 판단일 수 있다. 그리고 서구권의 팬들이 그렇게 비판한다고 우리도 그러한 물결에 올라타야 하는지 조금 더 깊이 생각해 보자. 사실 2023년 판 〈인어공주〉는 한국에서도 엄청난 비난을 받았다. 그 이유는 앞서 언급한 내용들과 비슷했다. 그러나 그로부터 1년 뒤 한국인들은 할 말이 없었다. 〈애콜라이트〉에서 제다이 역을 맡은 배우 이정재 때문이었다. 미국에서는 스타워즈 세계관에 동양인 배우가 등장하는 것이 말이 되느냐, 몰입이 안 된다 등 논란이 거세게 일었고, 엄청난 비난이 쏟아졌다. 자, 이제 우리도 그들을 따라 이정재를 욕할 것인가?

조금 더 거슬러 올라가 보자. 모차르트의 오페라 〈마술피리〉에서 밤의 여왕 아리아를 부르던 조수미의 경우는 어떤가? 역시 '몰입이 안 된다.'고 비난했어야 했나? 이런 상황을 보면 특정 인물이나 작품을 비판하는 기준이 무엇인지 다시 한번 생각해 볼 필요가 있다. 특정 이념이나 편견에 쉽게 휘둘리지 말고 깊이 있는 논의와 비판을 통해 균형 잡힌 시각을 가져야 한다. 또한 할리우드의 다문화 및 인종 할당 강조는 단순히 PC주의의 옳고 그름의 차원에서 행해지는 것이 아니다. 이런 변화 없이는 심각한 인종주의 문제를 해결하기 어렵다는 인식에서 비롯된 편에 가깝다. 이처럼 배경을 이해하는 것 역시 중요하다. 단순한 비난이 아니라 문화적 다양성과 상호 존중의 관점에서 접근해야 한다. 이러한 사고가 없다면 우리는 그저 다른 사람들의 소음을 따라가는 존재로 남을 것이다.

# 서구 중심적 가치 체계



몇 년 전, 한국의 한 정치 정당에서는 'Make Korea Great Again 한국을 다시 위대하게'이라는 슬로건을 내걸었다. 그 뜻 자체는 나쁘지 않다. 충분히 긍정적이고, 많은 사람에게 공감을 불러일으킬 수 있을 법한 의미의 슬로건이었다. 하지만 문제는 그 슬로건이 너무나도 명백하게 미국 공화당의 예전 선거 구호인 'Make America Great Again 미국을 다시 위대하게'을 그대로 카피한 것이라는 점이다. 그 외에도 한국에서는 좀 특별한 무언가가 있을 때마다 '한국의'라는 수식어를 붙이는 경향이 있다. 예를 들어 우리가 자주 접하는 표현들을 보면 이런 것들이 있다.

이처럼 '한국의'라는 수식어를 붙인 유사 표현들이 셀 수 없을 만큼 넘쳐난다. 무엇이 그리 좋아서 외국의 이름과 명칭을 갖다 붙이고 따라 해야만 하는 것일까? 외국의 유명한 사람이나 장소, 브랜드와 비교하면서 그것을 한국에 접목하는 것이 과연 우리에게 이득이 될까? 이 사고방식에는 근본적으로 자존감의 결여와 열등감이 자리 잡고 있다는 점을 간과하기 어렵다.

결국 이런 표현은 외국 것을 무조건 긍정하고 그걸 우리의 기준으로 삼으려는 발상에서 비롯된다. 우리는 자신만의 독자적인 정체성과 자부심을 확립하는 대신 외국의 성공적인 모델이나 아이콘을 우리 것으로 둔갑하려는 경향이 있다. 그 과정에서 한국만의 독특한 문화나 역사적 배경은 점점 묻히고, 외부적 요소가 마치 더 우월한 것처럼 여겨지기도 한다. 어디 그뿐인가. 뉴스만 틀어도 서구권에서 무언가 이룬 사람들의 소식을 흔히 접할 수 있다.

1 XXX–한인 최초 미국 상(하)원 의원 당선

2 XXX–동양인 최초 XX 홀 단독 연주

3 XXX–동양인 최초 국제 XX 영화제 감독상 수상

4 XXX–동양인 최초 XX 피아노 콩쿠르 1위

5 XXX–한국 가수 최초 빌보드 X위 달성

　이처럼 우리 사회에서 ‘동양인 최초’ 혹은 ‘한국인 최초’라는 타이틀을 높게 평가하는 경향은 자주 관찰된다. 특히 서구권의 다양한 분야에서 이러한 타이틀을 부여받은 사람들을 대중적으로 큰 주목을 받으며 사회적 영웅으로 추앙되기도 한다. 이는 ‘최초’라는 타이틀을 중시하는 한국 사회가 여전히 서구 중심적인 가치 체계에 종속되어 있음을 반영한다. 그 말인즉 우리가 서구를 ‘본받아야 할 선진 사회’로 보는 무의식적 시각을 가지고 있다는 의미이기도 하다.

　물론 개인의 성취를 축하하는 것은 중요한 일이다. 개인의 노력과 성과는 그 자체로 존중받아야 하며, 그 성취가 다른 사람들에게도 긍정적인 영향을 미칠 수 있다. 하지만 문제는 그러한 성취의 중요성이 지나치게 서구에서의 인정 여부에 달려 있다는 점이다. 분야에 따라 다르기는 하겠으나 대부분 한국 내에서 이루어진 성과보다 서구에서 인정받은 성과가 더 높이 평가되는 경향이 두드러진다. 하지만 ‘그들’에게 인정받아야만 품격이 생기는 것은 절대 아니다. 우리가 스스로 존중하고 우리 문화와 성과를 자부심 있게 바라보는 것이 더 중요하다. 문명은 돌고 도는 것이기에 특정 문명이 영원히 우위에 있는 일은 없다. 그리고 나는 이 책을 통해 그 근거를 충분히 설명했다. 서양 문명이 더 우월하다는 착각, 그리고 그들의 문화를 따라해야 더 고급스럽고 세련된 것이라는 구시대적 발상은 이제 과감히 털어버려야 할 때다.

　한국은 이미 충분한 저력을 갖추었으며 우리의 문화는 자부심을 가질 만한 가치가 있다. 독창성과 자율성, 그리고 그 안에서 스스로 길러내는 자부심이야말로 진정한 발전의 기반이 된다. 이를 통해 서구 중심의 평가 체계에서 벗어나 자립적인 문화적 위상을 세울 수 있게 될 것이다. 이는 곧 세계와 대등한 위치에서 경쟁하게 만드는 중요한 발판이 되어줄 것이다. 더 이상 서구의 눈치를 보며 그들의 기준에 맞추려고 애쓸 필요는 없다. 세계 무대에서 당당하게 우리의 목소리를 낼 수 있는 자존감과 문화적 자립을 추구해야 한다.

## 완벽한 아시아인이라는 개념

혹시 'Perfect Asian Son완벽한 아시아의 아들'이라는 표현을 들어본 적이 있는가? 이러한 수식어가 붙는 대표적인 인물이 한국계 미국인 조니 킴이다. 사실 이분이 한국에서 유명해진 계기는 UDT 대위 출신의 인플루언서 이근 씨 때문이었다. 그가 자신이 가장 존경하는 인물로 조니 킴을 꼽으면서 SNS상에 퍼지기 시작했다. 우선 조니 킴이란 사람이 어떤 인물인지 대강 살펴보자. 그는 1984년생으로 미국에서 태어나 한국인 부모 밑에서 자란 한인 이민 2세다. 가정 환경은 불우했다고 한다. 가난했고, 아버지의 가정 폭력이 심했다. 그의 아버지는 결국 미국 경찰의 총에 맞아 사망했다.

고등학교 졸업 후 미국 해군 특수부대 네이비 씰NAVY SEAL에 입대해 파병도 두 차례 다녀왔다. 그 후 해군의 추천으로 샌디에이고대학교에서 수학을 전공한다. 최우수 성적으로 조기 졸업하고, 이후 해군 장학생으로 선정되어 하버드메디컬스쿨을 졸업해 의사가 된다. 그런데 거기서 멈추지 않고 미 항공우주국 나사NASA의 우주인단 프로그램에 지원해서 최종 선발된다.

이것이 인간 조니 킴의 대략적인 인생 스토리다. 분명 화려한 스펙임은 틀림없다. 그런데 이 인물을 다룬 유튜브 영상을 보다 보면 조금 우려스러운 점도 있다. 앞서 언급했듯 조니 킴의 수식어는 '완벽한 아시아의 아들'이다. 그 외에도 인류 최고의 인간, 우주 최강 스펙 등 이런 수식어가 난무한다. 한때 미국의 커뮤니티에서는 조니 킴을 빗대어 '아시아인의 새로운 성공 기준인가?'라는 말도 돌았다.

혹시 칭찬으로 들리는가? 그런데 그 맥락을 잘 봐야 한다. 이것은 사실 아시아인을 조롱하는 말이다. 흔히 의사나 변호사, 엔지니어 이 세 가지 직업만을 강요하는 동양인 부모들에 대한 스테레오타입은 널리 알려져 있다. 그러한 구시대적 인식을 비꼬는 것이다. 그러니까 말하자면 '이제 하나 더 추가되었나?' 같은 뉘앙스다.

그런데 사실 이것은 아시아인들이 자초한 것이기도 하다. 스펙이나 눈에 보이는 것에 집착하는 문화는 평균적으로 유달리 강한 게 사실이다. 과거에 힘없고 가난했던 이들이 자녀들만큼은 잘살게 하겠다고 이를 꽉 깨물고 교육시켰다. 언더독 감성이 묻어있는 발상이기도 하다. 그런 문화가 아직도 진하게 남아 있고, 그게 서양 사람들의 눈에는 좀 유난스럽게 보일 것이다.

스펙 중심의 사고는 인간의 성공을 단편적으로 정의한다. 진정한 성공은 그 이상의 것이다. 성공은 각 개인이 자기 삶에서 의미를 찾고 가치관에 따라 성장해 나가는 과정에서 이룰 수 있다. 이는 사회가 강요하는 특정 기준을 따르는 것이 아니라 자신의 내면적 성취를 이루는 데서 비롯된다. 사회가 스펙을 기준으로 사람을 평가하는 데서 벗어나려면 우리는 인간의 다양한 측면과 가치를 인정하고 존중하는 문화를 만들어야 한다. 스펙은 그저 껍질일 뿐, 그 안에 담긴 사람의 본질은 외형적 성취 이상으로 중요하다.

## 모델
## 마이너리티

미국에서 아시아계 이민자는 '모델 마이너리티'의 대명사다. 모범적 소수라는 이 단어는 소수자 집단을 의미하지만, 비교적 높은 사회적 성취를 달성했다는 뜻이다. 속된 말로 아프리카계 혹은 남미계 이민자보다 아시아계 이민자들이 더 나은 성과를 내고 있다는 의미다. 겉보기에는 칭찬처럼 보이지만 함정이 있다. 이것은 어디까지나 '주류'의 시혜적인 관점에서 하는 칭찬이라는 점이다. 말하자면 아래로 내려다보며 하는 평가에 가깝다.

다시 조니 킴의 이야기로 돌아가 보자. 어디까지나 내 개인적인 의견이지만 그를 '완벽한 아시아의 아들'이라고 부르기에는 무리가 있다. 물론 그의 노력과 능력은 대단하다. 화려한 스펙의 배경도 불우한 가정 환경을 극복하기 위한 끊임없는 자신과의 싸움이었다. 정신력도 존경할 만하다. 적어도 나보다는 훨씬 더 대단한 사람이다. 그러나 이분이 '그릇이 진짜 큰 사람인가?'라고 묻는다면 이는 완전히 다른 문제라고 본다. 나는 조니 킴이 '조코 팟캐스트'에서 진행한 인터뷰 영상을 모두 시청했다. 이 영상은 4시간 40분짜리로, 처음부터 끝까지 유심히 관찰했다. 그걸 보니 이분이 어떤 분인지 대충 감이 잡혔다. 몇 가지 포인트를 짚어보면 다음과 같다.

1 내면의 결핍과 상처를 몰입으로 극복하는 타입의 인물이다. 그래서 끊임없이 새로운 도전과 과제에 목 말라한다.

2 가족을 지키지 못했던 과거가 있다. 현재의 가족을 반드시 지켜야 한다는 열망이 매우 강하다.

3 어떤 집단에 소속된 소속감과 거기서 오는 안정감을 매우 중요시한다. 그는 '소속감'이라는 단어를 계속 반복, 강조한다.

조금 더 냉정하게 말하면 그는 큰 그릇을 가진 인물이나 세상을 바꿀 혁신가 또는 리더 유형의 인물은 아닌 것 같다. 오히려 시스템에 순응하는 성향이 강하다고 느껴진다. 그는 조직 내에서 인정받는 것에 큰 안정감을 느끼는 것처럼 보인다. 다만 그 주어진 틀 내에서 무언가를 배우고 습득하는 데는 상당한 탁월함을 발휘하는 유형이다. 그래서 이따금 목표를 변경하기도 한다. 서양 사람들이 자신들의 사회에 들어와 주기를 기대하는 '탁월한 아시아인의 모델'에는 딱 들어맞는 인물인지도 모른다.

사실 '완벽한 아시아인'이라는 단어 자체가 거슬린다. 모든 인간은 저마다의 장단점이 있는데 어떻게 완벽이라는 개념이 존재할 수 있단 말인가? 어쩌면 이와 관련된 아시아인들에 대한 선입견과 편견은 아시아인들이 스스로 만든 것일 수도 있다. 그것을 한번 생각해 볼 필요가 있지 않을까 싶다. 겉으로 드러나는 '화려한 스펙'을 과도하게 추종하는 그 문화는 서양인들에게는 다소 우스꽝스러워 보인다. 다만 그로 인한 결과가 그들에게 특별히 해로울 것은 또 없다. 적어도 '좋은 일꾼'은 되어주기 때문이다. 그래서 그 '애매한 입장'을 대변하는 말이 있다. 서구권에서는 이런 편견이 거의 진리처럼 여겨진다.

**"아시아인들은 똑똑하긴 한데 리더십이 없어."**

이러한 편견은 서구 사회에서 '리더'라는 이미지를 성공적인 인물에게서 자주 발견하는 경향과 맞물려 있다. 결국 아시아인들은 똑똑하고 좋은 일꾼으로만 보일 뿐, 사회나 조직을 이끌어 가는 사람으로는 인식되지 않는 경우가 많다는 뜻이다.

결국 '완벽한 아시아인'이라는 말은 우리가 겪고 있는 문화적, 사회적 관념을 반영하는 부분일 수 있다. 또 어쩌면 아시아인들이 그동안 스스로 자신을 완벽하게 만들어야 한다는 강박에 사로잡혀 왔기 때문에 이런 선입견이 생겨난 것일 수도 있다. 이제는 아시아인들은 자신들이 만들어 낸 문화적 코드와 외부의 기대 사이에서 이러한 선입견을 극복하려는 노력이 필요한 시점에 와 있다.

● **무의식적 관념을
바꿔야 한다**

지금까지 동양인이 당해온 차별을 우리는 어떻게 인식해 왔는가? 어쩌면 불편한 진실일 수 있지만 그 감정의 본질은 피해의식이었다. 그 상황이 화나고 짜증 나면서도 무의식적으로는 '우리가 뭔가 부족한가?'라는 식의 관념을 축적해 왔다. 그래서 주눅 들었다. 말하자면 차별의 내재화다. 부조리함과 억압을 지속해서 경험해 왔음에도 그것을 무의식적인 차원에서 자신의 문제로 받아들이고 수용했다. 그럴 때마다 제대로 화도 못 내고 우물쭈물하며 당하기만 하는 모습을 수백 년 동안 쌓아온 결과가 무엇이었나. 결국 '아시아인은 사회의 샌드백'이라는 말도 안 되는 관념을 생산해 냈다.

　어쩌면 우리가 스스로 그런 문화를 만든 것일지도 모른다. 작년에 있었던 승무원 폭행 사건만 봐도 그렇다. 아시아나항공의 객실 승무원이 한국발 미국행 비행기에서 외국인 남성에게 폭행당하는 사건이 있었다. 당시 그녀는 귀걸이가 떨어질 정도로 구타를 당했지만 해당 비행기의 사무장은 경찰에 신고하거나 회항하지 않고 그대로 출발했다. 사무장은 램프 리턴을 하면 일이 커질 수 있다고 은근히 압박을 가했고, 결국 폭행을 당한 승무원은 울며 겨자 먹기로 괜찮다고 답했다. 이후 사무장은 장애인 승객이 팔을 휘두르던 중 승무원이 부딪혔다고 거짓 보고를 했다. 만약 아메리칸항공 등 미국 비행기에서 동양인이 이런 행동을 했다면 어떻게 되었을까? 상황은 뻔하다. 어디 램프 리턴뿐이겠는가? 공항 보안 요원들에게 몰매를 맞으며 끌려 나갔을 것이다. 그러나 한국에서는 '새가슴 문화'가 여전했다. 결국 매사에 주눅 들고 사소한 이슈에도 벌벌 떠는 문화가 이런 말도 안 되는 상황에서 제대로 대처하지 못하게 만든 것이다.

　개인적으로 동류 집단 사람들의 그런 소극적인 모습이 너무 답답할 때도 있었다. 솔직히 과거에는 '저렇게 행동하니까 동양인이 무시당하지.'라는 생각을 한 적도 많았다. 그래서 나는 동양인에 포함되지 않는 사람이라고 스스로 여기며 정신 승리를 하던 시절도 있었다. 하지만 결국 그것은 해결책이 아니었다. 나 혼자 어떻게 하든 사회 전체 분위기는 바뀌지 않았다. 그러나 적어도 한 가지 분명한 것은 있다. 대다수의 동양인이 나와 같다면 동양인을 무시하는 편견은 가까운 미래에 없어질 것이라는 확신이다. 핵심은 인종차별의 본질과 그 이면을 정확히 꿰뚫는 것에서부터 출발한다. 무언가를 훤히 꿰뚫고 있으면 그 대상이 대단해 보이지 않는다. 그러니 주눅 들 수가 없다. 그러한 감정의 기저를 알아차려야만 제대로 된 문제 인식과 돌발 상황에 대한 적절한 대처가 가능해진다. 마치 어른이 아이를 바라보는 듯한 여유와 약간의 자만도 있어야 한다. 그렇게 무의식적 관념부터 조정해야 한다.

## 양반같이 구는 것만이 미덕이 아니다

인류학자 르네 지라르의 저서 『폭력과 성스러움La Violence et le Sacre』은 폭력, 종교, 사회 간의 관계를 탐구한 책이다. 그 책에서는 희생양 메커니즘Scapegoat Mechanism을 설명한다. 이는 폭력에 의한 공동체의 붕괴를 막기 위해 사회가 '희생양'을 선택해 문제를 해결하려 한다는 논리다. 공동체는 사회적 긴장의 원인을 특정 개인이나 집단에게 전가해 이들에게 폭력을 가한다. 그들을 희생시킴으로써 누적된 화를 정화하고 잠시 평화를 회복한다. 어떻게 보면 특정 사회가 소수 인종을 차별하는 이유는 이러한 결과에 기인한다. 또한 이는 부조리한 상황에 부닥친 이들이 소극적으로 대응하는 '근원적 이유'라고 볼 수도 있겠다. 그렇게 수많은 사람이 희생자이자 지구촌 곳곳의 감정 쓰레기통이 되었다.

이는 인간 내면 깊은 곳의 어두운 측면이 표현되어 드러난 것이다. 그렇기에 사회의 자체적인 성찰에만 기대는 것은 근본적인 해결책이 아니다. 안타까운 사실이기는 하나 현실을 들여다보면 성찰이 가능한 인간과 그렇지 못한 인간이 뒤섞인 것이 사회이기 때문이다. 그래서 인종차별을 당하면 미러링을 통해 내가 상대방의 기를 꺾어 버리겠다는 자신감이 있어야 한다. 차별이 가져오는 심리적 고통이나 무의식적 트라우마는 상상 이상으로 클 수 있다. 하지만 인종차별주의자들은 자신이 차별받기 전까지는 이러한 고통을 무시하거나 과소평가한다. 차별이 부당한 힘의 행사라는 점을 전혀 인지하지 못한다. 오직 그것을 실제로 당해 보는 순간 그들은 자신도 피해자가 될 수 있음을 인식한다.

동양은 '양반처럼 구는 것'을 미덕으로 여기는 문화가 있다. 이는 주로 상대방에게 감정을 드러내지 않고 절제를 중요시하는 가치관이다. 그러나 유럽이나 북미, 남미와 같은 문화권에서는 감정을 솔직하게 표현하거나 갈등을 직접적으로 해결하는 것을 더 자연스럽게 여기는 경향이 강하다. 갈등이나 불만을 숨기지 않고 직설적으로 표현하는 것이 '정직'이나 '용기'로 여겨질 수도 있다. 그러므로 이와 같은 맥락에서 볼 때 지나치게 얌전하거나 감정을 억제하는 태도는 무기력한 태도, 그리고 자기의견이 없는 듯한 느낌으로 해석될 수 있다. 특히 너무 겸손하거나 대립을 피하려는 모습이 두드러질 때, 이를 '소심하고 바보 같아 보인다.'고 평가할 여지가 있다. 이는 약하고 부족한 특성으로 해석되기도 한다.

만약 부조리가 발생했을 때 묵과하거나 너무 온화하게 대응하면 그 불합리함에 대해 사람들은 아무런 반응을 보이지 않게 된다. 그러므로 상황은 변하지 않을 것이다. 인종차별 행위를 미러링하는 것은 다소 호전적으로 보일 수도 있으나 그럼에도 내가 계속 그러한 태도를 주장하는 이유가 바로 거기에 있다. 그것이야말로 근원을 건드리는 작업이기 때문이다. 차별의 가변성, 즉 가해자가 순식간에 피해자로 뒤바뀔 수 있다는 자각이 집단적 정념으로 번져 나가야 큰 변화의 물결로 이어질 수 있다. 물론 호전성에 호전성으로 대응하는 것은 분명 리스크가 있다. 하지만 이러한 비유를 들어보면 이 주장의 맥락이 쉽게 이해가 갈 것이다. 가령, 반으로 접힌 A4용지가 있다고 가정해 보자. 그것을 다시 평평하게 만들기 위해 가장 빠른 방법은 무엇인가? 반대로 접어야 한다. 물론 반대로 접힌 그 상태도 이상적인 상태는 아니다. 그러나 용지를 다시 평평하게 만들기 위한 가장 효과적인 방법은 반대로 한 번 접어 주는 것임은 틀림이 없다.

인종차별은 명백한 불법이며 부당한 대우이다. 따라서 이에 맞서 싸우는 것은 자신의 권리와 존엄성을 지키는 행동이다. 물리적 대응은 피해야 하지만 논리적인 언변과 당당함, 그리고 약간의 거만함으로 상대의 기세를 꺾어야 한다. 그것이 가장 효과적인 대응 방식이다. 개인적으로 나는 그러한 경험이 많기에 이 부분에 대해 확신을 가지고 말할 수 있다. 강하고 단호한 대응은 침해된 권리를 찾는 길이다. 또한, 글로벌 사회에서 자신을 지키기 위한 필수적인 행위이기도 하다. 나아가 이것이 사회 전체에 영향을 미치는 심각한 문제임을 분명히 인식시키는 데 중요한 역할을 한다.

전체에 영향을 미치는 심각한 문제임을 분명히 인식시키는 데
중요한 역할을 한다.

지금까지 이 책을 통해 인종차별의 근본적인 무지와 그 이중성을 풍자하고 비판했다. 원고를 쓰는 내내 읽는 사람의 입장을 생각했다. 현학적인 체를 하는 것은 제쳐 두고, 우리 마음속에 자리 잡은 열등 의식과 응어리를 풀어주는데 방점을 맞추기 위해 노력했다.

그러나 이 이야기는 여기서 끝나지 않는다. 인종차별주의가 뿌리 깊게 남아 있는 세상에서, 그 불합리성을 지적하는 것은 단순한 비판을 넘어 끊임없는 성찰과 행동을 요구한다. 우선 피해 의식에서 벗어나야 하고, 그러기 위해서는 본질을 알아야 한다.

인종차별주의자는 자신의 차별적 태도를 당연한 권리로 여긴다. 그러나 정작 차별을 당하는 입장이 되면 그 부당함에 분노한다. 이것은 단순한 모순을 넘어 인종차별의 본질적인 문제를 고스란히 드러낸다. 차별은 권리로 합리화될 수 없으며, 누구도 그로부터 자유롭지 않다.

이제 우리가 해야 할 일은 무엇인가? 끊임없이 묻고, 생각하고, 따지며, 행동하는 것이다. 무지를 풍자하고 그것의 이중성을 폭로하는 것에서 끝나는 것이 아니다. 그 부조리한 구조를 근본적으로 바꾸기 위한 노력에 동참하는 것이 우리의 책임이다. 이 책은 그 시작점에 불과하다.

인종차별은 그저 한 개인의 편견이 아니다. 그것은 구조적이고 사회적인 문제이며, 우리가 속한 공동체 전체의 책임이다. 이 책이 제시한 주제는 결코 가볍지 않다. 하지만 무겁게만 생각할 필요는 없다. 변화는 작은 곳에서부터 시작된다. 사람과의 대화, 일상 속에서의 작은 행동, 그리고 우리 모두가 더 나은 세상을 만들 수 있다는 믿음이 그 출발점이다. 그렇게 우리는 더 나은 미래를 향해 한 걸음씩 나아갈 것이다. 마지막으로 이어령 박사의 저서 『바이칼호에 비친 내 얼굴』의 한 대목을 인용하며 이 책을 마무리하고자 한다.

"코카소이드니 몽골로이드니, 피부색을 뜻하는 말부터가 이미 과학과는 거리가 먼 이야기예요. 그러니 피부색을 벗겨내야 해요. 인류가 지닌 피부색 이전의 민얼굴, 민낯을 바라봐야 합니다."●

●『바이칼호에 비친 내 얼굴』, 파람북, 이어령 지음, 2024.

# 참고문헌


고모리 요이치, 『사고의 프런티어 2: 인종차별주의』, 푸른역사, 2015.

김승옥, 『무진기행』, 사상계, 1964.

넬 어빈 페인터, 『백인의 역사』, 해리북스, 2022.

데이비드 호킨스, 『놓아버림』, 판미동, 2013.

로라 베이츠, 『인셀 테러』, 위즈덤하우스, 2023.

로저 스크루턴, 『인간의 본질』, 21세기 북스, 2023.

루스 베네딕트, 『국화와 칼』, 을유문화사, 2019.

르네 지라르, 『폭력과 성스러움』, 민음사, 2019.

마이클 키벅, 『황인종의 탄생』, 현암사, 2016.

무라카미 하루키, 『샐러드를 좋아하는 사자』, 비채, 2013.

무라카미 하루키, 『직업으로서의 소설가』, 현대문학, 2016.

박중현, 『우울한 지성인』, 미다스북스, 2024.

서동주, 『샌프란시스코 이방인』, 실크로드, 2020.

손진석, 『부자 미국, 가난한 유럽』, 플랜비디자인, 2024.

아디야 샨티, 『깨어남에서 깨달음까지』, 정신세계사, 2011.

알리 라탄시, 『인종주의는 본성인가』, 한겨레출판사, 2011.

애덤 러더포드, 『인종차별주의자와 대화하는 법』, 삼인, 2021.

에리히 프롬, 『자유로부터의 도피』, 휴머니스트, 2020.

에드워드 사이드, 『오리엔탈리즘』, 교보문고, 2015.

에드워드 스튜어트, 『문화차이와 인간관계』, 한국학술정보, 2005.

오근창, 『인종주의란 무엇인가』, 서울대학교 논문, 2021.

오스발트 슈펭글러, 『서구의 몰락』, 책세상, 2019.

유발 하라리, 『호모데우스』, 김영사, 2023.

이어령, 『바이칼호에 비친 내 얼굴』, 파람북, 2024.

이언 모리스, 『왜 서양이 지배하는가』, 글항아리, 2013.

이즈마엘 메지안느, 『우리는 왜 인종차별주의자가 될까?』, 청아출판사, 2021.

정회옥, 『한 번은 불러보았다』, 위즈덤하우스, 2022.

제럴드 머네인, 『평원』, 은행나무, 2024.

제레미 리프킨, 『엔트로피』, 세종연구원, 2015.

조셉 자보르스키, 『리더란 무엇인가』, 에이지21, 2010.

켄 윌버, 『무 경계』, 정신세계사, 2012.

토니 모리슨, 『타인의 기원』, 바다출판사, 2022.

틸 스완, 『외로움의 해부학』, 사일런스북, 2019.

프라크 카나, 『The Future is Asian』, Simon & Schuster, 2019.

황순원, 『소나기』, 신문학, 1952.

# 하얗지 않은데 왜 백인인가

초판인쇄 2025년 4월 30일
초판발행 2025년 4월 30일

지은이 박중현
발행인 채종준

**출판총괄** 박능원
**책임편집** 조지원
**디자인** 메익미리얼 이현주
**마케팅** 문선영
**전자책** 정담자리
**국제업무** 채보라

브랜드 드루
**주소** 경기도 파주시 회동길 230 (문발동)
**투고문의** ksibook1@kstudy.com

**발행처** 한국학술정보(주)
**출판신고** 2003년 9월 25일 제406-2003-000012호
**인쇄** 북토리

ISBN 979-11-7318-303-4 03330

드루는 한국학술정보(주)의 지식 · 교양도서 출판 브랜드입니다.
세상의 모든 지식을 두루두루 모아 독자에게 내보인다는 뜻을 담았습니다.
지적인 호기심을 해결하고 생각에 깊이를 더할 수 있도록, 보다 가치 있는 책을 만들고자 합니다.